# Vanzelfsprekend

NEDERLANDS VOOR ANDERSTALIGEN

*DUTCH FOR FOREIGNERS*

*Rita Devos, Han Fraeters , Peter Schoenaerts en Helga Van Loo*

INSTITUUT VOOR LEVENDE TALEN K.U.LEUVEN

# Vanzelfsprekend
NEDERLANDS VOOR ANDERSTALIGEN

*DUTCH FOR FOREIGNERS*

Werkboek

*ACCO  LEUVEN / DEN HAAG*

*Initiatief*
Coördinator Studentenbeleid, K.U.Leuven

**Supervisie**
Raphaël Masschelein, Annie Van Avermaet

**Didactische ondersteuning**
Ludo Beheydt, Luce Broeckx, Fons Fraeters, Samine Irigoien, Gert Troch, Annie Van Avermaet

**Didactische ondersteuning bij de herwerkte uitgave**
Ines Blomme, Annemarie Leuridan, Annelies Nordin, Johanna Potargent, Kitty Sterkendries, Els Verlinden, Leen Verrote, Evelien Versyck

**Grafische assistentie**
Jeroen Van Hees, Quirijn Thijs

**Engelse vertaling**
Jan Aspeslagh, Caroline Greenman

**Het dvd-programma werd geproduceerd door AVNet K.U.Leuven.**

**Acteurs en stemmen**
Erik Arfeuille, Luce Broeckx, Elly Colin, Marcelle Colin, Rita Devos, Griet De Wolf, Kris Dom, Fons Fraeters, Han Fraeters, Lie Hellemans, Johan Hennes, Peter Jacobs, Rudi Knoops, Gert Loosen, Herman Minten, Ellen Nys, Tim Pauwels, Peter Schoenaerts, Gert Troch, Annie Van Avermaet, Mathias Vanbuel, Joop van der Horst, Johannes Van Heddegem, Bert Van Hirtum, Helga Van Loo, Brecht Vanmeirhaeghe, Ward Verrijcken

**De cd's werden geproduceerd door het Instituut voor Levende Talen, K.U.Leuven.**

**Opnameleiding**
Lut Sengier en Raymond Vandenbosch

*Eerste druk:* 1996
*Tiende herziene druk:* 2009
*Dertiende druk:* 2013

*Gepubliceerd door*
Uitgeverij Acco, Blijde Inkomststraat 22, 3000 Leuven, België
E-mail: uitgeverij@acco.be – Website: www.uitgeverijacco.be

*Voor Nederland:*
Acco Nederland, Westvlietweg 67 F, 2495 AA Den Haag, Nederland
E-mail: info@uitgeverijacco.nl – Website: www.uitgeverijacco.nl

*Omslagontwerp:* www.frisco-ontwerpbureau.be

D/2009/0543/12                    NUR 623                    ISBN 978-90-334-7370-8

# Welkom aan boord !

**Lees de mogelijkheden, kijk opnieuw naar aflevering 1 van het dvd-programma en kruis de correcte uitspraken aan.**
*[Read the alternatives, watch again part 1 of the DVD programme and tick off the correct statements.]*

*DEEL 1*

*VOORBEELD: [EXAMPLE]*

| | | |
|---|---|---|
| Peter is de vriend van | X | a. Els. |
| | | b. Bert. |
| | | c. Paolo. |

1. De presentator heet
   a. Peter de Groot.
   b. Karel Peters
   c. Erik Zwarts.

2. De achternaam van Els is
   a. Deman.
   b. Maas.
   c. Baart.

3. Bert is
   a. assistent economie.
   b. een collega van Els.
   c. marketingmanager.

4. Paolo komt in België
   a. met vakantie.
   b. studeren.
   c. werken.

5. Peter Maas is geboren
   a. in Gent.
   b. in Antwerpen.
   c. in Brussel.

6. In België zijn er
   a. 4 officiële talen.
   b. 3 officiële talen.
   c. 2 officiële talen.

*TEKSTBOEK 1A*
*P. 12*

# Dag. Ik ben Paolo.

## 1A

**1**

**Kijk of de situatie formeel of informeel is en kies de juiste reactie.**
*[Assess whether the situation is formal or informal and choose the appropriate response.]*

VOORBEELD: *[EXAMPLE]*

| Mijn naam is Bert Sels. | | a. Ik ben Annemie. |
| | X | b. Annemie Van Brakel. |

1. Hallo, ik heet Els.
   a. Sanseverino.
   b. Ik ben Paolo.

2. Els Baart.
   a. Goedemiddag, meneer.
   b. Peter Verlinden.

3. Ik ben Peter, de vriend van Els.
   a. Dag Peter. Ik ben Bram.
   b. Mijn naam is Goossens.

4. Dag. Karel Beerten.
   a. Mark Segers.
   b. Ik heet Jan.

**2**

**Kies het juiste woord en schrijf het in de volgende zinnen.**
*[Choose the right word and write it down to complete the sentences below.]*

VOORBEELD:

ben / dag
..............Dag.............. Ik ..........ben.......... Bert Sels.

A. voornaam / heet

Ik ............................................... Els.
Mijn ........................................... is Els.

B. vriend / meneer

Dag ......................................... . Ik ben Karel Beerten.
Peter is de .......................................... van Els.

C. mevrouw / naam

Zijn ......................................... is Paolo Sanseverino.
Dag ......................................... Baart. Ik ben Paolo Sanseverino.

TEKSTBOEK 1B
P. 13

# Hallo !

**2**

**Lees opnieuw de dialogen 1 tot 5. Wat is waar, wat is niet waar ?**
**Onderstreep.**
*[Read the dialogues 1 to 5 again. What is true, what is false ? Underline.]*

**1**

1. Liu komt uit Italië.                      waar / niet waar
2. Frank is een ex-collega van Els.          waar / niet waar
3. Liu spreekt een beetje Nederlands.        waar / niet waar
4. Frank is een vriendin van Lisa.           waar / niet waar
5. Lisa is een vriendin van An.              waar / niet waar

**Kies de juiste groet.**
*[Choose the right greeting.]*

**2**

    a. Goedemorgen !
                        b. Goedemiddag !

    a. Goedenavond !
                        b. Goedemorgen !

    a. Hallo, goedemiddag !
                        b. Dag Paolo, goedenavond.

**Wat hoort bij elkaar ? Kies de juiste reactie.**
*[Which lines belong together ? Choose the appropriate response.]*

**3**

1. Tot ziens, Els.          a.   Goedemorgen, meneer.

2. Paolo, dit is Lisa.      b.   Dag Lisa.

3. Dit is meneer Baart.     c.   Hallo!

4. Hoi Paolo!               d.   Tot ziens.

**4**

**A. Vervolledig de conversatie.**
*[Complete the conversation.]*

| | |
|---|---|
| Tine | Ha, ................................ Liu. Goedenavond. |
| Liu | Dag Tine. |
| Tine | Liu, dit zijn Anja .................................. Barbara. |
| Anja, Barbara | Goedenavond, Liu. |
| Liu | Dag Barbara, dag Anja. |
| Tine | Liu komt ............uit........... China. |
| | Hij komt hier ................................ Leuven studeren. |
| Anja | Interessant. |
| | En spreek je Nederlands, Liu ? |
| Liu | ................................ beetje. |
| Tine | Dat is goed, hè ? Liu, ................................................. . |
| Liu | Ja, dag Tine en Anja en Barbara. |
| Anja, Barbara | Dag ! |

CD 1(4)

**B. Luister naar de cd en controleer je antwoorden.**
*[Listen to the CD and check your answers.]*

TEKSTBOEK 3A
P. 16

# Dit is ...

## 3A

**Vul in: 'dit is', 'dat is', 'dit zijn' of 'dat zijn'.**
*[Fill in: 'dit is', 'dat is', 'dit zijn' or 'dat zijn'.]*

1. ◣ ...Dit... ...is...... Frank.

2. ◤ ...Dat... ...Zijn.. Anja en Barbara.

3. ◤ ...Dat... ...is.... Liu.

4. ◣ ...Dit... ~~zijn~~ *is*. Tine.

5. ◣ ...Dit... ...Zijn... Lisa en An.

*TEKSTBOEK 3B*
*P. 16*

## 3B

**Vul in: 'de' of 'het'.**
*[Fill the blanks with 'de' or 'het'.]*

**1**

1. .....**Het**.... vliegtuig *vliegt over* Brussel. *[flies over]*
2. ......**De**..... auto van Peter is *klein*. *[small]*
3. ......**De**.... melk is in de *fles*. *[bottle]*
4. 'D' is een letter van .....**Het**..... alfabet.
5. ......**De**.... koffie is *warm*. *[hot]*
6. .....**De**...... jongen heet Peter.
7. .....**Het**.... tijdschrift is interessant.
8. Peter *leest* .......**De**.... krant *van vandaag*. *[reads / of today]*
9. ......**Het**.. water van de *zee* is *koud*. *[sea / cold]*
10. ........**De**... ticket van Paolo is *duur*. *[expensive]*
11. ......**De**.... taxi *rijdt naar* Brussel. *[drives to]*

**2** Maak rijen met de volgende woorden volgens hun betekenis. Geef ook
het bepaald artikel.
*[Build columns using the following words according to their meaning.
Add the definite article.]*

> bier - kind - bus - water - meisje - vliegtuig -
> auto - thee - man - vrouw - wijn - trein

| dranken *[drinks]* | voertuigen *[vehicles]* | mensen *[people]* |
|---|---|---|
| het bier | de auto | de man |
| de thee | de bus | de vrouw |
| Het water | de trein | Het kind |
| de wijn | Het Vliegtuig | Het meisje |

**3** Vul in: 'een' of Ø.
*[Fill in: 'een' or Ø.]*

1.  Dit is ..**een**.. kopje koffie.
2.  Peter *drinkt* ...../...... koffie.                                    *[drinks]*
3.  Els *drinkt* ...../...... fruitsap.
4.  'De Standaard' en 'De Morgen' zijn ...../...... *[names of newspapers]*
    kranten.
5.  Peter is .**een**.... voornaam, *maar* Sanseverino          *[but]*
    is ..**een**... achternaam.
6.  Peter is .**een**.... kind van meneer Maas.
7.  Lisa en Jan zijn ...../...... vrienden van Els en Peter.
8.  Dit is **een**.... *paraplu* van Bert.
9.  Paolo *draagt* .**een**.. bril.                                    *[wears]*
10. Lisa en An zijn ........./...... vrouwen.

**Vul in: 'dit is', 'dat is', 'dit zijn' of 'dat zijn'.**
*[Fill in: 'dit is', 'dat is', 'dit zijn' or 'dat zijn'.]*

1. ◤ .....*dit* .....*zijn* tickets.

2. ◥ ...*dat*.. .....*is*..... een achternaam.

3. ◥ ....*dat*....*is*.... een identiteitskaart.

4. ◤ .....*dit* ...*zijn* vrouwen.

5. ◤ .....*dit* .......*is*.... thee.

6. ◥ ....*dat*...~~*zijn*~~ *is* een tas.

7. ◥ ...*dat*.. .....~~*is*~~ *zijn* ... kranten. → *plural*

8. ◥ ...*dat*.. .....*is*...... het bier van Bert.

9. ◤ .....*dit*......*is*... een bus naar Leuven.

*TEKSTBOEK 4A*
*P. 19*

# Ik kom uit Italië.

## 4A

**1** Lees opnieuw hoe Paolo, Leen, Bert, Kristien, Peter, Johan en Fred zich voorstellen en vul het schema in.
*[Read again how Paolo, Leen, Bert, Kristien, Peter, Johan and Fred introduce themselves and complete the scheme.]*

| VOORNAAM | ACHTERNAAM | GEBOORTEPLAATS [PLACE OF BIRTH] | WOONPLAATS [PLACE OF RESIDENCE] | BEROEP/ACTIVITEIT [PROFESSION / OCCUPATION] |
|---|---|---|---|---|
| Paolo | Sanseverino | Palermo | ? | student |
| Leen | | | | |
| Bert | | | | |
| Kristien | | | | |
| Peter | | | ? | |
| Johan | | ? | | |
| Fred | | | | ? |

**2** Stel je voor.
*[Introduce yourself.]*

NAAM: Ik ben .....Victoria.....

LAND: Ik kom uit .....Scotland.....

GEBOORTEPLAATS: Ik ben geboren in .....Aberdeen.....

WOONPLAATS: Ik woon in .....Leuven.....

BEROEP / ACTIVITEIT: Ik ben ~~live~~ .....Studente.....

**3** Vul een juist werkwoord in.
*[Fill in a suitable verb.]*

1. Ik .....ben / heet..... Karel Verstappen.

   Mijn achternaam .....is..... Verstappen.

   Ik .....ben..... in Antwerpen geboren.

   Ik .....woon / werk.....in Brussel.

   Ik .....~~werk~~ ben..... schrijver. *[a writer]*

2. Ik .....ben / heet..... Hans Briers.

   Ik .....kom..... uit Gent.

   Ik .....~~werk~~ /woon..... in Brussel.

   Ik .....ben..... journalist.

   Ik .....werk..... voor een krant. *[for]*

TEKSTBOEK 4B
P. 20

**Lees de tekst opnieuw of luister opnieuw naar de cd. Onderstreep 'waar' of 'niet waar'.**
*[Read or listen again. Underline 'true' or 'false'.]*

1

1. Els is in Antwerpen geboren.  **Waar** / niet waar  *← pronoun*
2. De broer van Els heet Peter.  waar / <u>niet waar</u>
3. Bram is dood.  waar / <u>niet waar</u>
4. De vader van Els is dood.  waar / <u>niet waar</u>
5. Peter is student.  waar / <u>niet waar</u>
6. Jan is accountant.  <u>waar</u> / niet waar
7. Els en Bram wonen in Leuven.  <u>waar</u> / niet waar
8. Lisa komt uit Hasselt.  waar / <u>niet waar</u>
9. De geboorteplaats van Peter is Gent.  waar / <u>niet waar</u>
10. Els en Bram wonen samen.  waar / <u>niet waar</u>

**Vul in: ik, hij, ze of we.**
*[Fill in: ik, hij, ze or we.]*

2

1. Peter is de vriend van Els. ......*Hij*........ werkt in Brussel.
2. Peter is mijn vriend. ......*we*...... wonen samen.
3. Mijn naam is Els Baart. ........*Ik*..... woon in Leuven.
4. Dit is mijn broer. ......*Hij*....... is student.
5. Mijn moeder heet Kristien. ......*Ze*....... woont in Antwerpen.
6. Jan en Lisa zijn vrienden van Els. ......*Ze*....... komen uit Hasselt.  *are*
7. Els is assistente filosofie. ......*Ze*...... werkt aan de universiteit.  → *from*

**Stel deze mensen voor.**
*[Introduce these people.]*

3

1. naam:  Emiel Verlinden
2. *relatie*:  broer van Kristien Verlinden  *[relationship]*
3. *herkomst*:  Antwerpen  *[origin]*
4. woonplaats:  Lier
5. beroep:  *leraar*  *[teacher]*

1. Dit *is Emiel Verlinden*
2. Hij *is mijn broer van kristien Verlinden*
3. Hij *komt* uit *Antwerpen*
4. *Hij woont hier* in ................
5. *Hij is als leraar*

*  1. naam:             Maria Vandeputte
   2. relatie:           moeder van Eva
   3. geboorteplaats:    Brugge
   4. woonplaats:        Brugge
   5. beroep:            *bankbediende*                    *[bank clerk]*

1. Dit ...is Maria Vandeputte................................

2. Ze .........................................................................

3. Ze is ......................................................................

4. .............................................................................

5. .............................................................................

---

**4** **Stel nu twee van je vrienden voor. Geef hun naam, geboorteplaats, woonplaats.**
*[Now present two of your friends. Give their name, place of birth and place of residence.]*

1. Dit is ...............................        1. Dit is...............................

2. ........................................        2. ........................................

3. ........................................        3. ........................................

---

**5** **Wat is hun beroep of activiteit ? (Deel 1, 4A en 4B)**
*[What is their profession or occupation ? (Part 1, 4A and 4B)]*

1.  Els Baart is             ................................
2.  Lisa is                  ................................
3.  Peter is                 ................................
4.  Bram is                  ................................
5.  Bert Sels is             ................................
6.  Paolo is                 ................................
7.  Johan Maas is            ................................
8.  Kristien Verlinden is    ................................
9.  Leen Maas is             ................................
10. Jan is                   ................................

*TEKSTBOEK 4C*
*P. 21*

**Luister naar de cd en vul de ontbrekende woorden in.**
*[Listen to the CD and fill in the missing words.]*

*CD 1(8)*

1. – Excuseer, bent ................. meneer en mevrouw Maas ?
   – Nee, Deschepper is de naam.
   – Oh, excuseer.

2. – Dag meneer. Bent ................. professor Deman ?
   – Nee, mijn naam is Demeester.
   – Oh, excuseer.

3. Tine     Frank, daar is Barbara.

   Frank     Is ............ hier ook ?

   Tine     Hallo Barbara.

   Barbara    Dag Tine, dag Frank. ............ zijn hier ook !

   Tine     Ja, ............ komen uit Engeland. En ............ ?

   Barbara    ............ ga naar Berlijn.

   Tine en Frank   Ho, prettige reis !

   Barbara    Dank ............ . Dag !

*TEKSTBOEK 4D*
*P. 22*

**Vul het juiste woord in.**
*[Fill in the appropriate word.]*

**1**

*VOORBEELD:*

---

Kristien Verlinden is de moeder van Els. .....*Ze*..... woont in Antwerpen.

---

1.   Lisa werkt in Leuven. Jan *niet*. ..*Ze*.... werkt in Parijs.   *[doesn't]*

2. – Bent ...*Je*... meneer en mevrouw Dewinter ?
   – Nee, Devries is de naam.

3. – Komen Els en Peter uit *Frankrijk* ?     *[France]*
   – Nee, ...*Ze*... komen uit Italië.

4.   Meneer en mevrouw Gonzales, dank ...*Jullie*... wel en tot ziens.

5. – Ik ga naar Parijs. En Karen ?
   – Karen ? ..*Ze*... gaat naar Londen,
   *want* ...*Ze*... werkt daar.     *[because]*

6. – Meneer en mevrouw, *neemt u* ook het      *[do you take]*
   vliegtuig naar Parijs ?
   – Nee, ..*we*.. *wachten op* het vliegtuig naar Londen.    *[wait for]*

7. – Ben ........... getrouwd ?
   – Nee, ik ben gescheiden.

8. – Wonen ...*je*... in Leuven ?
   – Nee, we wonen in Antwerpen.

9. – Ben jij de broer van Leen ?
   – Nee, ...*ik*.... ben de broer van Els.

10. – Komen meneer en mevrouw Gonzales uit Italië ?
    – Nee, ..*ze*.... komen uit Spanje.

**2** **Vul de juiste vorm van 'zijn' in.**
**[Fill in the correct form of 'zijn'.]**

1. Ik ................. in België *met vakantie.*      *[on a holiday]*
2. Jan en Lisa ................. *nu* in Italië.      *[now]*
3. Jij ................. *fotograaf.*      *[a photographer]*
4. De stewardess ................. *vriendelijk.*      *[friendly]*
5. Gino en Luigi ................. *kappers.*      *[hairdressers]*
6. Jij ................. *sinds* 2008 in Vlaanderen.      *[since]*
7. Meneer, ................. u de vader van Peter ?
8. Jullie ................. Vlamingen. Jullie spreken Nederlands.
9. ................. u de ouders van Peter ?
10. De *realiteit* ................. *soms hard.*    *[reality / sometimes hard]*
11. Wij ................. *inwoners van* Vlaanderen.    *[inhabitants of]*
12. Vlaanderen en Wallonië ................. *delen* van België.    *[parts]*
13. De *structuur* van België ................. *complex.*   *[structure / complex]*

**3** **Antwoord en gebruik de juiste vorm van 'gaan'.**
**[Respond using the correct form of 'gaan'.]**

VOORBEELD:

---

– Jos gaat naar Londen. En jij ?
– ......Ik............ ......ga......... naar Gent.

---

1. – En Lisa ?
   – ...~~zij~~ *Ze* ...*gaat*... naar Parijs.
2. – En Tom ?
   – ...~~Wij We gaan~~... naar Amsterdam.
   *hij gaat*

3. – En jullie ?
   – ....*jullie* ....*gaan*....naar Brugge.
4. – En meneer en mevrouw De Winter ?
   – ......*Zij*.... ....*gaan*.... met vakantie naar Spanje.
5. – En u, meneer ?
   – .........~~U~~.... ~~gaat~~.... naar Brussel.
      *Ik*      *ga*

**Waar wonen ze ?**

4

**Kijk naar de kaart van België en zeg waar Piet ♂, Joost ♂, Joris ♂, Karel ♂, Katrien ♀, Clara ♀, Sofie ♀ en Karolien ♀ vandaan komen en waar ze nu wonen.**
*[Look at the map of Belgium and tell where Piet ♂, Joost ♂, Joris ♂, Karel ♂, Katrien ♀, Clara ♀, Sofie ♀ and Karolien ♀ come from and where they are living now.]*

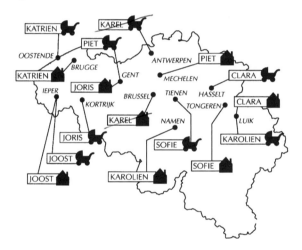

**VOORBEELD:**

---

_Karel komt_.................... uit Antwerpen en .....*hij woont in Brussel*.....  .

1. ..*Piet Komt*.... uit Gent en ......*hij woont in Mechelen*

2. ............................. uit Oostende en ...................................................

3. ............................. uit Hasselt en ......................................................

4. ............................. uit Kortrijk en ......................................................

5. ............................. uit Tienen en ......................................................

6. ............................. uit Ieper en ......................................................

7. ............................. uit Luik en ......................................................

**5**

Kies 'komen', 'gaan', 'werken' of 'wonen' en zet in de juiste vorm.
*[Choose 'komen', 'gaan', 'werken' or 'wonen' and put in the correct form.]*

1. Paolo ....*komt*..... uit Italië en hij .*woont*.... naar België.
2. Jullie .*werken*. samen in Leuven.
3. Lisa ...*gaat*.. naar Jan in Parijs.
4. Ik ...*werk*.... aan de universiteit.
5. U ...*werkt*... bij een firma in Brussel.     *werkt*
6. Peter ..~~*werken*~~ *woont* in Brussel, maar hij ~~*woont*~~... in Leuven.
7. Lisa en Jan ~~*wonen*~~ *komen* uit Hasselt.
8. Meneer en mevrouw Maas ..*wonen*.. in Gent.
9. En jullie ? ...*werken* jullie *of* studeren jullie ?                    *[or]*
10. Pieter Lens .*werkt*. *als verpleegkundige* in een          *[as a nurse]*
    *ziekenhuis.*                                                          *[hospital]*
11. Paolo ....*gaat*... in België studeren.
12. – En jij ?
    – Ik ? Ik ben geboren in Gent en ik ..*woon*.... en ..*werk*
      in Gent.

TEKSTBOEK 5A
P. 23

# Uw naam alstublieft.

**Vul in: mijn, je, jouw, uw, zijn of haar.**
*[Fill in: mijn, je, jouw, uw, zijn or haar.]*

**1**

VOORBEELD:

Jan Maas is getrouwd. ........Zijn........ vrouw komt uit Oostende. ........Haar........
naam is Roos Lippens.

1.  Ik heet Bert Sels. Mijn..... naam staat
    op ..mijn. adreskaartje.                                     *[business card]*

2.  Meneer, ......uw.... geboorteplaats *alstublieft*.          *[please]*

3.  Lisa gaat naar Parijs, want ...~~je~~...haar...... vriend
    Jan werkt in Parijs.

4.  Meneer, ..~~mijn~~ uw....... *identiteitskaart alstublieft.*   *[please]*

5.  Jij heet Raf Wouters. ...~~Mij~~ jouw...... voornaam is
    Raf en ....je............ achternaam is Wouters.

6.  – Mijn vader iş *bakker.* En ......jouw..... vader ?
    Wat is ....zijn.... beroep ?

    – ....mijn..... vader is *slager.*

7.  Mia heeft 2 kinderen. ...~~Zijn~~ haar..... kinderen heten Jo en Kris.

8.  Jan heeft een zoon en twee dochters. ...~~Haar~~ zijn... zoon heet
    Peter, ....zijn.... dochters heten Leen en An.

    *formal* ↓

9.  Meneer en mevrouw, ...uw... papieren alstublieft.

10. Wat is ..je / jouw...adres, Jan ?                            *[address]*

11. Paolo spreekt een beetje Nederlands, *maar*                 *[but]*
    .....zijn.... moedertaal is Italiaans.                       *[mother tongue]*

12. Els en .....haar.... vriend Peter gaan naar een feestje.

**2** Luister naar de cd en kruis aan: 'kort' of 'lang'.
*[Listen to the CD and tick 'kort' or 'lang'.]*

**De klinker in Br<u>a</u>m is kort; de klinker in B<u>aa</u>rt is lang.**
*[The vowel in Br<u>a</u>m is short; the vowel in B<u>aa</u>rt is long.]*

CD 1(10)

| | KORT | LANG |
|---|---|---|
| 1. | √ | |
| 2. | √ | |
| 3. | √ | √ |
| 4. | √ | |
| 5. | | √ |
| 6. | √ | |

**De klinker in b<u>o</u>m is kort; de klinker in b<u>oo</u>m is lang.**

| | KORT | LANG |
|---|---|---|
| 1. | | √ |
| 2. | √ | |
| 3. | √ | |
| 4. | √ | |
| 5. | | √ |
| 6. | √ | |

**De klinker in b<u>u</u>s is kort; de klinker in b<u>uu</u>r is lang.**

| | KORT | LANG |
|---|---|---|
| 1. | √ | |
| 2. | √ | √ |
| 3. | √ | √ |
| 4. | √ | |
| 5. | | √ |
| 6. | | √ |

**De klinker in b<u>e</u>n is kort; de klinker in b<u>ee</u>n is lang.**

| | KORT | LANG |
|---|---|---|
| 1. | √ | |
| 2. | | √ |
| 3. | √ | |
| 4. | | √ |
| 5. | | √ |
| 6. | √ | |

TEKSTBOEK 5B
P. 24

**Lees opnieuw de informatie over het gezin Maas en kruis de juiste uitspraken aan.**

*[Reread the information on the Maas family and tick off the correct statements.]*

1. X a. Peter woont in Leuven.
   b. Peter werkt in Leuven.
   c. Peter komt uit Leuven.

2. a. Roos Lippens is de zus van Peter.
   b. Roos Lippens is de moeder van Peter.
   c. Roos Lippens is verpleegkundige.

3. a. Peter heeft één zus.
   b. Peter heeft twee zussen.
   c. Peter heeft drie kinderen.

4. a. An Maas is een jongen.
   b. An Maas is studente.
   c. An Maas is een meisje.

5. a. Pieter Lens is de dokter van An.
   b. Pieter Lens is de vriend van An.
   c. Pieter Lens is de broer van An.

6. a. De ouders van Peter hebben een ziekenhuis.
   b. De ouders van Peter hebben een winkel.
   c. De ouders van Peter hebben een computerfirma.

7. a. Een verpleegkundige werkt aan een universiteit.
   b. Een verpleegkundige werkt in een ziekenhuis.
   c. Een verpleegkundige werkt in een winkel.

8. a. Peter is gescheiden.
   b. Peter heeft een vriendin.
   c. Peter is getrouwd.

**Vul het juiste woord in.**

*[Fill in the appropriate word.]*

1. Leen is de ............ *zus* ............ van Peter.
2. Leen is de ............ *dokter* ............ van Johan.
3. Leen is de ............ *zus* ............ van An.
4. De ............ *moeder* ............ van Peter heet Roos.
5. De ............ *zon* ............ van Johan is Peter.
6. Roos en Johan zijn de ............ *ouders* ............ van Peter.
7. Peter is een ................................ , Leen is een meisje.
8. Johan is de ................................ van Roos.
9. Peter, Leen en An zijn de ............ *kinderen* ............ van Johan en Roos.

10. Johan is de ....**Vader** (~~ouder~~).... van Peter, Leen en An.
11. Pieter Lens is de .....**vriend**............ van An.
12. Johan is .....**getrouwd**... met Roos.
13. Roos is de .......**vrouw**.......... van Johan.
14. Peter is de ......**broer**.............. van Leen en An.

**3**   **Dit is informatie over het gezin Devries. Teken de stamboom.**
*[From the information on the Devries family draw their genealogical tree.]*

1.   Annie Ooms is de moeder van Steven.
2.   Lisa is de zus van Steven.
3.   Annie is de moeder van Leen.
4.   Steven is de broer van Leen.
5.   Annie is de vrouw van Mark Devries.

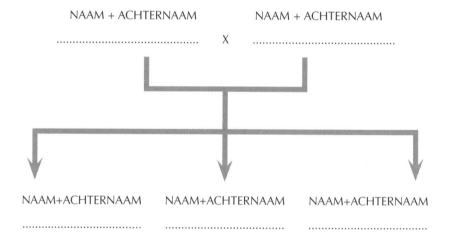

NAAM + ACHTERNAAM          NAAM + ACHTERNAAM

.........................................   X   ...........................................

NAAM+ACHTERNAAM      NAAM+ACHTERNAAM      NAAM+ACHTERNAAM

.................................   .................................   ................................

**4**   **Welke woorden duiden vrouwelijke personen aan, welke mannelijke;**
**welke duiden een relatie aan en welke een beroep ?**
   **a. Schrijf elk woord in de kolommen waarin het past.**
   **b. Geef ook het bepaald artikel van deze woorden.**
*[Which words refer to male persons and which to female persons;*
*which refer to a relationship and which to a profession or occupation ?*
   *a. Write each word in the appropriate columns.*
   *b. Add the definite article of these words.]*

> vader - dochter - meisje - accountant - manager - jongen - zoon -
> vriend - vriendin - broer - zus - ambtenaar - moeder -
> ingenieur - student - studente - verpleegkundige -
> huisvrouw - kind - assistente

| mannelijk | vrouwelijk | relatie [relationship] | beroep / activiteit [profession / occupation] |
|---|---|---|---|
| de vader | ... ......... | de vader | ... ......... |
| ... ......... | ... ......... | ... ......... | ... ......... |
| ... ......... | ... ......... | ... ......... | ... ......... |
| ... ......... | ... ......... | ... ......... | ... ......... |
| ... ......... | ... ......... | ... ......... | ... ......... |
| ... ......... | ... ......... | ... ......... | ... ......... |
| ... ......... | ... ......... | ... ......... | ... ......... |
| ... ......... | ... ......... | ... ......... | ... ......... |
| ... ......... | ... ......... | | ... ......... |
| ... ......... | ... ......... | | |
| ... ......... | ... ......... | | |
| | ... ......... | | |
| | ... ......... | | |

**Welke 11 woorden zitten in dit rooster verborgen ?**
*[Which 11 words are hidden in this grid ?]*

**5**

| d | v | a | d | e | r | g | o |
|---|---|---|---|---|---|---|---|
| o | b | z | u | s | v | e | u |
| c | r | m | k | z | r | z | d |
| h | o | a | i | o | o | i | e |
| t | e | n | n | o | u | n | r |
| e | r | a | d | n | w | e | s |
| r | m | o | e | d | e | r | ■ |

1. vader ............
2. .................
3. .................
4. .................
5. .................
6. .................
7. .................
8. .................
9. .................
10. .................
11. .................

TEKSTBOEK 6A
P. 26

# Wie is dat ?

## 6A

**1** **Geef een antwoord op de volgende vragen.**
*[Answer the following questions.]*

1. Wat is de achternaam van Bert ?
   Sels

2. Waar is Bert vandaan ?
   Austend

3. Wat doet Bert ?
   marketing manager

4. Waar woont Bert ?
   Leuven

5. Wie is Els ?
   Proffessor philosoph

6. Wie is Peter ?
   een vriend ~~Els vrienden~~ de vriend van Els ♥

7. Wat is de achternaam van Peter ?
   Maas

8. Waar woont Peter ?
   Leuven

9. Wat is Peter van beroep ?
   computer firm engineer

10. Waar werkt hij ?
    Brussels

11. Komt Peter uit Brussel ?
    nee (Ghent)

12. Uit welk land komt de vriendin van Bert ?
    nee

13. Waar werkt de vriendin van Bert ?
    ya in Italia

**Geef de gevraagde informatie over jezelf. Antwoord met ja of nee.**
*[Provide the personal information requested. Answer yes or no.]*

**2**

1. Ben je getrouwd ?                                    *nee*
2. Ben je gescheiden ?                                  .........................
3. Heb je een vriend of vriendin ?                      *ja*
4. Woon je in je *geboorteland* ?                       *nee*          *[native country]*
5. Heb je een zus ?                                      *nee*
6. Heb je een broer ?                                    *nee*
7. Heb je kinderen ?                                     *nee*
8. Studeer je ?                                          *ja*
9. Werk je ?                                             *nee*

TEKSTBOEK 6B
P. 27

**6 B**

**Wat antwoordt Paolo ? Gebruik volledige zinnen.**
*[What does Paolo answer ? Use complete sentences.]*

**1**

1. Wie ben jij ?
...................................................................................................

2. Wat is je achternaam ?
...................................................................................................

3. Uit welk land kom je ?
...................................................................................................

4. Waar ben je geboren ?
...................................................................................................

5. Kom je in België met vakantie ?
...................................................................................................

**Geef precieze informatie over jezelf. Beantwoord de vragen.**
*[Give exact information when answering the questions below.]*

**2**

1. Hoe heet je ?
...................................................................................................

2. Waar ben je geboren ?
...................................................................................................

3. Waar komen je ouders vandaan ?
...................................................................................................

4. Wat is de achternaam van je moeder ?

...........................................................................................

5. Wat is de voornaam van je vader ?

...........................................................................................

6. Waar woon je ?

...........................................................................................

7. Wat ben je van beroep ?

...........................................................................................

8. Wat is het beroep van je vader ?

...........................................................................................

9. Wat is je moeder van beroep ?

...........................................................................................

**3** **Interview Lisa. Dit zijn haar antwoorden. Gebruik de "u"-vorm.**
*[Interview Lisa. These are her answers. Use the "u"-form.]*

1. Wie bent u ?
   Ik ben Lisa Van Nevel.

2. Wat ~~doet~~ doet *doat* u ?
   Ik ben *econoom*. Waar bent u geboren? [economist]

3. ~~Waar geboren u?~~ *Waar bent u geboren?*
   Ik ben geboren in Hasselt.

4. Waar ~~gaat u?~~ *ligt hasselt*
   Hasselt ligt in de *provincie* Limburg. [province]

5. Waar werkt u?
   Ik werk in Leuven aan de universiteit.

6. Waar woont u?
   Ik woon ook in Leuven.

7. ~~Wat is it heet Gert?~~ hoe heet uw vader?
   Mijn vader heet Gert.

8. Wat is de naam van uw moeder?
   De naam van mijn moeder is Maria Vandenbroek.

9. ~~What~~ Wat is het beroep van uw moeder?
   Mijn moeder is een *pianiste*. Zij werkt bij [pianist]
   het *Filharmonisch orkest* van [Philharmonic orchestra]
   Vlaanderen.

10. *Waar wonen uw ouders?*

Mijn ouders wonen in Hasselt, maar ze wonen *apart*.  [apart]

Mijn ouders zijn gescheiden.

11. *Hebt u zussen of broers?*

Ja, ik heb één zus. Ze heet Tine.

12. *Bent u getrouwd?*

Nee, maar ik heb een vriend. Hij heet Jan.

13. *Wat is zijn achternaam*

Zijn achternaam is De Bruin.

14. *Waar komt hij vandaan?*

Hij komt uit Brussel.

15. *Wat doet hij?* *weckt*

Hij is accountant. ~~weckt~~

16. *Waar we ckt hij?*

Hij werkt nu bij een firma in Parijs.

**Vervolledig de zin. Volg het voorbeeld.**
*[Complete the sentence. Follow the example.]*

**4**

VOORBEELD:

Paolo <u>komt</u> uit Italië. Waar ...*kom*... jij vandaan ?

1. Els <u>woont</u> in Leuven. Waar .......... jij ?
2. Paolo <u>is</u> student. .......... jij ook student ?
3. Bert <u>werkt</u> in Brussel. .......... jij ook in Brussel ?
4. Barbara <u>gaat</u> naar Berlijn. .......... jij ook naar Berlijn ?
5. Paolo <u>komt</u> *morgen*. .......... jij ook, Bert ?  [tomorrow]

**Zoek de beroepen.**
*[Find the professions.]*

**5**

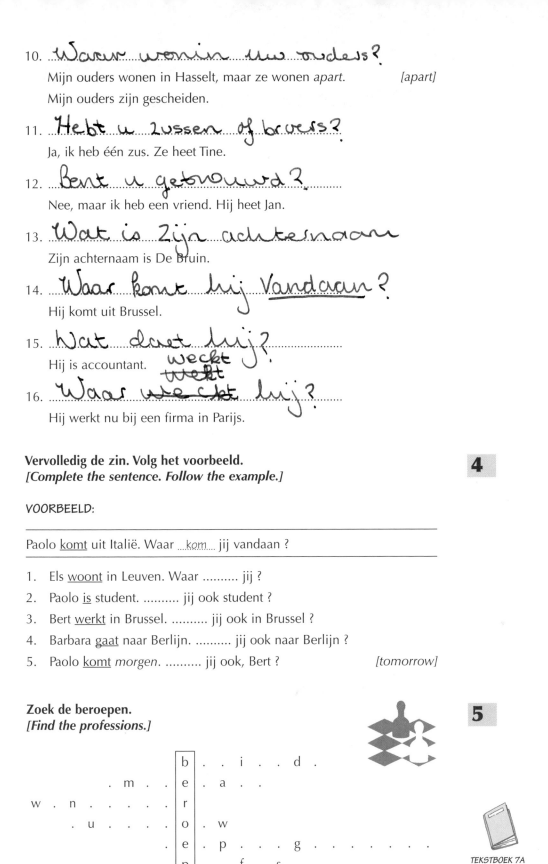

```
            b  .  .  i  .  d  .
      .  m  .  .  e  .  a  .  .
w  .  n  .  .  .  .  r
      .  u  .  .  .  .  o  .  w
            .  e  .  p  .  .  g  .  .  .  .  .  .
            p  .  .  f  .  s  .  .  .
```

TEKSTBOEK 7A
P. 31

# Dit is België.

## 7A

**1** **Kruis de juiste uitspraken aan.**
*[Tick the correct statements.]*

1. a. In Wallonië is het Duits een officiële taal.
   b. In Wallonië is het Duits de officiële taal.

2. a. In Brussel spreekt 10% van de mensen Nederlands.
   b. In Vlaanderen spreekt 90% van de mensen Duits.

3. a. In Brussel spreken de mensen ook Duits.
   b. De regio Brussel heeft een regering en een parlement.

**2** **Vul in.**
*[Fill in.]*

1. In een *republiek is er* een president,        *[republic / there is]*

   in een *koninkrijk* een ................................ .        *[kingdom]*

2. Brussel is een stad. België is een ................................. .

3. In België wonen 10,5 .................................. mensen.

4. Wallonië ligt in het .................................. en Brussel

   ligt in het .................................. van België.

5. België is een federale .................................. met

   ........................... autonome regio's.

6. *Elke* regio en elke linguïstische groep hebben        *[each]*
   een regering en een ............................ .

7. Brussel is de ........................... van België en van Vlaanderen.

   Namen is de ........................... van Wallonië.

8. Vlaanderen heeft *meer dan* 6 miljoen ......................... .    *[more than]*

**Schrijf nu het juiste getal.**
*[Write down the right number.]*

| België heeft | .............. koning. |
| | .............. officiële talen. |
| | .............. provincies. |

| Vlaanderen heeft | .............. provincies. |
| Wallonië heeft | .............. provincies. |
| Wallonië heeft | .............. officiële talen. |
| Brussel heeft | .............. officiële talen. |
| Vlaanderen heeft | .............. officiële taal. |

**Lees opnieuw de tekst "België" in het tekstboek. Doe je tekstboek dicht. Vul daarna de ontbrekende woorden hieronder in.**
*[Reread the text "België" in your textbook. Close it. Then fill in the missing words below.]*

⚠ Kijk bij dit soort oefeningen <u>niet</u> in je tekstboek. Denk goed na.
De context helpt je om de woorden te vinden.
*[When doing these kinds of exercises, do <u>not</u> look in your textbook. Think hard. The context will help you find the words.]*

**BELGIË.**

België ..................... in het centrum van West-Europa. Het ..................... een relatief jong ..................... en het is ..................... complex.

België heeft een ..................... . Hij heet Albert II. Zijn functie ..................... ceremonieel en symbolisch.

Albert II is de koning van de ..................... . Maar ..................... zijn de Belgen ?

In het Noorden van België - Vlaanderen - ..................... de Vlamingen. Zij ..................... Nederlands. De Vlamingen zijn met 6,1 miljoen ..................... .

In het ..................... van België ligt Wallonië. In Wallonië wonen de Walen. Zij spreken ..................... en ze zijn met 3,4 miljoen. Maar in Oost-Wallonië is ook het Duits een officiële ..................... . 70.000 mensen spreken daar Duits.

In het ..................... van België ligt Brussel. Brussel is niet Vlaanderen, ..................... Brussel is ook niet Wallonië. Brussel is Brussel. Het heeft 1 miljoen ..................... . In Brussel spreekt 70% van de mensen Frans. De ..................... spreekt Nederlands (10%) of een andere taal (20%).

Brussel, Vlaanderen en Wallonië zijn autonome regio's. Ze hebben een
.................... en een .................... .
Maar ook de linguïstische groepen .................... autonomie.
Ze hebben ook een regering en een parlement.
En .................... heeft ook België een nationale regering en een
nationaal parlement.
België is dus een federale .................... .

TEKSTBOEK 7B
P. 33

## 7B

**1** Maak een goede zin. Let op de zinsstructuur. Begin met het
onderstreepte woord.
*[Make sentences. Pay attention to the sentence structure. The first word
of each sentence is the one that is underlined.]*

1. ligt / van West-Europa / Belgïe / in het centrum / .
   België ligt in het centrum van West-Europa

2. Duits / de mensen / in Oost-Wallonië / spreken / .
   In oost-Wallonïe de mensen spreken Duits

3. het Frans / in Wallonië en in Brussel / een officiële taal / is / .
   In Wallonïe en in Brussel een officiële taal is het Frans

4. inwoners / heeft / één miljoen / Brussel / .
   Brussels heeft één miljoen inwoners

5. Paolo / hier economie / komt / studeren / .
   Paolo komt studeren hier economie

**2** Antwoord op de vragen. Let op de zinsstructuur. Het eerste woord van
het antwoord is gegeven.
*[Pay attention to the sentence structure when answering the following
questions. The first word of the answer is given.]*

1. Waar ligt Brussel?
   Brussel ligt in België

2. *Welke* taal spreken de mensen in Wallonië?                    *[which]*
   In Wallonïe de mensen spreken Frans

3. Hoe heet de *Belgische* koning?                                *[Belgian]*
   De koning heet Filip I

4. Wat is de officiële taal in Vlaanderen?
   In Vlaanderen een officiële taal is Nederlands

5. Wat is de hoofdstad van Vlaanderen?
   De hoofdstad van Vlaanderen is Antwerp Brussels

**Lees de vragen, kijk opnieuw naar aflevering 1 van het dvd-programma en geef het correcte antwoord.**
*[Read the questions, watch part 1 of the DVD programme again and provide the correct answer.]*

1. Waar werkt Bert ?

   ............................................................................

*DEEL 1*

2. Wat studeert Paolo ?

   ............................................................................

3. Wat is professor Deman ?

   ............................................................................

4. Wat zegt de stewardess *op het einde* ?          *[at the end]*

   ............................................................................

5. Waar komen Bert, Els, Peter en Paolo vandaan ?

   ............................................................................

6. Wat zegt artikel 1 van de Belgische *grondwet* ?          *[constitution]*

   ............................................................................

**Vul het juiste woord in. In de twee zinnen van eenzelfde nummer past eenzelfde woord.**
*[Fill in the right word. The same word has to be used in parts a. and b. of each number.]*

VOORBEELD:

---

a. Meneer......... en mevrouw Maas wonen in Gent.

b. – Wat is uw naam, meneer...... ?
   – Mijn naam is Jan Mertens.

---

1. a. Peter en zijn .....~~vroen~~......... wonen samen.
   b. Lisa is een ......~~vroen~~........, van Els en Peter.
      *vriendin*

2. a. Johan Maas en Roos Lippens zijn de ouders van Peter. Johan Maas is de ........~~broef~~..man van Roos Lippens.
   b. Kaat Verlinden is getrouwd. Haar .....~~broer~~..man. is dokter.

3. a. De .....Winkel........ van de ouders van Peter Maas ligt in het hart van Gent.
   b. Winkeliers hebben een ..........Winkel........ .

4. a. Een verpleegkundige ......_werkt_... in een ziekenhuis.

   b. Hij ......._werkt_... bij een firma in Brussel.

5. a. Jan is de broer van Mia. Mia is zijn ...._zus_............... .

   b. De kinderen heten Leen en Mark. Leen is de ._zus_...................
   van Mark.

6. a. Jan Maas is winkelier van ...._beroep_.......... .

   b. Het ...._beroep_.......... van Bert Sels is marketingmanager.

7. a. Paolo gaat met het ............................. naar België.

   b. De stewardess van het ............................. zegt:                    [says]
   "Welkom aan boord."

8. a. Het ..._Nederlands_... is de taal van de Vlamingen.    → _Capital_

   b. In Brussel is het ..._Nederlands_ een officiële taal, en het Frans ook.

9. a. – _Waar het_........... woon je ?
   – In Leuven.

   b. – _Waar kom_....... ben je vandaan ?
   – Ik ben van Gent.

**Lees de tekst en schrijf het ontbrekende woord. De eerste letters zijn gegeven.**
*[Read the text and fill in the missing word. The first letters are given.]*

---

Goeiedag, mag ik mij even voorstellen ?

Mijn (1) n.aam is Jennifer Armstrong. Armstrong is mijn
*meisjesnaam.* De (2) achternaam van mijn
ex-man is Sels. Mijn ex-man is een Belg. Nu (3) zijn we
(4) g.est gescheiden ik (5) woon en
(6) wonen werk in de *Verenigde Staten.*
Ik ben *secretaresse* van (7) beroep .

Ik heb één (8) kinderen , een jongen. Hij
(9) het heet Bert. Mijn (10) z.oon is heel
intelligent. Hij spreekt goed Duits, Frans, Italiaans en natuurlijk ook
Engels en (11) N.ederlands, want zijn vader is een Vlaming en zijn
(12) m.oeder een Amerikaanse. Hij is marketingmanager
bij een grote (13) f.irma in Brussel. Hij is nog niet
getrouwd, maar hij heeft een (14) v.riendin . Ze heet Alison.
Ze komt (15) u.it Engeland en (16) z.ij ze en zij
werkt (17) i.n Italië. Mijn familie is
*echt* internationaal.

Mijn ex-man en mijn zoon (18) w.erkt wonen nog in België. Bert
woont in Leuven en (19) z.ijn vader woont nog in
Oostende. *Vroeger woonden* (20) w.oon wij
*daar* (21) s.amen . Oostende (22) l.igt
*aan zee* en hier in de Verenigde Staten woon ik ook aan zee.
Ik *houd van* de zee. *Binnenkort* neem ik het vliegtuig
naar België. Ik ga met (23) v.akantie naar Leuven,
naar Bert.

Tot (24) z.iens !

*[maidenname]*

*[United States]*
*[a female
secretary]*

*[really]*

*[formerly / lived]*
*[there]*
*[at the sea]*
*[love / soon]*

EXTRA EDITIE

**4** Kijk opnieuw naar de extra editie op de dvd en oefen opnieuw de uitspraak van de klanken. Vergelijk ook spelling en uitspraak.
*[Watch the extra edition on the DVD again and practise the pronunciation of the sounds once more. Compare spelling and pronunciation.]*

### Consonanten

| | | |
|---|---|---|
| *b* | [b] | bier, geboorte, hebben |
| | [p] | ik heb *[last letter]* |
| *c* | [s] | *citroen,* provincie |
| | [k] | cultuur, excuseer |
| *ch* | [ch] | achternaam, ik lach |
| *d* | [d] | dag, moeder |
| | [t] | vriend *[last letter]* |
| *f* | [f] | federatie, alfabet, koffie, relatief |
| *g* | [g] | goed, liggen, morgen |
| | [ch] | vraag *[last letter]* |
| *h* | [h] | hallo |
| *j* | [j] | ja |
| *k* | [k] | komen, welkom, melk |
| *l* | [l] | Leuven, België, Wallonië, federaal |
| *m* | [m] | mevrouw, komen, *bommen,* welkom |
| *n* | [n] | naam, student, mannen, man |
| *ng* | [ng] | jongen, jong |
| *p* | [p] | Peter, departement, *kippen,* groep |
| *r* | [r] | rest, parlement, *sterren,* moeder |
| *s* | [s] | student, mensen, Brussel, Els |
| *sj* | [sj] | meisje |
| *t* | [t] | tien, water, *katten,* Gent |
| *s* | [s] | federatie, politie *[suffix -tie]* |
| *v* | [v] | vriend, mevrouw |
| *w* | [w] | water, getrouwd, vrouw |
| *x* | [ks] | excuseer |
| *z* | [z] | zeven, lezen |

## Vocalen

| | | | |
|---|---|---|---|
| *a* | [a] | interessant, *bal* | |
| | [aa] | vader, collega | |
| *aa* | [aa] | naam, Baart | |
| *e* | [ə] | de, mevrouw | |
| | [e] | België, student | |
| | [ee] | Peter, Nederlands | |
| *ee* | [ee] | thee, *been* | |
| *o* | [o] | goedemorgen, *bom* | |
| | [oo] | filosofie, hallo | |
| *oo* | [oo] | *boom*, hij woont | |
| *u* | [u] | Brussel, *bus* | |
| | [uu] | student, nu | |
| *uu* | [uu] | buur, natuurlijk | |
| *i* | [i] | interessant, Vlaming | |
| | [ie] | identiteit, *taxi* | |
| *ie* | [ie] | vriend, vakantie | |
| *y* | [i] | symbool | |
| | [ie] | whisky, psychologie | |
| *oe* | [oe] | goed, moeder | |
| *eu* | [eu] | Leuven, ingenieur | |
| *ou* | [ou] | mevrouw, ouders | |
| | [oe] | journalist | |
| *au* | [ou] | autonoom | |
| *ui* | [ui] | huisvrouw, vliegtuig | |
| *ei* | [ij] | klein, universiteit | |
| *ij* | [ij] | wijn, *Berlijn* | *[Berlin]* |

**5** Neem de cd en luister naar de woorden. Kruis aan: korte of lange vocaal.
*[Listen to the recorded vocabulary. Tick whether the vowel is long or short.]*

CD 1(12)

|  | KORT | LANG |
|---|---|---|
| 1. | ......... | √ |
| 2. | ......... | √ |
| 3. | √ | ......... |
| 4. | √ | ......... |
| 5. | √ | ......... |
| 6. | ......... | √ |
| 7. | ......... | √ |
| 8. | ......... | √ |
| 9. | √ | ......... |
| 10. | √ | ......... |
| 11. | √ | ~~√~~ |
| 12. | ......... | √ |

**6** Neem de cd en kruis de klank aan die je hoort.
*[Listen to the recorded vocabulary and tick the sound you hear.]*

CD 1(13)

|  | [ie] | [oe] | [eu] |  | [ou] | [ui] | [ij] |
|---|---|---|---|---|---|---|---|
| 1. | √ | ......... | ......... | 7. | ......... | ......... | √ |
| 2. | ......... | √ | ......... | 8. | √ | ......... | ......... |
| 3. | ......... | ......... | √ | 9. | ~~√~~ | √ | ......... |
| 4. | √ | ......... | ......... | 10. | ~~√~~ | √ | ......... |
| 5. | ......... | ......... | √ | 11. | √ | ......... | ......... |
| 6. | ......... | √ | ......... | 12. | ......... | ......... | √ |

*After this part you should be able to:*

- *Say hello and goodbye in an informal and a formal way.*
- *Give personal details about yourself (your name, where you come from, where you live) and ask other people to provide such information.*
- *Outline your family (parents, brothers and sisters).*
- *Describe the Belgian federation.*
- *Understand the DVD lesson completely.*

# Hoe gaat het ermee ?

**Lees de uitspraken, kijk opnieuw naar aflevering 2 van het dvd-programma en kruis de correcte uitspraken aan.**
*[Read the statements, watch again part 2 of the DVD programme and tick off the correct statements.]*

*DEEL 2*

1. a. Els heeft geen interesse voor Paolo.
   b. De douane heeft interesse voor Paolo.
   c. De douane heeft geen interesse voor Paolo.

2. a. Peter en Els komen van vakantie uit Italië.
   b. Lisa komt van vakantie uit Italië.
   c. Paolo komt van vakantie uit Italië.

3. a. Lisa Van Nevel gaat naar Bert in Parijs.
   b. Lisa Van Nevel gaat naar Jan in Parijs.
   c. Lisa Van Nevel gaat naar Paolo in Parijs.

4. a. In België is het klimaat uitstekend, *zegt* Peter.          *[says]*
   b. In België is het klimaat verschrikkelijk, zegt Peter.
   c. In Italië is het klimaat verschrikkelijk, zegt Peter.

5. a. Paolo heeft een boom in zijn koffer.
   b. Paolo heeft een bril in zijn koffer.
   c. Paolo heeft een bom in zijn koffer.

*TEKSTBOEK 1A*
*P. 36*

# Mag ik voorstellen...

## 1A

**Reageer goed. Kies de passende reactie.**
*[React properly. Choose the appropriate reaction.]*

1. Meneer Vervoort, dit is mijn vriend Jan.
   a. Dag Jan.
   b. Ja, ik heet Piet Vervoort.

2. Mag ik voorstellen, Pol Degreef.
   a. Mark Mees. Aangenaam.
   b. Ik ben Mark.

3. Dit is Bart.
   a. Nee, dank je.
   b. Dag Bart, ik ben Wouter.

4. Wim Verhoeven.
   a. Joris Antonissen.
   b. Tot ziens.

5. Hoi. Ik ben Els.
   a. Aangenaam. Ik ben Jan Wouters.
   b. Dag Els. Ik ben Jan.

TEKSTBOEK 1B
P. 37

## 1B

**1** **Luister naar de cd en duid aan met een kruisje in de juiste kolom of de klinker lang of kort is.**
*[Listen to the CD and tick in the right column if the vowel is long or short.]*

CD 1(16)

| | LANG | KORT |
|---|---|---|
| 1. | .......... | ....√..... |
| 2. | .......... | .......... |
| 3. | .......... | .......... |
| 4. | .......... | .......... |
| 5. | .......... | .......... |
| 6. | .......... | .......... |
| 7. | .......... | .......... |

8. .......... ..........
9. .......... ..........
10. .......... ..........
11. .......... ..........
12. .......... .....✓...

**Luister naar de cd en vul de ontbrekende letters in.**
*[Listen to the CD and fill in the missing letters.]*

**2**

LANG:   ... aa, ee, oo, uu   + C (+ C ...)
LANG:   ... a, e, o, u      (+ C + V + ...)
KORT:   ... a, e, i, o, u, i   + C ( + C ...) *
           *consonant.*

1.  v.a.lder
2.  ..ee.rst  *(ee)*
3.  r.e.gen  *(e)*
4.  r.oo.s
5.  k.o.ppen
6.  inw.o.ner
7.  k.o.men

8.  pl.aa.ts
9.  filos.oo.f
10. l.i.p
11. c.o.mplex
12. z.u.ssen
13. nat.uu.rlijk
14. str.a.ten

15. l.ee.g   [empty]       CD 1(17)
16. m.e.nsen
17. .aa.ngenaam
18. h.e.ten
19. d.o.kter        ×2 *cosnents*
20. br.il

*TEKSTBOEK 2A*
*P. 39*

# Hoe gaat het ermee ?

## 2A

**1**    **Reageer goed. Kies de juiste reactie.**
*[React properly. Choose the correct response.]*

1. Dag Jan, hoe gaat het ermee ?
   a. Prima.
   b. Aangenaam.

2. Hoe gaat het met je ?
   a. Dag, ik ben Paolo.
   b. Niet zo best. Ik ben heel *moe*.    *[tired]*

3. Dag Jan, hoe is het met je ?
   a. Hoe gaat het ermee ?
   b. Goed. Dank je. En met jou ?

4. Mag ik voorstellen, Bert Sels, marketingmanager.
   a. Mark Degraaf. Aangenaam.
   b. Hoi Bert.

5. Hoi Paolo! Hoe gaat het?
   a. Dank je.
   b. Het gaat uitstekend.

**2**    **Neem de cd en luister naar de dialoog. Vul de ontbrekende woorden in.**
*[Take the CD and listen to the dialogue. Fill in the missing words.]*

CD 1(19)

**Op straat.**

Lisa    Dag An. Hoe is het ...... *ermee* ...... ?

An    Goed, ...... *dank* ...... je en ...... *hoe* ...... gaat het

       met ...... *jou* ...... ?

Lisa    *heel* ...... goed. Ik ...... *ga* ...... nu naar

       ...... *mijn* ...... vriend Jan in Parijs. Hij werkt daar.

An    Tot ...... *ziens* ...... . Prettige reis.

Lisa    Ja, ...... *dank* ...... je. Dag !

**Neem de cd en luister naar de dialoog. Vul de ontbrekende woorden in.**
*[Take the CD and listen to the dialogue. Fill in the missing words.]*

**3**

| Meneer Dewinter | Goedemiddag, ......*mevrouw*... Kuipers. |
| Mevrouw Kuipers | Goedemiddag, meneer Dewinter. ........*Hoe*... is het met ..........*u*.....? |
| Meneer Dewinter | Goed, ............*dank*..... u. Kent u Frie, mijn ..................*dochter*...? |
| Mevrouw Kuipers | Dag Frie. |
| Frie Dewinter | ...............*aangenaam*......., mevrouw. |
| Mevrouw Kuipers | Wat een slecht ......*weer*...., he. |
| Meneer Dewinter | Ja, het is *vrij* ......*koud*....... *[rather]* |
| | Niet zo ........*best*.... voor september. |

*CD 1(20)*

**Luister naar de cd en onderstreep nu de klank met het accent.**
*[Listen to the CD and underline the sound that takes the accent.]*

**4**

1. uitstekend
2. controle
3. september
4. bagage
5. prettige
6. douane
7. aangenaam
8. dochter
9. mevrouw
10. interesse

*CD 1(21)*

**Kies het juiste woord en vul in.**
*[Choose the right word and fill in.]*

**5**

> gaat - best - ermee - aangenaam - mag - jou - gaat / is

1. – ............................. ik voorstellen, meneer Devries.
   – ............................. .

2. – Hoe ............................. het ?
   – Niet zo ............................. .

3. – Hoe is het ............................. ?
   – Uitstekend. Dank je. En met ............................. ?
   – Het ............................. wel.

*TEKSTBOEK 2B*
*P. 41*

**Kies het juiste woord en vul in.**
*[Choose the right word and fill in.]*

**5**

> gaat - best - ermee - aangenaam - mag - jou - gaat / is

1. – ............................. ik voorstellen, meneer Devries.
   – ............................. .

2. – Hoe ............................. het ?
   – Niet zo ............................. .

3. – Hoe is het ............................. ?
   – Uitstekend. Dank je. En met ............................. ?
   – Het ............................. wel.

*TEKSTBOEK 2B*
*P. 41*

**DEEL 2**  **LES 2A**  **41**

**1** Vul het juiste corresponderende pronomen object in. Volg het
voorbeeld. Gebruik de geaccentueerde vormen.
*[Fill in the right pronoun object. Follow the example. Use the forms for
emphasis.]*

VOORBEELD:

Bert *helpt* (hij) .....hem......... *[helps]*

1. Bert helpt (wij) ..ons..
2. Bert helpt (ik) ..mij./me
3. Bert helpt (jij) ..jou. / je
4. Bert helpt (u) ...u....
5. Bert helpt (zij) .haar. / hen

**2** Vul het juiste pronomen object in. Volg het voorbeeld. Gebruik de
geaccentueerde vormen.
*[Fill in the right pronoun object. Follow the example. Use the forms for
emphasis.]*

VOORBEELD:

– Hoe gaat het met Jan ?          – Met .....hem..... ? Prima.

1. – Hoe gaat het met Lisa ?          – Met ....hen..haar ? Heel goed.
2. – Hoe gaat het met je vader ?     – Met ..hem..... ? Niet zo best.
3. – Hoe gaat het met jullie ?        jullie – Met .....hen.... ? Uitstekend.
4. – Hoe gaat het met je ouders ?    Met ..hun..... ? Prima. hen
5. – Hoe gaat het met je ?           – Met .....mik........ ? Het gaat wel.

mij

**Vul het juiste pronomen object in. Volg het voorbeeld. Gebruik de geaccentueerde vormen.**
*[Fill in the right pronoun object. Follow the example. Use the forms for emphasis.]*

**3**

VOORBEELD:

---

- En met Lisa, hoe gaat het met ....haar.... ?
- Met ....haar.... ? Prima.

---

1. - En met je zussen, hoe gaat het met ...~~hen~~... ? *hen*
   - Met ..~~hen~~ *hen*? Heel goed.

2. - En met jouw vriend, hoe gaat het met ...~~haar~~... ? *hem*
   - Met ...~~haar~~? Prima. *hem*

3. - En met je zus, hoe gaat het met *haar* ?
   - Met *haar* ? Niet zo best.

4. - En met jou, hoe gaat het met *jou* ?
   - Met *mij* ? Slecht.

5. - En met je broers, hoe gaat het met *hen* ?
   - Met *hen* ? Uitstekend.

TEKSTBOEK 3A
P. 42

# Wat is je adres ?

## 3A

**1** Vul in 'welk' of 'welke'. Controleer of het substantief een de- of een het-woord is.
*[Fill in 'welk' or 'welke'. Check whether the noun is a "de"-word or a "het"-word.]*

1. In ....welke... stad woon je ?
2. ......welke talen spreek je ?
3. Bij .....welke firma werk je ?
4. ......welke boek *lees* je nu ?               *[read]*
5. In ...welke... *huis* woon je ?

**2** Vul het juiste vraagwoord in.
*[Fill in the right question word.]*

1. – ...Waar.... woon je ?

   – In Antwerpen.

2. – In ....~~een~~ welke...... straat woon je ?

   – In de Tiensestraat.

3. – Op ....~~het~~ welk...... nummer woon je ?

   – Op nummer 34.

4. – In ...welke... stad woon je ?

   – In Leuven.

5. – ......Wat... is je adres ?

   – Muntstraat 15, Leuven.

**3** Vul in 'ons' of 'onze'. Controleer of het substantief een de- of een het-woord is.
*[Fill in: 'ons' or 'onze'. Check whether the noun is a "de"-word or a "het"-word.]*

```
┌─────────────────────────────────────────────┐
│                                             │
│   Istvan en Joanna Rosenthal-Dekroon        │
│                                             │
│                                             │
│                                             │
│                                             │
│   Langestraat 14              (02) 457 89 45│
│   1800 Vilvoorde          Rosenthal@vzs.be  │
│                                             │
└─────────────────────────────────────────────┘
```

1. Dit is ..........ons.... adreskaartje.

2. Langestraat 14 in Vilvoorde is .........ons...... adres.

3. (02) 457 89 45 is ........ons.... telefoonnummer.

4. Vilvoorde is ...onze...... stad.

5. 14 is .......ons........ huisnummer.

6. Istvan en Joanna zijn .................... voornamen.


**Vul het passende possessief pronomen in.**
*[Fill in the appropriate possessive pronoun.]*

**4**

uw / jullie

1. Meneer en mevrouw, wat is .....uw/jullie....... adres ?

2. Ik woon in Leuven. ...Mijn... adres is Vesaliusstraat
   35, 3000 Leuven.

3. Els *leest* .....haar... krant in het vliegtuig.          *[reads]*

4. Els en Bram wonen niet bij ...hun... moeder.

5. We *wachten op* ...onze...... koffers.          *[wait for]*

6. Jan en Ria, wat zijn ...jullie. e-mailadressen ?   *[e-mail addresses]*

7. Paolo komt uit Palermo. Palermo is ....zijn..... geboortestad.

8. We wonen op nummer 34. 34 is ...ons... huisnummer.

9. We gaan *met* ....onze..... vrienden een weekend naar Parijs.   *[with]*

10. Paolo, wat is .....jouw... telefoonnummer ?


**Vul het juiste woord in.**
*[Fill in the correct word.]*

**5**

1. Zijn ......adres................... is Langestraat 21, Oostende.

2. – Wie is die man ?
   – Ik ..........weet.............. het niet.

3. Het ....telefoonummer... van Mark is (0472) 12 02 30.

4. In mijn *tuin* staan enkele ........bomen............... 🌲🌲   *[garden]*
   en *veel bloemen*. 🌸            *[a lot of]*
```
```

**6** **Vul de juiste vorm van 'hebben' in.**
*[Fill in the correct form of 'hebben'.]*

1. *Hoeveel* kinderen ...hebben... meneer en
   mevrouw Devries ?                                    *[How many]*
2. Lisa ...heeft... een vriend in Parijs.
3. Peter, ...heb... je een *paraplu* ?
   *Het regent.*                                        *[It is raining]*
4. ...hebt... u het adres van meneer en mevrouw Verpoortere ?
5. Ik ...heb... geen kinderen.
6. Paolo ...heeft... vrienden in Leuven.
7. Peter en Els *nemen* de trein. Ze ...hebben...geen auto.   *[take]*
8. ...hebben... jullie het adres van Bert Sels ?
9. Jij ...hebt... geen adres in Leuven.

**7** **Kies tussen 'in, uit, op, naar, bij, aan' en vul in.**
*[Choose among 'in, uit, op, naar, bij, aan' and fill in.]*

1. Wie woont ...op... nummer 35 ?
2. ...Uit... welk land komt Paolo ?
3. Hij komt ...uit... Palermo.
4. Hij *woont graag* ...in... de stad.                 *[likes living]*
5. ...Op... welk nummer wonen meneer en
   mevrouw Verpoortere ?
6. ...In... welke straat wonen Els en Peter ?
7. ...Bij... welke firma werkt Bert Sels ?
8. ...Aan... welke universiteit werkt Els ?
9. ...Naar... welk land *vliegt* Lisa ?                 *[flies]*
10. Meneer en mevrouw Devries wonen ...op | aan | bij
    het Martelarenplein.

TEKSTBOEK 3B
P. 44

## 3B

**1** **Zoek bij elkaar.**
*[Match number and word.]*

| | | | |
|---|---|---|---|
| 1. | 12 | a. | eenentachtig |
| 2. | 98 | b. | achtennegentig |
| 3. | 76 | c. | vierenvijftig |
| 4. | 54 | d. | negenentwintig |
| 5. | 32 | e. | dertien |
| 6. | 29 | f. | vijfenveertig |
| 7. | 45 | g. | twaalf |
| 8. | 66 | h. | zesenzeventig |
| 9. | 81 | i. | zesenzestig |
| 10. | 13 | j. | tweeëndertig |

**Luister naar de cd en noteer het getal dat je hoort in cijfers.**
*[Listen to the CD and write down the number you hear in figures.]*

1. ... $13299,18 ~~2112~~
2. .........................................
3. ... 17~~45~~ 50
4. ... 13,630
5. ... 1910
6. .........................................
7. .........................................
8. ... ~~1020~~ 21 000
9. ... 4 000 000 000
10. ... 2213

**A. Lees de tekst.**
  *[Read the text.]*

De voornaam van Meneer Devries is Ronald.
Hij woont samen met zijn vrouw in een nieuw
appartement in 1000 Brussel, dat is *hartje*      [heart]
Brussel. Het Martelaarsplein - daar heeft hij
zijn flat op nummer vijfentwintig - is een rustig
plein met enkele bomen. Meneer Devries
*woont graag* rustig, want hij heeft een      [likes living]
*drukke baan* en hij werkt *meestal thuis*. Hij      [busy job / mostly at home]
is *belastingsadviseur* en accountant van een      [a tax consultant]
*tiental* grote winkels in Brussel. Zijn telefoon      [about ten]
*gaat* de hele dag. Veel winkeliers in Brussel      [rings]
*kennen* het nummer, (0475) 45 56 89. Zijn      [know]
*e-mailadres* is Ronald@Devries.be.      [e-mail address]

**B. Vul nu het adreskaartje van Meneer Devries in.**
  *[Now fill in the business card of Mr Devries.]*

```
  .................................................

  .................................................




  ...........................    ............................

  ...........................    ............................
```

TEKSTBOEK 4
P. 46

# Tot volgende week.

**4**

**1**

**Vul de juiste prepositie in.**
*[Fill in the right preposition.]*

1.  Bert werkt niet ............... het weekend.

2.  ............... zaterdag komt mevrouw Armstrong naar België.

3.  – Mevrouw, vertrekt u voor de middag ?

    – Nee, .................. de middag.

4.    ................ Bert Sels .

    Goedemiddag.

5.  Dag Els. ............... morgen.

6.  ............... maandag begint de week.

7.  – Kom je volgende week ?

    – Nee, ............... twee weken kom ik.

**2**

**Welke dag is het ? Volg het voorbeeld.**
*[What day is it ? Follow the example.]*

VOORBEELD:

| 24 april | : ...De vierentwintigste april is een zaterdag... |
|---|---|

|  | APRIL |  |  |  |
|---|---|---|---|---|
| ma |  | 5 | 12 | 19 | 26 |
| di |  | 6 | 13 | 20 | 27 |
| wo |  | 7 | 14 | 21 | 28 |
| do | 1 | 8 | 15 | 22 | 29 |
| vr | 2 | 9 | 16 | 23 | 30 |
| **za** | **3** | **10** | **17** | **24** |
| **zo** | **4** | **11** | **18** | **25** |

1.  15 april  : ...................................................

2.   3 april  : ...................................................

3.  30 april  : ...................................................

4.   5 april  : ...................................................

5.  28 april  : ...................................................

6.  13 april  : ...................................................

7.   8 april  : ...................................................

**Vul het juiste woord in.**
*[Fill in the right word.]*

1. Ik werk overdag en ik slaap *s'nachts*
2. ...~~overdag~~ *wanneer* komt Jennifer naar België? Volgende week?
3. Na februari komt ...~~maand~~ *maart*
4. Vandaag is het dinsdag. Morgen is het ...*woensdag*
   Overmorgen is het ...*donderdag*
5. Zaterdag en zondag is het ...*weekend*
6. Bert werkt van 's morgens tot ...~~vandaag~~ *s'avonds*

**Dit is de agenda van Ting Wei. Zeg welke afspraken hij heeft. Kies het juiste woord en vul in.**
*[This is the agenda of Ting Wei. Tell about his appointments. Choose the right word and fill in.]*

Het is vandaag de vijfentwintigste maart.

| | |
|---|---|
| maandag | 25 maart |
| 10 uur: tandarts (VRIJ) | |
| 15 uur: Hong | |
| dinsdag | 26 maart |
| 12 uur: lunch met Li | |
| woensdag | 27 maart |
| 19 uur: bioscoop / Wang | |
| donderdag | 28 maart |
| vrijdag | 29 maart |
| zaterdag | 30 maart |
| 16 uur luchthaven, vertrek | |
| Brussel: 18 uur (tot 24-4) | |
| zondag | 31 maart |
| aankomst Brussel | |
| 7.42 uur | |

> morgen - nacht - zondagmorgen - morgenmiddag - overmorgen -
> maand - vandaag - zaterdag - na de middag - volgende

Vandaag, maandag de vijfentwintigste maart,
heeft Ting een *vrije dag*. In de voormiddag gaat    *[day off]*
hij naar het centrum, *want* hij heeft een *afspraak*   *[because / appointment]*
met zijn *tandarts*. *Na de middag* gaat hij
zijn vriendin Hong bezoeken: zij werkt
...*morgen* ook niet.
...*Vandaag* moet Ting *wel* werken.    *[does have to]*
...*Morgenmiddag* heeft hij een afspraak met
Li. Ze gaan samen lunchen.
...*Overmorgen* gaat Ting met zijn vriend
Wang naar de *bioscoop*.
De ...*volgende* dagen heeft Ting geen
afspraken, want hij moet zijn *koffers pakken*.   *[to pack]*
Op ...*zaterdag* vertrekt Ting naar    *[leaves]*
Brussel. Om 16 uur moet hij op de luchthaven
inchecken. Hij zal de hele ...*zondagmorgen nacht*   *[all]*
vliegen.
Zijn vliegtuig *landt* ...*maand* *vroeg*    *[lands / early]*
in Brussel. Ting blijft een ...*maand*... in
België.

TEKSTBOEK 5A
P. 50

# Zullen we samen eten ?

## 5A

**1** Lees opnieuw de dialogen van les 5 A en zet een kruisje voor de juiste of de meest accurate uitspraak.
*[Read again the dialogues of lesson 5 A and tick off the correct or most accurate statement.]*

1. a. Lisa blijft in het weekend in Parijs.
   b. Lisa blijft tot na het weekend in Parijs.
   c. Lisa blijft maandag in Parijs.

2. a. Els wil een pintje drinken.
   b. Els wil de trein nemen.
   c. Els wil een taxi nemen.

3. a. Bert komt Els en Peter woensdagmiddag bezoeken.
   b. Bert komt Els en Peter woensdagavond bezoeken.
   c. Paolo komt Els en Peter woensdagavond bezoeken.

4. a. Els heeft het adres van Bert niet.
   b. Paolo heeft het adres van Els niet.
   c. Bert heeft het adres van Els niet.

5. a. De koffie is duur.
   b. De taxi is duur.
   c. De trein is duur.

6. a. Lisa gaat maandagavond bij Els eten.
   b. Lisa gaat dinsdagmiddag bij Els eten.
   c. Lisa gaat dinsdagavond bij Els eten.

**2** Antwoord op de volgende vragen.
*[Give an answer to the following questions.]*

1. Wat gaat Paolo volgende week woensdag doen ?
   ...................................................................................

2. Wie komt dinsdagavond bij Els eten ?
   ...................................................................................

3. Waar gaat Lisa in het weekend naartoe ?
   ...................................................................................

4. Wat gaan Els en Peter doen voor ze de trein nemen ?

.............................................................................

5. Wat gaat Els drinken ?

............ *de Koffie* ...................................

6. Waar gaat Els dinsdagavond eten ?

.............................................................................

7. Welke dag kan Lisa niet bij Els komen eten ?

........................ *Maandag* .....................

8. Wie komt Peter en Els *zeker* niet bezoeken ?          [certainly]

.............................................................................

**Stel iets voor. Vul de juiste vorm in.**
*[Make a suggestion. Fill in the right form.]*

**3**

1. ...... *Zullen* ...... we een pintje drinken ?
2. ...... *Zal* ...... ik dinsdag komen ?
3. ..... *Zullen* .. we Paolo gaan bezoeken ?
4. ........ *Zal* ... ik een taxi *roepen* ?          [call, hail]
5. ........ *Zal* ... ik u mijn adreskaartje *geven* ?          [give]
6. ............. ik u aan Ting Wei voorstellen ?
   *Zal*

TEKSTBOEK 5B
P. 52

**5B**

**Vul de juiste vorm van hetzelfde werkwoord in.**
*[Fill in the right form of the same verb.]*

**1**

VOORBEELD:

Paolo <u>kan</u> Els bezoeken, maar Bert ..kan.. Els niet bezoeken.

1. Ik <u>wil</u> een pintje, maar jij .. *wil* .. koffie.
2. Lisa <u>moet</u> nu haar vliegtuig nemen, maar Els en Peter .. *Moeten* ..
   de trein nemen.
3. Lisa <u>gaat</u> dinsdagavond bij Els eten, maar Bert .. *gaat* ..
   dinsdagavond thuis eten. En waar .. *gaan* .. jij eten, Paolo?
4. Dit <u>zijn</u> mijn broers, en dat .. *is* .. mijn zus.
5. <u>Mag</u> ik zijn telefoonnummer hebben? Of .. *Mag* .. je me dat
   niet geven?

**2** Vul de juiste vorm van het gegeven werkwoord tussen haakjes in.
*[Fill in the right form of the given verb between brackets.]*

1. (WILLEN) ......Wilt...... u tot morgen *wachten* of      [wait]
   (KUNNEN) ..kunt............ u vandaag komen?

2. (GAAN) ......Gaan.... we een pintje drinken?

3. (ZULLEN) ........Zal........ ik een glas wijn *bestellen* of      [order]
   (WILLEN) ...Will............ je een koffie hebben?

4. (KUNNEN) ....Kun.......... je me volgende week telefoneren?
   (HEBBEN) ...Heb............. je mijn telefoonnummer?

5. (WILLEN) ...Wil............ je *langzaam* spreken,      [slowly]
   alsjeblieft? Ik (KUNNEN) ......Kan........      [please]
   je niet *verstaan*.      [understand]

6. U (MOGEN) .....Mag........ hier niet roken.

7. U (KUNNEN) ....Kunt........... hier *wachten*.      [wait]

8. Hij (KUNNEN) ....Kan.......... vandaag niet op tijd komen.

9. (ZULLEN) .....Zullen..... we vanavond samen een glas
   drinken of (HEBBEN) ......Hebt........ u
   *andere plannen*?      [other plans]

10. (KOMEN) .....Kom.......... je vanavond bij mij eten?
    Of (GAAN) .....Gaan....... we in de stad eten?

**3** Vul het juiste werkwoord in de juiste vorm in. Gebruik elk werkwoord
één keer.
*[Fill in the right form of the verb. Use each verb only once.]*

| moeten - hebben - willen - zullen - mogen - kunnen |
|---|

1. Bert ......Wil.......... het adres van Els hebben.

2. Je ....moet........ morgen *op tijd* komen.      [in time]
   Je ....mag......... niet *te laat* zijn.      [late]

3. ......Zal....... ik je moeder gaan halen?

4. Els ....heeft........... geen tijd: ze ....kan......... morgen niet komen.
   heeft                                       kan

**Maak een goede zin. Let op de zinsstructuur. Begin met het onderstreepte woord.**
*[Make sentences. Pay attention to the sentence structure. The first word of each sentence is the one that is underlined.]*

1. een pintje / gaat / drinken / <u>Bert</u> / .
   *Bert gaat een pintje drinken*

2. <u>wat</u> / Paolo / studeren / wil / ?
   ~~Wat studeren Paolo wil?~~
   *Wat wil paolo studeren?*

3. <u>economie</u> / studeren / zal / Paolo / .
   *Economie Zal Paolo studeren*

4. wil / <u>Paolo</u> / bezoeken / Els / .
   *Paolo wil Els bezoeken*

5. komen / we / <u>morgen</u> / kunnen / op bezoek / .
   *Morgen kunnen we op bezoek komen*

TEKSTBOEK 6A
P. 54

# Mag ik voorstellen: Paolo Sanseverino.

## 6A

**1**

**Antwoord negatief met geen.**
*[Give a negative answer with 'geen'.]*

VOORBEELD:

- – Hebt u koffie ?
- – Nee, ik heb geen koffie.

1. – Ben je student ?
   – Nee, ~~hij is~~ geen student
   ~~Ik ben~~

2. – Ga je Italiaans studeren ?
   – Nee, ik ga

3. – Hebt u telefoon ?
   – Nee, ik heb geen telefoon

4. – Is Ali een Belg ?
   – Nee, ~~hij~~ is geen Belg?
   zij/hij

5. – Wil je een krant hebben ?
   – Nee, Ik wil geen krant hebben

6. – Heb je nu een trein ?
   – Nee, ik heb nu geen trein

7. – Wil je een duur hotel ?
   – Nee, ik wil geen duur hotel

8. – Hebben jullie een groot appartement ?
   – nee, we hebben geen groot appartement

9. – Is Els journalist ?
   – Nee, Zij is geen journalist

10. – Nemen Els en Peter een taxi ?
    – Nee, nemen geen taxi

**Paolo wordt geïnterviewd. Vul in: 'geen' of 'niet'.**
*[Paolo is being interviewed. Fill in: 'geen' or 'niet'.]*

1. – Mijnheer Sanseverino, komt u uit België ?
   – Nee, ik kom ....*niet*. uit België.
     Ik kom uit Italië.

2. – Dus, u bent een Italiaan.
   – *Inderdaad*, ik ben een Italiaan.          *[Indeed]*
     Ik ben ....*geen*.. Belg.

3. – Komt u hier met vakantie ?
   – Nee, ik kom ...*niet*.. met vakantie.

4. – Hebt u een *baan* in België ?          *[job]*
   – Nee, ik heb ...*geen*.. *baan* hier. Ik ben student.

5. – Spreekt u Nederlands ?
   – Ja, ik spreek een beetje Nederlands, maar ..*niet*.. veel.

6. – Bent u getrouwd, mijnheer Sanseverino ?
   – Nee, ik ben ..*niet*.... getrouwd.

7. – Hebt u kinderen ?
   – Nee, ik heb ...*niet geen*... kinderen.

8. – Zal u in Leuven een appartement *huren* ?          *[rent]*
   – Nee, ik zal ...*geen*.. appartement huren.
     Dat is te duur.

9. – Is Nederlands moeilijk, mijnheer Sanseverino ?
   – Nee, Nederlands is ....*geen niet*.. moeilijk.

**Vul in: 'geen', 'niet' of 'wel'.**
*[Fill in: 'geen', 'niet' or 'wel'.]*

1. Paolo is .....*geen*.... Belg. Peter Maas is ..*wel*........ een Belg.

2. Lisa komt ....*niet*.... uit Italië. Paolo komt ...*wel*...... uit Italië.

3. Peter drinkt ....*geen*..... koffie. Hij drinkt een pintje.
   Els drinkt .....*wel*... een koffie.

4. Bert is .....*geen*... ingenieur. Peter is ...*wel*...... een ingenieur.

5. Bert komt Els en Peter *niet*....... bezoeken. Paolo komt Els
   en Peter ..*wel*........ bezoeken.

TEKSTBOEK 6B
P. 55

**1** Vul 'dit' of 'deze' in en vervang elke tekening door het juiste substantief.
[Fill in 'dit' or 'deze' and replace each picture by the right noun.]

1. ...Dit... [bad] ...bad... is schoon.

2. ...Deze... [gang] ...gang... is smal.

3. ...Dit... [hotel] ...hotel... is *heel*          [very]
goedkoop.

4. ...Deze... [kast] ...kast... heeft
twee *deuren*.          [doors]

5. ...Deze... [kamer] ...kamer... *kost* 90          [costs]
*euro per nacht*.          [euro per night]

6. ...Dit... [raam] ...raam... is *dicht*.          [shut]

7. ...Deze... [stoel] ...stoel... *staat* in          [stands]
de kamer van Paolo.

8. ...Dit... [bed] ...bed... is *zacht*. ><hard [soft]

9. ...Deze... [wastafel] ...wastafel... heeft *warm*          [warm]
en *koud water*.          [cold water]

10. ...Deze... [koffer] ...koffer... is van een
*toerist*.          [tourist]

**2** Volg het voorbeeld en vul in.
[Follow the example and fill in.]

VOORBEELD:

Deze kast is oud, maar ...die... is ...nieuw...

1. Dit plein is rustig, maar ...dat... is ...druk... .
2. Deze vakantie is kort, maar ...die... is ...lang... .
3. Dit glas is smal, maar ...dat... is ...breed... .
4. Dit meisje is mooi, maar ...dat... is ...lelijk... .

5. Deze auto is nieuw, maar ............... is ................................... .
6. Dit toilet is schoon, maar ............... is ................................... .
7. Deze vrouw is klein, maar ...die... is groot........... .
8. Dit tijdschrift is goedkoop, maar ...dat... is ...duur........... .
9. Deze taal is gemakkelijk, maar ...die... is ...moeilijk........... .

**Vul in: 'dit', 'dat', 'deze' of 'die'.**
*[Fill in: 'dit', 'dat', 'deze' or 'die'.]*

**3**

1. Wie moet ik u voorstellen ? ...Deze.... jongen hier of
   ~~die~~ dat... man daar ?

2. Waar wil je wonen ? Op ...dit......... plein hier of in
   ~~die~~ dat...... straat daar ?

3. Wat zullen we nemen ? ...~~dit~~ deze.... taxi hier of ...~~dat~~ die........... bus
   daar ?

4. Waar wil je logeren ? In ...~~die~~ deze........ buurt hier of in het
   centrum ?

5. Wie is jouw dochter ? ...~~deze~~ dit.... meisje hier of ...die...........
   vrouw daar ?

6. Wanneer komt de moeder van Bert naar België ? ...dit...........
   weekend of volgend weekend ?

7. Wat wil je, Paolo ? ...~~die~~ deze........ kamer hier met douche of
   ~~die~~ deze....... kamer daar met bad ?

8. Waar is zijn kamer ? Op ...~~die~~ deze.... verdieping hier of op de vierde
   verdieping ?

9. Welke datum is goed voor jou ? ...dit........... datum hier ?

TEKSTBOEK 7A
P. 58

# Bevolking, geografie, klimaat.

## 7A

**1**

**Kruis de juiste uitspraken aan.**
*[Tick off the correct statements.]*

1. a. Ongeveer 10,5 miljoen inwoners zijn vreemdelingen.
   b. Ongeveer 1 miljoen inwoners zijn vreemdelingen.
   c. Ongeveer 1 miljoen Belgen zijn migranten.

2. a. De vreemdelingen uit de Europese Unie werken in
      de Europese administratie.
   b. Veel ambtenaren uit de Europese Unie werken in
      de Europese administratie.
   c. Eén miljoen vreemdelingen uit de Europese Unie
      werken in de Europese administratie.

3. a. De kust heeft een *lage bevolkingsconcentratie.*     *[low / density*
   b. Wallonië heeft een lage bevolkingsconcentratie.       *of population]*
   c. Brussel heeft een lage bevolkingsconcentratie.

4. a. België is een vlak land.
   b. Wallonië is een vlak land.
   c. Vlaanderen is een vlak land.

5. a. Nederland ligt in het noordwesten van België.
   b. De Noordzee ligt in het noordwesten van België.
   c. De Noordzee vormt in het noordwesten een natuurlijke
      grens van België.

6. a. In België is het vaak bewolkt.
   b. In België is het vaak te koud.
   c. In België is het vaak te warm.

7. a. In België hebben we veel regen.
   b. In België hebben we veel zon.
   c. In België hebben we geen regen.

**Lees opnieuw de tekst "België: de bevolking, de geografie en het klimaat" in het tekstboek. Doe je tekstboek dicht. Vul daarna de ontbrekende woorden in.**
*[Reread the text "België: de bevolking, de geografie en het klimaat" in your textbook. Close it. Then fill in the missing words.]*

 Kijk bij dit soort oefeningen <u>niet</u> in je tekstboek. Denk goed na. De context helpt je om de woorden te vinden.
*[When doing these kinds of exercises, do <u>not</u> look in your textbook. Think hard. The context will help you find the words.]*

BELGIË: DE BEVOLKING, DE GEOGRAFIE EN HET KLIMAAT.

België is een .................... land met veel inwoners: ongeveer tien en een half miljoen.

Bijna één miljoen .................... zijn vreemdelingen. Veel .................... komen uit Italië en uit de buurlanden Nederland en Frankrijk. Andere belangrijke groepen komen .................... Marokko, Turkije, Kongo en Oost-Europa. De inwoners uit Italië, Marokko en Turkije zijn hier al lang. Het zijn migranten uit de jaren .................... en zestig van de twintigste eeuw. Maar er wonen hier nu ook veel ambtenaren uit de .................... van de Europese Unie. Zij .................... vaak in de Europese administratie, want Brussel is de .................... van de Europese Unie.

België .................... in het centrum van West-Europa en heeft .................... buren. Die .................... zijn Nederland in het noorden, Duitsland in het ...................., Luxemburg in het zuidoosten en Frankrijk in het .................... . In het noordwesten vormt de Noordzee een natuurlijke .................... .

De meeste mensen in België .................... in en .................... de grote steden. Brussel heeft de hoogste concentratie van ....................: één miljoen. Ook .................... de driehoek Antwerpen-Brussel-Gent en .................... de kust wonen heel .................... mensen. Wallonië heeft .................... zoveel inwoners. .................... vind je meer natuur. .................... de Ardennen .................... je nog rustig in de bossen .................... en daar vind je ook .................... . In Vlaanderen niet. Vlaanderen is een .................... en laag land bij de .................... .

België heeft een gematigd .................... . De gemiddelde temperatuur is .................... tien graden Celsius. In de zomer is .................... nooit te .................... en in de winter is het zelden te .................... . Maar de zon

TEKSTBOEK 7B
P. 59

zie je in België niet .................... . Het is dikwijls bewolkt en het .................... ook vaak. "Te vaak", zeggen de .................... . En de mensen uit het zuiden van Europa .................... het weer in België .................... .

## 7B

**1** **Kijk naar de kaart van België en vul in.**
*[Look at the map of Belgium and fill in.]*

### A. VOORBEELD:

Turnhout ligt ........in het noorden.......... van België.     *[in the north of]*

1. Hasselt ligt .......... .......... ........................ van België.
2. Luik ligt .......... .......... ........................ van België.
3. Brugge ligt .......... .......... ........................ van België.
4. Kortrijk ligt .......... .......... ........................ van België.

### B. VOORBEELD:

Turnhout ligt ........ten oosten van.......... Antwerpen.     *[to the east of]*

1. Tongeren ligt ........ ................................ .......... Luik.
2. Brugge ligt ........ ................................ .......... Gent.
3. Namen ligt ........ ................................ .......... Tongeren.
4. Gent ligt ........ ................................, .......... Antwerpen.
5. Nederland ligt ........ ................................ .......... België.
6. Duitsland ligt ........ ................................ .......... België.
7. Frankrijk ligt ........ ................................ .......... België.
8. Luxemburg ligt ........ ................................ .......... België.

**Vul het ontbrekende woord in.**
*[Fill in the missing word.]*

1. 9.990.000 is ......bijna........ 10 miljoen.

2. Li komt uit China en hij woont nu in België. Li is een ...vreeimdellingen... *bevolkt* *migrant*

3. In België kan je niet vaak de zon zien: het is vaak ...regenen... *in winers*

4. Deze mensen wonen in Gent. Het zijn ....worken....... van Gent.

5. De eenentwintigste december is de ....herfst........
   *afgelopen* en begint de winter.                    *[finished]*

6. De *zomermaanden* zijn juli, ....Augustus.... *[summermonths]*
   en september.

7. Van 1990 tot 1999 zijn de jaren .....90's negentig

8. De Noordzee is een natuurlijke ....buitland... van België. *grens*

9. De ...buurland.. van België zijn Frankrijk, Nederland,
   Duitsland en Luxemburg.

10. De steden zijn druk, maar in de bossen is het ....Rustig.... .

11. In een ..........vlak........ land vind je geen bergen.

12. In België is het zelden te warm of te ...kald koud

13. Vandaag waait het niet. Er is geen ....wind............ .

**Geef het antoniem van de onderstreepte woorden.**
*[Give the opposite of the underlined words.]*

*altijd*

1. In de lente is het hier <u>nooit</u> warm, maar in Afrika is het ...haal...
   warm.

2. In de herfst regent het <u>vaak</u> en zien we de zon ...zeng.... Zelden

3. <u>In de zomer</u> gaan we naar de zee, en ...in de winter.. naar de Ardennen.

4. Het verkeer in het centrum is <u>druk</u>, maar in deze buurt is het verkeer
   ......Rustig.

**4** **Lees het volgende weerbericht en kruis de correcte uitspraken aan.**
*[Read the following weather report and tick off the correct statements.]*

| | |
|---|---|
| Vandaag *zacht* herfstweer. | *[mild]* |
| Vanmorgen *helder* met temperaturen | *[clear]* |
| *tussen* 3 en 5 graden. *Later op de dag* | *[between / later in the day]* |
| *wordt het* bewolkt met kans op *regen*. | *[it gets / rain]* |
| Middagtemperaturen *rond* 15 graden. | *[around]* |
| De volgende dagen wordt het fris maar *droog*. | *[dry]* |

1. a. Vandaag regent het niet.
   b. Vandaag regent het.
   c. Vandaag kan het regenen.

2. a. Vanmorgen is het warm.
   b. Vanmorgen is het helder.
   c. Vanmorgen is het zacht.

3. a. De volgende dagen wordt het zacht.
   b. De volgende dagen wordt het fris.
   c. De volgende dagen wordt het warm.

4. a. Vanmorgen is het bewolkt.
   b. Vanmorgen is het droog.
   c. Vanmorgen regent het.

5. a. Vanmiddag wordt het ongeveer 15 graden.
   b. Vanmiddag wordt het 5 graden.
   c. Vanmiddag wordt het helder.

**Lees eerst de vragen, kijk opnieuw naar aflevering 2 van het dvd-programma en beantwoord dan de vragen.**
*[Read the questions first, then watch again part 2 of the DVD programme and answer the questions.]*

**1**

*DEEL 2*

1. Waar gaat Lisa naartoe ?

..................................................................... .

2. Wat gaat ze daar doen ?

..................................................................... .

3. Wanneer hebben Els en Lisa een afspraak ?

..................................................................... .

4. Wanneer is de afspraak tussen Paolo en Els ?

..................................................................... .

5. Wanneer is de afspraak tussen Paolo en Bert ?

..................................................................... .

6. Wat is het *antoniem* van:                    *[opposite]*
   – moeilijk: ...............................
   – warm:    ...............................
   – samen:   ...............................

**Geef voor elke tekening het juiste woord.**
*[Give for each picture the right word.]*

**2**

1.  Ting wil een ☕ ....*koffie*......, geen 🍺 *bier*.......... .

2.  Mijn naam staat op mijn [JOHNSON BRUSSEL] ...*adreskaart*

3.  Deze 💼 ....*koffer*...... is van Paolo.

4.  De 🚂 ......*trein*..... naar Brussel heeft *vertraging*. *[delay]*

5.  Deze 🚪 ....*kast*........ is modern.

6.  In Vlaanderen *zijn er* geen ⛰ ....*bergen*..... . *[there are]*

7.  In haar kamer heeft Patricia een smal 🛏 ....*bed*....... .

8. Ik heb geen 📞 .....telefoon.... op mijn hotelkamer.

9. Door het 🪟 .....raam......... kan je de 🌳🌳 .....bomen...... zien.

10. Deze 🪑 .....stoel..... is niet comfortabel.

11. Nemen jullie een 🚕 .....taxi......
    of de 🚌 .....bus....... naar het station ?

12. De Nieuwstraat ligt in het ♡ .....hart...... van de stad.

13. De 🚗 .....auto..... van meneer
    Vervoort is *heel* oud.                                    [very]

14. Willen jullie een kamer met 🛁 .....bad.....
    of met 🚿 .....douche?

15. Meneer en mevrouw Maas hebben een 🏪 .....winkel.....
    in Gent.

16. Deze 👩 .....vrouw..... is getrouwd met een vreemdeling.

17. Het 🎟 .....ticket..... van Lisa
    *zit in haar tas.*                                         [is in her bag]

18. In België is er *meer* 🌧 .....regen..... dan            [more]
    ☀ .....zon...... .

19. Het 🚽 .....toilet....... is op de gang.

20. 'De Standaard' is een Vlaamse 📰 .....krant.. .

21. 'Trends' is een economisch 📖 .....tijschdrift

22. Ting komt met het ✈ .....vliegtu..... naar Brussel.

23. Wij nemen de *lift* naar de vijfde .....verdieping [lift, elevator]

24. Het  ....*kind*.... wil vandaag niet eten.

25. In *elke* hotelkamer is er een  ....*wastafel*.... *[every]*

**Vul het juiste woord in. In de twee zinnen van eenzelfde nummer past eenzelfde woord.**
*[Fill in the right word. The same word has to be used in the two sentences of one number.]*

**3**

1. a. Paolo is ............................... in Leuven. Hij heeft geen vrienden.

   b. Peter woont niet ............................... . Hij woont samen met Els.

2. a. Hij neemt ............................... een douche, nooit een bad.

   b. In de winter is het ............................... *vroeg* donker.     *[early]*

3. a. Peter King heeft drie kinderen: één ........................... en twee zoons.

   b. – Is de nieuwe baby een jongen ?

      – Nee, een meisje. Meneer en mevrouw Flores hebben nu ook

         een ........................... .

4. a. De eerste *oefening* is moeilijk, maar de volgende is     *[exercise]*

      ........................... .

   b. In Brussel kan je ............................... een goed hotel vinden.

5. a. De lente *begint* in ........................... .     *[starts]*

   b. ........................... is de derde maand.

6. a. Ik ga mijn moeder in het ziekenhuis ............................... .

   b. Lisa wil haar vriend in Parijs ............................... .

7. a. Waar woont hij precies ? Ik heb zijn ........................... niet.

   b. Je kan zijn ........................... in het telefoonboek *vinden*.     *[find]*

8. a. Telefoneren naar een ander land is soms ........................... .

   b. In België is de bus goedkoop, maar taxi's zijn ........................... .

9. a. Het ........................... in de stad is druk.

   b. Op zondag *zie* je niet veel auto's op straat. Dan is het     *[see]*

      ........................... niet druk.

10. a. Vanmorgen en vanmiddag eet ik *thuis*, maar     *[at home]*

       ........................... ga ik in een restaurant in de stad eten.

    b. Wil je ........................... naar de televisie *kijken* of wil     *[look]*

       je naar de *bioscoop* ?

11. a. Hij woont op ............................ 17.

    b. Ik heb zijn telefoon............................. niet.

12. a. In de landen van Afrika heb je een *droog* en een *nat*    *[dry / wet]*

    ............................. .

    b. De winter is het koudste ............................. .

13. a. Hij gaat soms in een restaurant eten maar niet ........................... .

    b. Hij wandelt op zondag ........................... in het bos. Bijna
    elke zondag gaat hij naar het bos.

14. a. Eén dag is kort. Tien jaar is ........................... .

    b. Lisa blijft niet ........................... in Parijs. Na het weekend
    komt ze terug.

15. a. Na de avond komt de ............................... .

    b. De ........................... is donker, want de zon schijnt niet.

16. a. Mag ik mij ................................. ? Raf Peeters.

    b. Peter wil zijn vriendin aan zijn ouders ............................... .

17. a. – Dit is professor Deman.

    – ............................... .

    b. Het weer in België is niet altijd ........................... .

18. a. Is ............................... de eerste of de *laatste* dag    *[last]*
    van de week ?

    b. Na zaterdag komt ............................ .

**4**    **Vervang het onderstreepte deel in de zin door het juiste pronomen. Volg het voorbeeld.**
*[Replace the underlined part in the sentence by the right pronoun. Follow the example.]*

VOORBEELD:

Els helpt Paolo .
Els helpt ...hem......

1. Bert ontmoet Peter en Els.
    Bert ontmoet ~~peter~~ ~~hun~~ hen

2. Mag ik Els voorstellen?
    Mag ik zij voorstellen
    haar

3. Peter drinkt een pintje.

   *Hij drinkt een pintje*

4. Paolo ontmoet <u>Bert</u>.

   *Paolo ontmoet hem*

5. Els en Peter zien <u>Lisa</u> op de luchthaven.

   *Els en peter zien Lisa haar*

6. Hoe gaat het met <u>jou en Peter</u> ?

   *Hoe gaat het met jullie*

7. Els zegt: "<u>Peter en ik</u> wonen in Leuven."

   *Els zegt we wonen in Leuven*

**Formuleer juiste vragen. Het antwoord is gegeven.**
*[Formulate correct questions. The answer is given.]*

**5**

1. – *Wil je een pintje beer?* ?
   – Nee, voor mij geen bier.
   – *Wil je een koffie* ?
   – Nee, ook geen koffie. Ik wil een thee met *citroen*.

2. – *Heb je Is jouw kamer straat* ?
   – Nee, ik heb een kamer in een goedkoop hotel.
   – *Heb je een kamer een duur hotel?*
   – Mijn hotel ligt in een drukke buurt.
   – *Heb je een kot hier?* ?
   – In de Veldstraat.
   – *Wat is hij telefoonnummer* ?
   – Ja, natuurlijk. Het nummer is (09) 342 12 78.

3. – *Waar woon jij?* ?
   – In de Bergstraat.
   – *Wat nummer?* ?
   – 44.

4. – *Hoe gaat het met jou* ?
   – Niet zo best. Ik ben *werkloos*. [unemployed]
   – ............................................... ?
   – Met mijn broer ? Met hem gaat het altijd goed.

5. – ............................................... ?
   – Tot februari. Ik blijf vier maanden in België.

**6** Lees de tekst en schrijf het ontbrekende woord. De eerste letter is gegeven.
*[Read the text and write down the missing word. The first letter is given.]*

1. Ken je m..................... nog ? Ik h..................... Jennifer Armstrong.
   I..................... ben de moeder v.............. Bert Sels. Ik
   w..................... in de *Verenigde Staten.*                           *[United*
                                                                             *States]*

2. Volgende w..................... kom ik met vakantie n..................... België.
   Ik ga m..................... zoon bezoeken. Hij w..................... in Leuven
   en hij werkt in Brussel bij een grote f..................... . Mijn ex-man ga
   ik n..................... bezoeken. Ik w..................... hem niet zien.

3. Bert zegt dat het nu 13° Celsius is in België. Dat is heel
   k..................... voor mij. Hier is het nog heel w..................... :
   25° Celsius. In België is de zomer *afgelopen.*                           *[finished]*
   Nu *begint* de h..................... . Het z.....................           *[begins]*
   ook veel regenen. Bah, ik *hou* niet van het                              *[like]*
   Belgische w..................... .

4. In België zal ik niet in een hotel logeren. Ik zal in het h.....................
   van Bert slapen. Hij heeft een huis in het c..................... van Leuven.
   Het a..................... is: Bergstraat 20, 3000 Leuven. Daar
   k..................... je me volgende w..................... vinden.
   Tot z................... !

*After this part you should be able to:*

- *Introduce yourself and others in an informal and in a formal way.*
- *When meeting acquaintances, ask how they are doing in an informal and in a formal way. React properly when people ask how you are doing.*
- *Ask for people's address and phone number.*
- *Say you don't know.*
- *Introduce yourself on the phone.*
- *Make suggestions. React properly to a suggestion.*
- *Say goodnight.*
- *Make an appointment.*

- *Give essential information on the population, the geography and the climate of Belgium.*

- *Distinguish and spell short and long vowels properly.*
- *Formulate a simple negative statement.*

- *Understand the DVD lesson completely.*

# Kunt u mij helpen ?

COMPREHENSIE

**Lees de uitspraken, kijk opnieuw naar aflevering 3 van het dvd-programma en kruis de correcte uitspraken aan.**
*[Read the statements, watch again part 3 of the DVD programme and tick off the correct statements.]*

*DEEL 3*

1. a. Paolo staat om kwart voor negen op.
   b. Paolo staat om negen uur op.
   c. Paolo staat om kwart over negen op.

2. a. Paolo eet normaal kaas bij het ontbijt.
   b. Paolo eet nu confituur bij het ontbijt.
   c. Paolo eet geen confituur bij het ontbijt.

3. a. Els gaat woensdagavond met Paolo naar het Van Dalecollege
   b. Els gaat maandagmiddag met Paolo naar het Van Dalecollege.
   c. Els *hoeft* woensdagmiddag *niet te* werken.               *[needn't]*

4. a. Paolo wil een kleine kamer met douche.
   b. Paolo wil een grote kamer met douche.
   c. Paolo wil een lelijke kamer met douche.

5. a. Paolo slaapt om vijf over elf.
   b. Paolo slaapt om kwart over elf.
   c. Paolo slaapt om halftwaalf.

*TEKSTBOEK 1A*
*P. 62*

# Hoe laat is het ?

## 1A

**1** **Wat hoort bij elkaar ?**
*[What belongs together ?]*

1. 　2. 　3. 　4. 　5.

6. 　7. 　8. 　9. 　10.

a. Het is twintig voor elf.
b. Het is één uur.
c. Het is vijf voor halfvier.
d. Het is tien voor halfzeven.
e. Het is vijf over negen.
f. Het is vijf voor elf.
g. Het is tien over acht.
h. Het is kwart voor vijf.
i. Het is kwart voor drie.
j. Het is zeven over halftien.

**2** **Hoe laat is het nu op je horloge ?**
*[What time is it by your watch ?]*

1. `19:34`　2. `07:56`　3. `08:43`　4. `15:15`　5. `18:55`

6. `14:32`　7. `20:07`　8. `22:45`　9. `23:20`　10. `04:25`

1. ….Het is nu vier over halfacht.…..........................................................................
2. …..........................................................................................................................
3. …..........................................................................................................................
4. …..........................................................................................................................
5. …..........................................................................................................................
6. …..........................................................................................................................
7. …..........................................................................................................................
8. …..........................................................................................................................
9. …..........................................................................................................................
10. …........................................................................................................................

**Vul de juiste woorden in.**
*[Fill in the appropriate words.]*

1. – ...Hoe... ...laat... is het alstublieft ?
   – Het is zeven voor halfelf.

2. – Het is nu halftien. ...tot... een half uur, om tien uur
   vertrekken we.
   *over* — starting *over*

   *tot — starting over*

3. – ...tot... hoe laat slaap je op zondagmorgen ?
   – ...tot... tien uur.

4. – Hoe laat gaat de eerste trein naar Brussel ?
   – ...Om... vijf uur 's morgens.

5. – Paolo slaapt ...tot... halfnegen en ontbijt ...om...
   kwart voor tien.

*– before uur!*
*op { dag } date*

**Je staat in het station van Leuven. Hoe laat vertrekt de volgende trein
naar ... ? Hoe laat komt hij aan in ... ?**
*[You are in the railway station of Leuven. What time does the next train
to ... leave ? What time does it arrive in ... ?]*

| LEUVEN-GENK | | LEUVEN-HASSELT | | LEUVEN-LIER | | LEUVEN-MECHELEN | | LEUVEN-OOSTENDE | |
|---|---|---|---|---|---|---|---|---|---|
| vertrek→aankomst | | vertrek→aankomst | | vertrek→aankomst | | vertrek→aankomst | | vertrek→aankomst | |
| 6.47 | 7.52 | 6.24 | 7.10 | 6.04 | 6.42 | 6.38 | 6.55 | 6.24 | 8.09 |
| 7.47 | 8.52 | 7.24 | 8.10 | 7.04 | 7.42 | 7.38 | 7.55 | 7.24 | 9.09 |
| 8.47 | 9.52 | 8.24 | 9.10 | 8.04 | 8.42 | 8.38 | 8.55 | 8.24 | 10.09 |
| 9.47 | 10.52 | 9.24 | 10.10 | 9.04 | 9.42 | 9.38 | 9.55 | 9.24 | 11.09 |
| 10.47 | 11.52 | 10.24 | 11.10 | 10.04 | 10.42 | 10.38 | 10.55 | 10.24 | 12.09 |
| 11.47 | 12.52 | 11.24 | 12.10 | 11.04 | 11.42 | 11.38 | 11.55 | 11.24 | 13.09 |
| 12.47 | 13.52 | 12.24 | 13.10 | 12.04 | 12.42 | 12.38 | 12.55 | 12.24 | 14.09 |
| 13.47 | 14.52 | 13.24 | 14.10 | 13.04 | 13.42 | 13.38 | 13.55 | 13.24 | 15.09 |
| 14.47 | 15.52 | 14.24 | 15.10 | 14.04 | 14.42 | 14.38 | 14.55 | 14.24 | 16.09 |
| 15.47 | 16.52 | 15.24 | 16.10 | 15.04 | 15.42 | 15.38 | 15.55 | 15.24 | 17.09 |

**A. Het is nu zeventien over één.**

*VOORBEELD :*

---

...De volgende trein... naar Genk ...vertrekt over een half uur om...............
...dertien voor twee. Hij komt om acht voor drie in Genk aan.....................

---

1. ...................................... naar Hasselt ...............................................
   .....................................................................................................

2. ...................................... naar Lier ...................................................
   .....................................................................................................

| LEUVEN-GENK | | LEUVEN-HASSELT | | LEUVEN-LIER | | LEUVEN-MECHELEN | | LEUVEN-OOSTENDE | |
|---|---|---|---|---|---|---|---|---|---|
| vertrek→aankomst | | vertrek→aankomst | | vertrek→aankomst | | vertrek→aankomst | | vertrek→aankomst | |
| 6.47 | 7.52 | 6.24 | 7.10 | 6.04 | 6.42 | 6.38 | 6.55 | 6.24 | 8.09 |
| 7.47 | 8.52 | 7.24 | 8.10 | 7.04 | 7.42 | 7.38 | 7.55 | 7.24 | 9.09 |
| 8.47 | 9.52 | 8.24 | 9.10 | 8.04 | 8.42 | 8.38 | 8.55 | 8.24 | 10.09 |
| 9.47 | 10.52 | 9.24 | 10.10 | 9.04 | 9.42 | 9.38 | 9.55 | 9.24 | 11.09 |
| 10.47 | 11.52 | 10.24 | 11.10 | 10.04 | 10.42 | 10.38 | 10.55 | 10.24 | 12.09 |
| 11.47 | 12.52 | 11.24 | 12.10 | 11.04 | 11.42 | 11.38 | 11.55 | 11.24 | 13.09 |
| 12.47 | 13.52 | 12.24 | 13.10 | 12.04 | 12.42 | 12.38 | 12.55 | 12.24 | 14.09 |
| 13.47 | 14.52 | 13.24 | 14.10 | 13.04 | 13.42 | 13.38 | 13.55 | 13.24 | 15.09 |
| 14.47 | 15.52 | 14.24 | 15.10 | 14.04 | 14.42 | 14.38 | 14.55 | 14.24 | 16.09 |
| 15.47 | 16.52 | 15.24 | 16.10 | 15.04 | 15.42 | 15.38 | 15.55 | 15.24 | 17.09 |

## B. Het is nu tien over acht.

1. .................................... naar Genk ....................................................

....................................................................................................

2. .................................... naar Mechelen ..............................................

....................................................................................................

3. .................................... naar Oostende ..............................................

....................................................................................................

TEKSTBOEK 1B
P. 63

## 1B

**Vul het juiste woord in.**
*[Fill in the correct word.]* *Kwartier*

1. Een ......~~koert~~ *kwartier*...... is vijftien minuten.
2. Een ......week............. is zeven dagen.
3. Drie kwartier............ is vijfenveertig minuten.
4. Dertig minuten is een ......half............................ uur.
5. ......anderhalf.......... uur *duurt* negentig minuten.          *[lasts]*
6. Driehonderdvijfenzestig dagen is een ......jaar................ .
7. Vierentwintig maanden is twee ......jaar................. .
8. Anderhalve minuut is negentig ......seconden..... .
9. Negentig ......minuten...... is anderhalf uur.
10. Van maandag tot volgende week woensdag is
......anderhalf.. week.
11. Twee weken is een ......half................... maand.
12. Een dag en een nacht is vierentwintig ......uur...... .

TEKSTBOEK 2A
P. 65

# Hoe lang blijf je ?

**Welke uitspraken zijn correct ?**
*[Which statements are correct ?]*

**1**

1. (a.) Bert is twee dagen terug thuis.
   b. Bert is één dag terug thuis.
   c. Bert is zelden thuis.

2. a. De moeder van Bert blijft een maand.
   b. De moeder van Bert blijft drie weken.
   (c.) De moeder van Bert is tweeënvijftig.

3. a. Karel wil om tien voor zes thuis zijn.
   (b.) Karel wil niet te laat thuis zijn.
   c. Karel wil laat thuis zijn.

4. a. Karel neemt de trein om halfvijf.
   (b.) Karel neemt de trein om tien voor vijf.
   (c.) Karel neemt de trein om tien voor zes.

5. a. Van bij Bert thuis tot aan het station moet je een kwartier stappen.
   (b.) Van bij Bert thuis tot aan het station moet je een half uur stappen.
   c. Van bij Bert thuis tot aan het station moet je drie kwartier stappen.

**Kies het juiste woord en schrap wat niet past.**
*[Choose the right word and cross out what doesn't fit.]*

**2**

1. Alison   gaat   in Italië wonen.
             blijft
             komt

2. Een week is   geen   zeven dagen.
                precies
                zelden

3. Hoe   lang   is het station ?
         ver
         laat

4. Karel   moet   vroeg thuis zijn.
          kan
          wil

5. De moeder van Bert komt   misschien   drie weken.
                        precies
                        natuurlijk

**3** **Vul het juiste woord in.**
**[Fill in the right word.]**

1. – Hoe ...oud... is je moeder ?
   – Rond de vijftig. Ik ...weet... het niet precies.  [around fifty]

2. – Is Lisa nog in Parijs ?
   – Ja, ze komt maandag ...morgen... terug .

3. – Waar ga je ...daag... naartoe ?
   – Naar Hasselt.

4. – Hoe lang is Bert al terug van vakantie ?
   – Twee dagen. Sinds ...eergisteren... .    *vertrokken/vertrekken*

5. – Ik bel even naar het station. Ik wil de
   ...~~ver~~... van de trein naar Brussel weten.    *ves ver afgelegen*

6. – Hoe ...ver... is Brussel van Leuven ?
   – Een half uur rijden.    [half an hour's drive]

7. – Hoe ver is het stadhuis van hier ?
   – Twintig minuten ...stappen... , maar met de auto vijf minuten.

**4** **Vul in. Kies tussen 'in, op, om, over, sinds'.**
**[Fill in. Choose among 'in, op, om, over, sinds'.]**

1. ...In... 2100 *begint* een nieuwe *eeuw*.    [begins / century]
2. ...In... het weekend werkt *niemand*.    [nobody]
3. Bert is zesentwintig. ...Over... vier jaar *wordt* hij dertig.    [will be]
   *over* 4. Ik moet *lopen*. ...Sinds... vijf minuten vertrekt mijn trein.    [run]
   *sinds* 5. ...om... *vorig* weekend is Paolo in België.    [last]
   *om* 6. ...In... zeven voor zeven vertrekt mijn vliegtuig.
   *in* 7. ...Op... de week ontbijt ik niet, maar ...op... zondag wel.
   *op* 8. ...In... 15 januari *is Bert jarig*.    [is Bert's birthday]
   *in* 9. ...Over... de winter is het koud.  *in*
10. ...Om... halftwaalf gaat Bert slapen.

TEKSTBOEK 2B
P. 67

**Stel de juiste vraag. Vul het ontbrekende woord of de ontbrekende woorden in.**

1

*[Ask the right question. Fill in the missing word or words.]*

1. ...Hoelang... duurt een dag ?

2. ...Hoeveel... uren telt een dag ?

3. ...Hoe ver... is Antwerpen van Brussel ?

4. – Meneer, ...Hoe laat... is het nu alstublieft ?
   – Kwart voor vijf.

5. – ...Hoe vaak... ga je met vakantie ?
   – Twee keer per jaar.

6. – ...Hoelang... ben je al in België ?
   – Sinds september.

7. – ...Hoelang... blijft Paolo in België ?
   – Twee jaar.

8. – ...Hoe vaak... gaat er een trein naar Hasselt ?
   – Elk uur.

9. – ...Hoe oud... is Bert ?
   – Zesentwintig jaar.

10. – ...Hoe lang... blijft Karel bij Bert ?
    – Tot kwart over vijf.

11. – ...Hoe vaak... neem jij de trein ?
    – Bijna nooit.

12. – ...Hoe lang... heeft Bert nog vakantie ?
    – Tot maandag.

13. – ...Hoe laat... begint de *film* ?          *[begins / film]*
    – Om acht uur.

14. – ...Hoe laat... blijven in België de winkels open ?
    – Tot zes uur 's avonds.

**2**

**Vul in. Kies tussen 'welk, welke, elk, elke, half, halve, anderhalf, anderhalve'.**
*[Fill in. Choose among 'welk, welke, elk, elke, half, halve, anderhalf, anderhalve'.]*

1. Het is nu kwart voor zeven. Over een ...*half*... uur, om kwart over zeven, vertrek ik.

2. Het is nu zestien juli. Over ...*anderhalf* maand, *eind* augustus ga ik met vakantie.  *[end of]*

3. Peter werkt ...*elke*... dag van maandag tot vrijdag, maar in het weekend werkt hij niet.

4. – In ...*welke*... jaar ben je geboren ?
   – In 1992.

5. Ik ga ...*elke*... week naar de bioscoop.

6. ...*welke*... hotel is goed en goedkoop ?

7. Ik betaal ...*elke*... maand de *huur* van mijn appartement.  *[rent]*

8. Ik neem ...*elke*... dag een douche.

9. Op ...*welke* dag komt Paolo naar België ?

10. Een ...*half*... week *geleden* was Paolo nog in Italië.  *[ago]*

TEKSTBOEK 3A
P. 69

# Nog een prettige dag !

**3A**

**1**

**Vervolledig de zin. Volg het voorbeeld.**
*[Complete the sentence. Follow the example.]*

VOORBEELD:

Ik woon niet in Leuven, maar jij ......woont........ wel in Leuven.

1. Luik ligt niet in Brabant, maar Tienen en Leuven ............................. wel in Brabant.
2. Ik woon niet op dat adres, maar jij ............................ wel op dat adres.
3. Els spreekt geen drie talen, maar ik ........................... wel drie talen.
4. Els ontbijt niet, maar jullie ............................. wel.
5. Leen en An Maas eten niet veel, maar Peter Maas ........................... wel veel.
6. Jullie bellen niet naar je moeder, maar Bert .............................. wel naar zijn moeder.
7. Wij drinken geen bier, maar Peter ............................ wel bier.
8. Paolo werkt niet, maar Peter ............................... wel.

**Zet het werkwoord in zijn juiste vorm. Denk om de spelling.**
*[Put the verb in its right form. Think of the spelling.]*

**2**

VOORBEELD:

Bert (KIJKEN) ............kijkt............... niet vaak naar de *televisie*.

1. Paolo (WORDEN) ....wordt....... volgend jaar vijfentwintig.
2. Mevrouw Armstrong (BEZOEKEN) ..bezoekt......... haar zoon in België.
3. Wij (ZOEKEN) ..zoeken...... een hotel voor de nacht.
4. Hoe laat (VERTREKKEN) ...vertrekken.njullie naar huis ?
5. (STUDEREN) ...studeer....... je in Gent of in Leuven ?
6. Els (SLAPEN) .....slapt.......... graag lang in het weekend.
7. In de herfst (WAAIEN) ..........waait.......... en (REGENEN) ......regent...... het vaak.
8. Els en Peter (KOMEN) ......komen....... altijd te laat.

**3** Wat doen deze mensen graag ?
*[What do these people like ?]*

1. (dansen)   Piet ......*danst*.......... graag.

2. (fietsen)   Lisa ......*fiets*.......... graag.

3. (vliegen)   Ik ......*vliegt*.......... graag.

4. (lachen)   Jullie ......*lachen*.......... graag.

5. (roken)   Jij ......*rookt*.......... graag een sigaret.

6. (koken)   Wij ......*koken*.......... graag.

7. (spelen)   Een kind ................................. graag met een bal.

**4** Gebruik een passend werkwoord in zijn juiste vorm.
*[Use a suitable verb in its correct form.]*

> liggen, bezoeken, willen, slapen, ontmoeten, zien, regenen,
> kijken, worden, nemen, bellen, werken

1. Peter ............................... elke dag van negen tot halfvijf.
2. Bert .............................. de *dienst* inlichtingen.          *[department]*
3. Paolo ............................. wakker in zijn bed.
4. 's Morgens .............................. hij een douche, geen bad.
5. ............................. je een *kopje* koffie of een pintje ?          *[cup]*
6. Lisa .............................. haar vriend in Parijs.
7. Peter en Els ................................. volgend jaar *allebei*          *[both]*
   vijfentwintig jaar.
8. Hij ............................... graag in een *hard* bed.          *[hard]*
9. Door het raam .............................. je de bomen.
10. ............................. jullie ook naar dat *programma*          *[programme]*
    op de televisie ?          *[on television]*
11. Els en Peter .............................. Lisa op de luchthaven.
12. ............................. het in Italië ook of blijft het daar altijd droog ?

*TEKSTBOEK 3B*
*P. 71*

**Schrap het woord dat niet thuishoort in het rijtje.**
*[Cross out the word that doesn't fit in the row.]*

**1**

VOORBEELD:

vliegtuig, trein, ~~ham~~, auto

1. koffie, thee, suiker, melk, ~~vers~~
2. kaas, ham, boter, ~~kopje~~, confituur
3. glas, ~~confituur~~, kop, mes, lepel
4. boter, boterham, brood, ei, ~~eten~~
5. ~~horloge~~, melk, boter, kaas

**Vul het juiste woord in.**
*[Fill in the appropriate word.]*

**2**

1. Paolo heeft ....*honger*.... Hij wil eten.

2. Hij drinkt eerst een ....~~kopje~~ *glas*.... sinaasappelsap en
   daarna een ..*kopje*........ koffie.      *[after that]*

3. Hoeveel ..*klontjes*.. suiker neem jij in je koffie ?

4. Bert drinkt zijn koffie altijd met suiker, maar
   ..*zonder*.. melk.

5. We kunnen eten. Iedereen zit al aan ....*tafel*.. .

6. Wat eet jij 's morgens ....*op*.... de boterham ?

7. *Soep* eet je met een ....*lepel*.. .

8. Hij *snijdt* de kaas met een ..*mes*.... .      *[cuts]*

TEKSTBOEK 4A
P. 73

# Mag ik u enkele vragen stellen ?

## 4A

**1** **Welke uitspraken zijn correct ?**
*[Which statements are correct ?]*

1. a. Bert ontbijt gewoonlijk niet.
   b. Bert ontbijt nooit.
   c. Bert ontbijt dikwijls.

2. a. Bert gaat soms met de trein naar zijn werk.
   b. Bert gaat altijd met de trein naar zijn werk.
   c. Bert gaat nooit met de trein naar zijn werk.

3. a. Bert is soms te laat op zijn werk.
   b. Bert is nooit te laat op zijn werk.
   c. Bert is gewoonlijk te laat op zijn werk.

4. a. Bert neemt zijn lunchpauze thuis.
   b. Bert neemt zijn lunchpauze op zijn werk.
   c. Bert neemt zijn lunchpauze in de stad.

5. a. Bert slaapt vast en zeker voor twaalf uur.
   b. Bert slaapt vast en zeker niet voor elf uur.
   c. Bert leest vast en zeker in bed.

**2** **Vul het juiste woord in.**
*[Fill in the correct word.]*

1. De interviewer ..........*stelt*.............. vragen aan Bert.

2. Ik kan mijn tanden niet ....*poetsen*........... ; ik heb
   geen *tandenborstel*.

3. Er is 's morgens altijd veel verkeer op de
   ..........*straat*.......... .

4. In de winter is het soms heel koud. Dan *draag* ik warme       *[wear]*
   ..........*kleren*.......... .

5. Bij het ontbijt eet ik een boterham met confituur, 's middags
   eet ik een ......*broodje*......... met ham of kaas en 's avonds
   eet ik warm.

6. Kent u het *antwoord* op deze ..........*vraag*.......... ? [answer]

7. Ik koop veel boeken, want ik .....*mag graag lees*....... graag.

8. Els mag niet met de auto ..........*rijden*.......... : ze
   heeft geen *rijbewijs*. [driving licence]

9. Ik ga 's avonds bijna nooit naar de stad. Ik blijf
   ..........*altijd*.......... thuis.

10. Ik moet eerst *boodschappen* doen, maar [shopping]
    ..........*daarna*.... ga ik mijn moeder bezoeken.

TEKSTBOEK 4B
P. 74

## 4B

**Zet het werkwoord in de correcte vorm. Let op de spelling.**
*[Put the verb in its correct form. Pay attention to the spelling.]*

**1**

1. (Lezen) jij elke dag de krant ?
   *Lees jij elke dag de krant?*

2. Hij (geloven) zijn vriend niet. [believe]
   *Hij gelooft zijn vriend niet .*

3. In de vakantie (reizen) Lisa graag. [travel]
   *In de vakantie reis Lisa graag*
   *reist*

4. Bert (lezen) *economische* tijdschriften. [economic]
   *Bert leesen economische tijdschriften*
   *leest*

5. Hoelang (blijven) je in België, Paolo ?
   *Hoelang blij je in België paolo?*
   *blijf .*

**2** Bouw correcte zinnen. Gebruik de scheidbare werkwoorden tussen haakjes.
*[Build correct sentences. Use the separable verbs between brackets.]*

VOORBEELD:

Bert (meerijden) soms met een collega.
*....Bert.rijdt.soms.met.een.collega.mee.....*

1. Els (voorstellen) Paolo aan Peter.
   *...Els. stent. Paolo. aan. Peter. voor.....*

2. Om 9 uur (aankomen) mijn trein in Hasselt.
   *...Om. 9. u. komt. mijn. trein. in. H...aan....*

3. We kunnen aan tafel gaan. Het ontbijt (klaarstaan).
   *...Het. ontbijt. staat. klaar.....*

4. (Thuisblijven) u dit weekend ?
   *...Blijft......*

5. Hoe laat (thuiskomen) jij 's avonds ?
   ...................................................

**3** Bouw correcte zinnen. Gebruik de werkwoorden tussen haakjes.
*[Build correct sentences. Use the verbs between brackets.]*

VOORBEELD:

Om halfzeven (moeten opstaan) Bert.
*....Om.halfzeven.moet.Bert.opstaan.....*   *inf*

1. In de week (moeten opstaan) Bert vroeg.
   *...Bert. moet. vroeg. opstaan.....*

2. Het is koud buiten. Paolo (moeten aantrekken) een *jas*.
   *...Paolo. moet.....*

3. Ik (kunnen meerijden) morgen met een collega.
   *...Ik. kunt. morgen. meerij. met. een. collega.....*

4. Het is hier donker. (Willen aandoen) jij het licht?
   ...................................................

5. Hij (uitdoen) het licht en hij (gaan slapen).
   ...................................................

6. Hij (binnenkomen) en hij (uittrekken) zijn jas.
   ...................................................

7. (Gaan) je vanavond naar de stad of (thuisblijven) je?
   ...................................................

TEKSTBOEK 5A
P. 76

# Waar is de Naamsestraat, alstublieft ?

**Welke van de volgende uitspraken zijn waar ? Kruis aan.**
*[Tick the statements which are true.]*

☐ 1. De Muntstraat ligt in de buurt van de Tiensestraat.

☐ 2. De Diestsestraat is ver van de Bondgenotenlaan.

☐ 3. De Vismarkt is een plein.

☐ 4. Op het einde van de Bondgenotenlaan ligt het Hogeschoolplein.

☐ 5. In de Bondgenotenlaan zijn er vier kruispunten.

**2**

**Kijk naar de tekeningen en vul de juiste woorden in.**
*[Look at the pictures and fill in the correct word.]*

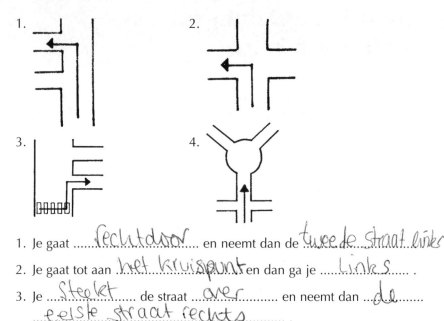

1. Je gaat ......*rechtdoor*.... en neemt dan de *tweede straat links*

2. Je gaat tot aan ...*het kruispunt*...en dan ga je .....*Links*..... .

3. Je ...*Steekt*...... de straat ...*over*........... en neemt dan ...*de*.......
   ......*eeiste straat rechts*........... .

4. Je steekt ...*rechtdoor*.. over en rijdt ........................ tot op ..*het*...
   .....*einde*... van de straat. Dan zie je het Fochplein.

**3**

**A. Vervolledig de conversaties.**
*[Complete the conversations.]*

1. – ......*excuseer*..mevrouw, waar is het Ladeuzeplein, alstublieft ?
   – ....*Dat*.... weet ik niet. Ik ben hier ook ...*vriend*...*Vreemd*

2. – ....*excuseer*... meneer, ik ...*zoek*....... de Naamsestraat.
   – Dat is de tweede straat rechts.
   – Dank u wel.
   – ........*graag*..gedaan.

3. – ......*kunt*.. u mij helpen, ..*astublijft*.. ?
   – ....*vraagt*.. u maar.
   – Waar is de *bibliotheek* ?                                    *[library]*
   – Die ligt op het Ladeuzeplein.
   – ......*dank u wel*...
   – Geen ...*dank*

**B. Luister naar de cd en controleer je antwoorden.**
   *[Listen to the CD and check your answers.]*

CD 1(34)

**Vraag naar de volgende plaatsen. Volg het voorbeeld.**
*[Ask for the following places. Follow the example.]*

**4**

VOORBEELD:

| | | |
|---|---|---|
| **de** markt | Excuseer meneer, waar is de markt, alstublieft? | *[market]* |
| **een** hotel | Waar is hier **ergens** een hotel, alstublieft? | *[somewhere]* |

1. het station — Excuseer mijnees, waar is het station alstublieft?

2. een uitgang — Waar is hier ergens een alstublieft? uitgang

3. een telefooncel — Waar is hier ergens een telefoon, alstublieft?

4. een toilet — Waar is hier ergens een toilet

5. de kerk — Waar is ~~hier~~ de kerk, alstublieft?

6. de bushalte — Waar is de bushhalte?

**5** Waar gaan we naartoe ? Kijk naar de plattegrond en luister naar de cd.
*[Where are we going to ? Look at the map, while listening to the CD.]*

CD 1(35)

1. ....... Post ...................
2. ....... Bank ...................
3. ....... Bakker ...................
4. ....... Slager ...................

**6** Wijs de weg. Kijk naar de plattegrond in oefening 5.
*[Show the way. Look at the map in exercise 5.]*

1. – Excuseer. Kunt u mij helpen ? Ik zoek een *bakker*.
   – .............................................................................
   .............................................................................
   .............................................................................

2. – Pardon meneer, waar is het *postkantoor*, alstublieft?     *[post office]*
   – .............................................................................
   .............................................................................
   .............................................................................

3. – Excuseer meneer, waar is de *bank,* alstublieft ?     *[bank]*
   – .............................................................................
   .............................................................................
   .............................................................................

4. – Pardon meneer, mag ik iets vragen, alstublieft ? Ik
   zoek een *slager*.
   – .............................................................................
   .............................................................................
   .............................................................................

TEKSTBOEK 5B
P. 78

**Gebruik het juiste verwijswoord.**
*[Use the correct reference word.]*

1. Waar is de *boekhandel* ?                                    *[bookshop]*
   ......Die...... ligt in de Tiensestraat.

2. Waar is het *studentenrestaurant* ?                *[students' restaurant]*
   ........dat...... ligt in de Van Evenstraat.

3. Waar is de *stadsbibliotheek* ?                          *[city library]*
   ......die........ ligt in de Rijschoolstraat.

4. Waar is het stadhuis ?
   ....dat....... ligt in het centrum van de stad.

5. Waar is het Arenberg*kasteel* ?                        *[castle]*
   ......dat....... ligt in de Kardinaal Mercierlaan.

6. Waar is de *schouwburg* ?                              *[theatre]*
   ......die...... ligt in de Bondgenotenlaan.

7. Waar is het *taleninstituut* ?                        *[language institute]*
   ......dat..... ligt in de Dekenstraat.

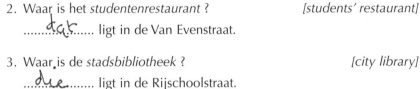

**Wat betekenen deze verkeersborden ? Kruis het juiste antwoord aan.**
*[What do these traffic signs mean ? Tick the correct answer.]*

1.    a. Hier kan u iets drinken.
   b. Hier mag u iets drinken.
   c. Hier moet u iets drinken.

2.    a. Hier moet u rechtdoor.
   b. Hier moet u naar rechts.
   c. Hier mag u niet naar links.

3.    a. Hier moet u van de eerste tot de vijftiende parkeren.
   b. Hier mag u van de eerste tot de vijftiende niet parkeren.
   c. Hier kan u van de eerste tot de vijftiende parkeren.

4.    a. U kan hier *tanken*.                *[fill up, refuel]*
   b. U mag hier tanken.
   c. U moet hier tanken.

*TEKSTBOEK 6A*
*P. 80*

# Kamer te huur.

## 6A

**1** **Antwoord op de volgende vragen.**
*[Answer the following questions.]*

1. Wat gaan meneer en mevrouw Pereira doen ?

   ....................................................................................

2. Op welke verdieping ligt het appartement ?

   ....................................................................................

3. Waar is de lift ?

   ....................................................................................

4. Hoeveel slaapkamers heeft het appartement ?

   ....................................................................................

5. Hoeveel *kost* dit appartement ?                          *[costs]*

   ....................................................................................

**2** **Combineer en maak zinnen.**
*[Combine and make sentences.]*

| | |
|---|---|
| 1. In de kleine slaapkamer | a. de prijs te hoog. |
| 2. De keuken | b. met uitzicht op het park. |
| 3. Ik vind | c. ligt een comfortabel appartement. |
| 4. Dit is een appartement in het centrum | d. is alleen plaats voor een bed. |
| 5. Op de derde verdieping | e. kan ik u helpen ? |
| 6. Dag meneer en mevrouw, | f. ligt naast de living. |

**Welk woord hoort er niet bij in de rij ? Onderstreep.**
*[Which word doesn't belong in the row ? Underline.]*

1. keuken, hal, slaapkamer, bed
2. comfortabel, ruim, alleen, gezellig
3. bellen, even, zoeken, helpen

**Vervang de cursief geschreven woorden door 'hij', 'hem', 'het' of 'ze'.**
*[Replace the words in italics by 'hij', 'hem', 'het' or 'ze'.]*

1. Ik koop *de auto* niet. _Ik koop hij niet auto_
2. Paolo drinkt *die wijn* vaak. _Paolo drinkt_
3. *Die wijn* is heel duur. _Het is heel duur_
4. U hebt *zijn* telefoonnummer. _U hebt ze telefoon_
5. *De kamers* hebben uitzicht op zee. _het hebben uitzicht op zee_

**Antwoord op de vragen en vervang de cursief geschreven woorden door een pronomen. (zie ook: deel 2, 2B)**
*[Answer the questions and replace the words in italics by a pronoun. (see also: deel 2, 2B)]*

1. Bert, ga je *je moeder* op de luchthaven halen ?
   Ja, _ik ga haar op de luchthaven hale_

2. Zijn *de broodjes* vers ?
   Ja, _ze zijn vers_

3. Ziet Els *Lisa en Jan* vaak ?
   Ja, ze _ziet hen vaak_

4. Is *het station* ver van het centrum ?
   Ja, _het is ver van het centrum_

5. Staat *de koffie* klaar ?
   Ja, _hij staat kaar_

6. Drink je *je koffie* met of zonder melk ?
   Ik _drink hen met melk_

**6** Wat doen ze morgen ? Gebruik 'zullen' of 'gaan'.
*[What will they do tomorrow ? Use 'zullen' or 'gaan'.]*

VOORBEELD:

Om halfzeven zal Bert opstaan.
Om halfzeven gaat Bert opstaan.

1. meneer en mevrouw Pereira `20:00`

.................................................................................................................

2. meneer en mevrouw Pereira `14:30`

.................................................................................................................

3. Paolo `9:00`

.................................................................................................................

4. Peter `12:30`

.................................................................................................................

5. Karel `19:00`

*TEKSTBOEK 6B*
*P. 83*

.................................................................................................................

## 6 B

**1** Welke uitspraken zijn correct ?
*[Which statements are correct ?]*

1. a. Op de huisvestingsdienst kan je appartementen en kamers huren.
   b. Op de huisvestingsdienst kan je informatie over appartementen en kamers vinden.
   c. Op de huisvestingsdienst kan je appartementen en kamers betalen.

2. a. De prijs van een groot appartement is 550 euro per maand.
   b. De prijs van een grote kamer is 550 euro per maand.
   c. De prijs van een grote kamer kan Paolo niet betalen.

3. a. Paolo kan een groot appartement huren.
   b. Paolo kan geen grote kamer huren.
   c. Paolo wil een grote kamer huren.

4. a. Peter is boos op Els, want ze ziet hem niet.
   b. Peter is boos op Els, want hij ziet haar niet.
   c. Peter is boos op Els, want hij ziet haar samen met Paolo.

5. a. Paolo loopt tot vijf over elf in de stad rond.
   b. Paolo loopt om vijf over elf in de stad rond.
   c. Pas om vijf over elf loopt Paolo in de stad rond.

## Geef het antoniem van de volgende woorden.
[Give the opposite of the following words.]

**2**

1. duur       ...................................
2. mooi       ...................................
3. licht      ...................................
4. groot      ...................................

*TEKSTBOEK 6C*
*P. 84*

**6 C**

## Geef een negatief antwoord met 'geen'.
[Give a negative answer. Use 'geen'.]

**1**

1. Heeft de eigenaar een kamer vrij ?
   Nee, hij heeft geen kamer vrij

2. Kan Paolo in zijn hotel informatie over kamers vinden ?
   Nee, in zijn hotel hij geen informatie over kamers vinden

3. Zoekt Paolo een groot appartement ?
   Nee, hij zoekt geen groot apartement

4. Wil Paolo 550 euro huur per maand betalen ?
   Nee, hij wil geen 550 euro huur per maand belalen

5. Heeft Paolo na het ontbijt honger ?
   Nee, na het ontbijt heeft hij geen honger

## Geef een negatief antwoord met 'niet'.
[Give a negative answer. Use 'niet'.]

**2**

1. Belt Els naar Peter ?
   Nee, Ze belt niet naar Peter

2. Is Paolo gelukkig ?
   Nee, hij is niet gelukkig

3. Bezoekt Peter Bert vanavond ?
   Nee, hij bezoekt Bert vanavond niet

4. Is de kamer vrij ?

Nee, *Hij is niet vrij*

5. Wil Paolo in een duur appartement wonen ?

Nee, *hij wil niet in een duur ap wonen*

**3** **Geef een negatief antwoord op de volgende vragen. Gebruik 'geen' of 'niet'. Vervang het subject door een pronomen.**
*[Give a negative answer to the following questions. Use 'geen' or 'niet'. Replace the subject by a pronoun.]*

VOORBEELD:

Slaapt Paolo vanavond vroeg ?
*Nee, hij slaapt vanavond niet vroeg.*

1. Is Paolo blij ?
*Nee, hij blij niet Paolo is niet blij*

2. Werkt Leen Maas in een ziekenhuis ?
*Nee, jullie werkt niet in Ziekenhuis*

3. Ligt het hotel van Paolo in de binnenstad ?
*Nee, hij het hotel niet in binnenstad*

4. Willen meneer en mevrouw Pereira een *huis* kopen ?
*Ze willen geen huis kopen*

5. Is de hotelkamer van Paolo duur ? *is niet*
*nee, hij hotelkamer geen duur*

6. Ligt het Van Dalecollege in de Tiensestraat ?
*nee, hij van Dalecollege niet in Tiensestraat / het ligt niet in de*

7. Mag ik hier de straat oversteken ?
*Nee, hij hier geen oversteken / je mag de straat niet*

8. Rijdt Peter met een collega mee ?
*Nee, hij met met een collega mee / wil niet met*

9. Gaat Lisa vandaag bij Els eten ?
*Zij gaat*

10. Ontbijt Bert 's morgens ?
*Hij lees de krant, niet*

11. Leest Paolo de krant ?
*Nee, jie ontbijts, morgen niet*

# Vlaanderen : de wooncultuur.

**7**

**Vul het juiste woord in.**
*[Fill in the right word.]*

**1**

1. Vlaanderen ............................ wel één grote stad.

2. Ik kan dat huis niet ................................ . Het is te duur.

3. Hij wil geen *hulp*. Hij wil alles ................................ doen.     *[help]*

4. Veel mensen huren niet graag een huis. Ze willen een
   ................................ huis hebben.

5. Achter mijn huis wil ik een ................................... met
   bomen en bloemen.

6. Hij moet .............................. zelf doen, want zijn vrouw
   doet *niets*.     *[nothing]*

7. Het is te duur. Ik heb niet ................................ geld.

8. Hij woont niet in een stad, maar in een klein ................................ .

9. Willem .............................. graag. Elke vakantie bezoekt
   hij een ander land.

10. Studenten in België .............................. hun kamer niet.
    Ze wonen graag alleen.

11. Zullen Els en Peter een eigen huis ................................ ?

**Wat doen deze mensen graag ?**
*[What do these people like to do ?]*

**2**

VOORBEELD:

*Zij werkt graag in de tuin.*

1. *Hij drinkt graag bier*

2. *Zij slaapt graag*

3. *Hij leest graag de krant.*

**3**

**Wat doen deze mensen niet graag ?**
*[What do these people not like ?]*

1. Hij krijkt niet graag huiswerk

2. Zij maakt niet graag huiswerk

3. Hij belt niet graag?

**4**

**Lees opnieuw de tekst "Hoe wonen de Vlamingen ?" in het tekstboek. Doe je tekstboek dicht. Vul daarna de ontbrekende woorden hieronder in.**
*[Reread the text "Hoe wonen de Vlamingen ?" in your textbook. Close it. Then fill in the missing words below.]*

Meer dan 30% van de Vlamingen woont .................... een villa, bijna 50% woont .................... een huis en ongeveer 20% woont in een appartement, studio of kamer. De meeste Vlamingen hebben dus grote woningen. In die grote woningen hebben ze veel plaats, .................... in één woning wonen gemiddeld 2,3 mensen. Dat is niet veel. Je vindt in Vlaanderen veel kleine gezinnen. En ongeveer 28% van de Vlamingen woont .................... .

Ook studenten hebben relatief .................... ruimte. Ze huren een .................... in een studentenhuis, in een universitaire residentie of in een particuliere .................... . Die kamer delen ze niet met een andere student.

De Vlamingen wonen dus .................... ruim. Maar dat vinden ze .................... genoeg. Veel Vlamingen willen een eigen .................... hebben. In een eigen huis .................... je alles zelf inrichten. 76% van de Vlamingen woont in een eigen woning, 24% huurt een woning.

Veel Vlamingen kopen dus een huis. Of ze .................... het zelf, want dat vinden de Vlamingen heel interessant: dan kunnen ze een heel groot huis .................... . En ze hebben .................... een groot huis.

Maar er is een .................... . Natuurlijk wil elke Vlaming ruim en comfortabel .................... . Natuurlijk wil bijna elke Vlaming een huis kopen of bouwen. Maar Vlaanderen is zo .................... . Te klein voor zoveel huizen. Daarom kan je bijna geen natuur vinden in Vlaanderen. Overal zie je villa's, huizen en appartementsgebouwen. Tussen twee dorpen of steden zie je vaak geen natuur, maar huizen. Vlaanderen .................... wel één grote stad.

**Lees de vragen, kijk opnieuw naar aflevering 3 van het dvd-programma en geef het correcte antwoord.**
*[Read the questions, watch again part 3 of the DVD programme and give the right answer.]*

**1**

DEEL 3

1. Wat drinkt Paolo bij het ontbijt ?

.................................................................................................

2. Waar gaat Paolo maandagmiddag naartoe ?

.................................................................................................

3. Wat doet Els na de middag ?

.................................................................................................

4. Welke interessante dingen ziet Bert op straat ?

.................................................................................................

5. Wat doet Paolo om halftwaalf 's avonds ?

.................................................................................................

**Geef voor elke tekening het juiste woord.**
*[Give for each picture the right word.]*

**2**

1. Het ............................... is vol.

2. De ..............................., het ...............................
   en de ............................... liggen *naast*        *[next to]*
   het ............................... .

3. Een ............................... zonder ...........................
   vindt Paolo niet lekker.

4. Hoeveel ............................... suiker neem je in je thee ?

5. Hoe laat is het nu op jouw ................................. ?

6. De ............................... kost 10,95 euro.

7. Over 10 .......................................... vertrekt mijn vliegtuig.

8. Kinderen drinken graag ............................... .

9. Ik neem nooit de .............................. naar boven,

   ik neem altijd de .............................. .

10. 's Avonds doe ik het .............................. aan.

11. Wat is de .............................. van dat

    .............................. ?

12. Bert *draagt* dure .............................. .                    *[wears]*

13. Mijn .............................. *doet pijn*.                    *[hurts]*

14. Wil je een .............................. kaas of een

    .............................. ham ?

15. In mijn tuin staat een grote .............................. .

16. Dit is een *gevaarlijk* .............................. .          *[dangerous]*

17. De .............................. is breed.

18. Hier heb je een .............................. van Jennifer.

---

**3**  **Vul het juiste woord in. In de twee zinnen van eenzelfde nummer past eenzelfde woord.**
*[Fill in the right word. The same word has to be used in the two sentences of one number.]*

1.  a. Heb jij 's morgens ook graag een ei bij het .............................. ?

    b. 's Middags en 's avonds eet Bert goed, maar 's morgens
       .............................. hij nooit.

2.  a. Mag ik even met jou gsm .............................. ?

    b. Je kan me .............................. op het nummer (02) 123 54 76.

3.  a. Hij woont in een klein .............................. niet ver van de stad.

    b. Een .............................. heeft *minder* inwoners dan een stad.     *[less]*

4.  a. Hij is niet vroeg ............................... . Hij slaapt altijd tot 10 uur.

    b. Ik kan vaak niet slapen. Ik lig soms uren ............................... .

5.  a. Je kan je auto op dat plein ................................... .

    b. Ik ga met de bus naar de stad, want in de stad kan je je auto niet
    ............................... .

6.  a. Excuseer, mag ik iets ................................. ? Hoe laat is het,
    alstublieft ?

    b. Ik weet niet waar de Naamsestraat is. Ik moet het ........................ .

7.  a. Wij ............................... een kamer voor de nacht.
    Waar is hier *ergens* een hotel ?                          *[somewhere]*

    b. Een goedkoop appartement moet je niet in de stad
    ...................... . Dat kan je daar niet vinden.

8.  a. ............................... je altijd zelf of ga je vaak naar
    een *restaurant* ?

    b. 's Middags ................................. ik niet. Dan eet ik brood,
    maar 's avonds ............................... ik wel.

9.  a. Paolo heeft geen warme kleren. Hij moet warme kleren
    voor de winter ............................... .

    b. Ik kan het huis voor 340.000 euro ............................... .

10. a. Hij ................................. graag met de auto.

    b. Neemt hij 's morgens de trein naar Brussel of ...............................
    hij met een collega mee ?

11. a. Ik heb 100.000 euro, maar dat is niet ...............................
    voor een huis.

    b. Eén brood. Is dat ............................... voor vier mensen ?

12. a. Een kind van zes jaar kan normaal ................................. .

    b. 'Het *Verdriet* van België" van Hugo Claus is een       *[grief, sorrow]*
    goed boek. Dat moet je *zeker* ............................... .       *[certainly]*

13. a. ............................... eergisteren is Bert terug uit Italië.

    b. Het regent al ................................. donderdag.

14. a. Ik heb een *probleem*. Kunt u mij ...............................,       *[problem]*
    alstublieft ?

    b. Ik kan je niet ................................. . Ik weet de weg niet
    naar de Naamsestraat.

15. a. Liu gaat volgende week ................................ naar
       Amerika, maar het is *nog niet* zeker.                    *[not yet]*

    b. Ik kan vandaag niet komen. Maar ................................
       kom ik morgen. Ik weet het nog niet.

16. a. *Als* je wilt weten hoe laat het is, moet je op je horloge    *[if]*

       ................................ .

    b. Je moet goed naar links en naar rechts ................................,
       *voor* je de straat oversteekt.                           *[before]*

17. a. Het is ................................ dat je niet kan komen. Ik wil
       je graag nog eens zien.

    b. België is een mooi land. Alleen ................................ dat
       het zo vaak regent in België.

---

**4** **Wat zeg je in de volgende situaties ?**
   *[What do you say in the following situations ?]*

1. Je bent op straat. Je wilt de weg vragen naar het station.
   Je ziet een mevrouw. Wat vraag je haar ?

   Excuseer mevrouw, waar is het station alstublieft ?................................

2. Je zegt aan een jongen op straat hoe laat het is. Hij bedankt je.
   Hoe reageer je ?

   ................................................................................

3. Je ontmoet je vriend Raf op straat. Wat zeg je ?

   ................................................................................

4. Je wilt de bus naar Brussel nemen. Je staat samen met een vrouw aan
   de bushalte. De bus komt niet. Je wilt weten wanneer de bus zal
   komen. Wat vraag je aan de vrouw ?

   ................................................................................

5. Je gaat naar de bioscoop. Voor de bioscoop ontmoet je een collega
   en zijn vriendin. Je collega stelt zijn vriendin aan je voor. Wat zeg
   je ?

   ................................................................................

6. Meneer en mevrouw Perreira wonen nu in een ander appartement
   op het Hogeschoolplein. Je wilt hen bellen, maar je hebt hun nieuwe
   telefoonnummer niet. Je belt de inlichtingen. Wat zeg je ?

   ................................................................................

7. Je wilt dit weekend met je vriend(in) naar zee. Je stelt het hem / haar
   voor. Wat zeg je ?

   ................................................................................

*After this part you should be able to:*

- *Ask and tell what time it is.*
- *Ask someone for the way and show the way yourself.*
- *Ask for help.*
- *Thank someone and react properly when someone thanks you.*
- *Express what you like and don't like.*

- *Understand, formulate and answer questions with the question words 'hoe', 'hoelang', 'hoeveel'...*
- *Talk about actions in the present.*

- *Describe a house or an apartment.*
- *Describe a Belgian breakfast.*
- *Make all types of simple negative sentences.*
- *Give some information on the housing of the Belgians.*

# Hoe bedoelt u ?

**Lees de uitspraken, kijk opnieuw naar aflevering 4 van het dvd-programma en kruis de correcte uitspraken aan.**
*[Read the statements, watch again part 4 of the DVD programme and tick the right statements.]*

*DEEL 4*

1. a. Bert heeft mooie schoenen en een mooie bril.
   b. Bert heeft nieuwe schoenen en een nieuwe bril.
   c. Bert heeft lelijke schoenen en een lelijke bril.

2. a. De kamer is niet groot en een beetje duur.
   b. De kamer is niet groot en niet duur.
   c. De kamer is groot en niet duur.

3. a. De moeder van Bert heeft een nieuwe vriend en een nieuwe psychiater.
   b. De moeder van Bert heeft een nieuwe vriend en een nieuw appartement.
   c. De moeder van Bert heeft een nieuw appartement en een nieuwe psychiater.

4. a. Bert en zijn moeder weten waar Els woont, want zij hebben haar adresboekje.
   b. Bert en zijn moeder weten waar Els woont, want zij hebben het adresboekje van Paolo.
   c. Bert en zijn moeder weten waar Els woont, want Paolo zegt het.

5. a. Els krijgt bloemen van Paolo en Bert.
   b. Els krijgt bloemen van Peter en Bert.
   c. Els krijgt bloemen van Peter en Paolo.

6. a. De presentator krijgt een boze telefoon van een Amerikaanse.
   b. De presentator krijgt een boze telefoon van een Afrikaan.
   c. De presentator krijgt een boze telefoon van een Afrikaan en een Amerikaanse.

*TEKSTBOEK 1A*
*P. 90*

# Wat zeg je ?

## 1A

**1**

**Kies het juiste woord en gebruik het in zijn juiste vorm.**
*[Choose the right word and use it in its right form.]*

| goedkoop - moeilijk - lekker - nieuw - gezond - warm - sterk - interessant |
| --- |

1. Ik heb zin in iets ......*lekkers*..... . Ik wil een
   *stuk chocolade.*

2. – Heb je ook zin in iets ......*sterks*....... ?
   – Ja, ik neem een whisky.

3. Staat er iets ..*interessants*..in de krant vandaag ?

4. Dat weet ik al. Dat is niets .....*nieuws*..... voor mij.

5. In deze winkel vind je niets .....*goedkoops*.. . Alles is hier duur.

6. Als het koud is, drink ik graag wat ...*warms*......... .

7. Dat is iets ...*moeilijks*. Dat *begrijp* ik niet.     *[understand]*

8. Ik wil iets ......*gezonds* eten. Een sinaasappel
   bijvoorbeeld.     *[for example]*

**2**

**A. Vervolledig de dialogen.**
   *[Complete the dialogues.]*

1. – ....*Neemt*...... u mij niet kwalijk. ...*mag*........ ik uw krant
   even lezen ?  *problem*
   – Geen ...~~*opmaak*~~. Alstublieft.
   – Dank u.

2. – Wil je koffie of thee ?
   – Een koffie .....*haal!*.......... .
   – Met melk ?
   – Nee, ........*zonder* .....*melk*....... . Ik drink hem zwart.

3. – Heb je ......*zin*.......... in een kopje koffie ?
   – Nee, dank je. Ik heb zin in ......*iets*......... fris.
   ...*mag*........ ik een glas water, ...*alstublieft*.. ?

4. – Ik neem nog een koffie. Wil jij ook nog iets *drinken*..... ?
   – Ja, ik ....*wil*........ graag nog een thee.

**B. Luister naar de cd en controleer je antwoorden.**
   *[Listen to the CD and check your answers.]*

*TEKSTBOEK 1B
P. 91*

*CD 2(2)*

# Welk woord hoort er niet bij in de rij ?
*[Which word doesn't belong in the row ?]*

**1**

VOORBEELD:

vliegen / rijden / ~~kijken~~

1. dan / eerst / natuurlijk
2. prettig / aangenaam / erg / leuk
3. 's nachts / vandaag / overdag
4. pardon / gewoon / excuseer

# Zoek in de dialogen 1 en 2 het antoniem van:
*[Look in dialogues 1 and 2 for the opposite of:]*

**2**

| | |
|---|---|
| alles | .................... |
| overdag | .................... |
| zelden | .................... |
| vroeg | .................... |
| binnen | .................... |

# Kies het juiste werkwoord en zet het in de juiste vorm.
*[Choose the right verb and put it in the right form.]*

**3**

vliegen - halen - kijken - komen - slapen - zien - vinden - zeggen

Hij **haalt** elke morgen een fles melk.
= Hij **gaat naar** de winkel, koopt een fles melk en
   **neemt** ze **mee**.                                   *[takes along]*

1. Mevrouw Armstrong ....*vliegt*.... van Washington naar Brussel.
2. Zij .....*kijkt*..... door het raam en ....*ziet*.... niets.
3. Ze ..........*zegt*...... : "In een vliegtuig ......*slaap*...... ik niet
   goed."
4. Dat ......*vindt*........ ze niet leuk.
5. Bert gaat zijn moeder in Zaventem .......*halen*...
6. Bert ........*komt*..... te laat op zijn werk.

**4** Zoek het juiste excuus en vervolledig met het woord 'niet' of 'geen'.
*[Look for the right excuse and complete it with the word 'niet' or 'geen'.]*

1. Hoe laat is het nu, alstublieft ?

2. Woont hier een dokter in de buurt ?

3. Een whisky, alstublieft.

4. Mama, kom je me vanavond aan het station halen ?

5. Ik heb zin in een glas wijn.

6. Kan je mij even helpen ?

a. Sorry, dat gaat ....*geen*...., er is .....*niet*.. wijn in huis.

b. Het spijt me, dat mogen we hier ....*niet*.. serveren, meneer. [serve]

c. Sorry, dat weet ik ....*geen*.. . Ik ben ...*niet*... van hier.

d. Neem me niet kwalijk, ik heb nu echt ...*niet*. tijd.

e. Nee, het spijt me, ik kan ....*geen*... . De auto is *kapot*. [broken]

f. Ik heb ....*geen*... horloge, het spijt me.

---

**5** **A. Vervolledig de dialogen.**
*[Complete the dialogues.]*

1. – U hebt mijn krant, meneer.
   – ....*excuseer*...., wat zegt u ?
   – U hebt mijn krant.
   – Oh, neemt u me niet ............ . *alstublieft*.
   – ........*dank*..... u.

2. – Wat wil u drinken ?
   – Een whisky, ...*alstublift*.. .
   – ..*Neemt*.. u ............ *me* ...........
     ....*niet*........ *kwalijk*, er is geen whisky, meneer.
   – Nee .........*iets*......... !
   – Ja, het ......*spijt*... me.
   – Dat is niet ..........*erg*.......... . Dan drink ik wel wijn.

3. – ....*neem* ....... *me* ........... *niet* .......
     ....*kwalijk*, maar ik kan vanavond niet met je mee naar de bioscoop.
   – Dat is jammer.
   – Ja, het .......*spijt*........ me.
   – ..........*geeft*... niet, dan gaan we wel een andere keer.

### 4. Jan, de vriend van Lisa, werkt in Parijs

| | | |
|---|---|---|
| Jan | Lisa, heb je zin in een lekker *etentje* vanavond ? | [dinner] |
| Lisa | Jan, ben jij dat ? Hoe ...........*kan*......... dat .....*....mug*........ ? | |
| Jan | Over een half uur ben ik bij je. | |
| Lisa | He, ....*....ben*............. je dat nu ? Ben je dan terug uit Parijs ? Fantastisch. Natuurlijk heb ik zin. | |
| Jan | Tot ..........*stads*..... ? *straks* | |
| Lisa | Ja, tot zo .....*..........*...... . *dadelyk* | |

*TEKSTBOEK 1C*
*P. 92*

**B. Luister naar de cd en controleer je antwoorden.**
*[Listen to the CD and check your answers.]*

*CD 2(4)*

## 1C

### Welke uitspraken zijn correct ?
*[Which statements are correct ?]*

**1**

1. a. Het is vandaag zacht maar bewolkt.
   b. Het is vandaag zonnig maar fris.
   c. Het is vandaag helder en zacht.

2. a. Peter vindt de maanden samen met Els heel goed.
   b. Peter vindt de maanden samen met Els heel romantisch.
   c. Peter vindt de maanden samen met Els heel triest.

3. a. De vrouw in het park is blond.
   b. De vrouw in het park is mooi.
   c. De vrouw in het park is triest.

4. a. Peter koopt vanmorgen een boeket paarse bloemen voor Els.
   b. Peter gaat een boeket paarse bloemen kopen voor Els.
   c. Peter koopt vaak een boeket paarse bloemen voor Els.

### Vul de juiste kleur in.
*[Fill in the right colour.]*

**2**

1. *Chocolade* is ...*zwart* *bruin*

2. *Sneeuw* is ...*b*............. .

3. *Een tomaat* is .......*rood*.... .

4. Boter is .................. .

5. Wijn is .................. of .................. of *rosé*.          [rosé]

6. *Sla* is .................. .

7. *Bananen* zijn ................. .

8. Een *stoplicht* is ................. .

**3** **Meng de kleuren. Welke kleur krijg je ?**
**[Mix the colours. What do you get ?]**

1. Wit en zwart geeft ............................ .
2. Geel en rood geeft ............................ .
3. Rood en blauw geeft ............................ .
4. Geel en blauw geeft ............................ .

**4** **Zeg met 'houden van'.**
**[Formulate with 'houden van'.]**

ALS DE PV. VAN 'HOUDEN' OF 'RIJDEN' EINDIGT OP 'D', MAG DE 'D' WEGVALLEN.
*[When the conjugated form of 'houden' and 'rijden' ends in 'd', the 'd' may be omitted.]*

| | | |
|---|---|---|
| Ik houd van bloemen. | of | Ik hou van bloemen. |
| Houd jij van bloemen ? | of | Hou jij van bloemen ? |
| Ik rijd naar zee. | of | Ik rij naar zee. |
| Rijd jij ook naar zee ? | of | Rij jij ook naar zee ? |

VOORBEELD:

Ik heb graag sterke koffie.
Ik hou van sterke koffie. ..........................................................

1. Ik eet graag kaas op de boterham.

   .................................................................................

2. Ik heb graag mooie bloemen in huis.

   .................................................................................

3. Heb jij ook graag een glas wijn 's avonds ?

   .................................................................................

4. Paolo drinkt niet graag thee.

   .................................................................................

5. Peter ziet Els graag.

   .................................................................................

6. Els leest graag.

   .................................................................................

7. Ik reis niet graag.

   .................................................................................

TEKSTBOEK 2A
P. 94

# Hebt u iets aan te geven ?

**2A**

**A. Vervolledig de conversatie.**
*[Complete the conversation.]*

**1**

BIJ DE DOUANE.

douane ........................... aan te geven, mevrouw ?

vrouw Nee.

douane ........................... u deze koffer ........................... ?

vrouw Ja, natuurlijk.

douane In ............... . Een prettig ........................... in België, mevrouw.

vrouw Dank u. Tot ........................... .

**B. Luister naar de cd en controleer uw antwoorden.**
*[Listen to the CD and check your answers.]*

*CD 2(6)*

**Wat is het meest waarschijnlijk ?**
*[Which is the most probable ?]*

**2**

1. De sleutel zit in
   a. de tas.
   b. de fles.
   c. de sigaret.

2. a. De whisky       is vuil.
   b. De zakdoek
   c. De wekker

3. Je vindt de informatie in
   a. de portefeuille.
   b. de trui.
   c. de brief.

4. Zonder
   a. bril       kan ik niet binnen.
   b. agenda
   c. sleutel

5. Ik betaal met mijn
   a. portemonnee.
   b. creditcard.
   c. brief.

6. Mijn afspraken
   a. vind ik in mijn handtas.
   b. vind ik in mijn koffer.
   c. vind ik in mijn agenda.

7. Kan je                 a. die fles           even openmaken ?
                                   b. die foto
                                   c. die schoen

## 3   Met welk woord of met welke woorden uit de tweede kolom associeer je de woorden uit de eerste kolom ?
*[With which word or words from the second column do you associate the words of the first column ?]*

| | | | |
|---|---|---|---|
| 1. | agenda | a. | lezen |
| 2. | paraplu | b. | betalen |
| 3. | sigaret | c. | regen |
| 4. | sleutel | d. | afspraak |
| 5. | verblijf | e. | slapen |
| 6. | bril | f. | reizen |
| 7. | portemonnee | g. | openmaken |
| 8. | trui | h. | roken |
| 9. | wekker | i. | hotel |
| 10. | koffer | j. | winter |

TEKSTBOEK 2B
P. 95

---

## 2B

## 1   Geef het meervoud. Volg het voorbeeld.
*[Give the plural. Follow the example.]*

(ZIE OOK: DEEL 1, LES 3; DEEL 2, LES 6)

| een | koffer | | koffers | een | huis | | | huizen |
|---|---|---|---|---|---|---|---|---|
| **de** | koffer | **de** | koffers | **het** | huis | **de** | | huizen |
| **deze** | koffer | **deze** | koffers | **dit** | huis | **deze** | | huizen |
| **die** | koffer | **die** | koffers | **dat** | huis | **die** | | huizen |

VOORBEELD:

| | |
|---|---|
| een boek | *boeken* |
| het boek | *de boeken* |
| dit boek | *deze boeken* |
| dat boek | *die boeken* |

 SPELLING !!

1. een adres    ........................    2. een kamer    ........................

   het adres    ........................        de kamer    ........................

   dit adres    ........................        deze kamer    ........................

   dat adres    ........................        die kamer    ........................

3. een collega .........................     4. een naam ........................

    de collega .........................         de naam ........................

    deze collega .......................         deze naam ......................

    die collega .........................         die naam ........................

5. een feestje ........................     6. een reis ........................

    het feestje .........................         de reis ........................

    dit feestje .........................          deze reis ......................

    dat feestje .........................         die reis ........................

**Zet het woord tussen haakjes in het meervoud.**
***[Put the word between brackets in the plural.]***

**2**

1. (fles)     De ......................... wijn liggen in de *kelder*.     *[cellar]*

2. (bus)     De eerste ......................... rijden *rond* 5 uur     *[around]*
            's morgens.

3. (vraag)     Dit zijn heel moeilijke ......................... .

4. (wekker)     Ook met twee ......................... wordt hij
             niet wakker.

5. (broer)     Mijn ......................... wonen nog thuis,
  (zus)     maar mijn ......................... zijn getrouwd.

6. (café)     In België zijn de ......................... 's avonds
            na elf uur nog open.

7. (jongen)     De ......................... van de *groep spelen*     *[band / play]*
            uitstekend *gitaar*.

8. (reis)     Voor veel vliegtuig......................... buiten
  (ticket)     de vakantieperiode kan je goedkope
            ......................... krijgen.

9. (uur)     's Morgens zit ik vaak ......................... in
            de *file*.                         *[traffic jam]*

10. (zoon)     Meneer en mevrouw Gonzalez gaan hun
             ......................... in *Spanje* bezoeken.     *[Spain]*

11. (taal)     Hoeveel ......................... spreekt Els ?

12. (kopje)     Ze drinken twee ......................... koffie.

**3** Geef het juiste woord voor elke tekening.
*[Give the right word for each picture.]*

1. ........................... eet ik vaak,

........................... bijna nooit.

2. Op reis *schrijf* ik nooit ........................ . *[write]*

3. Ik heb twee ........................... :
één *om* auto *te* rijden en één *om te* lezen. *[to]*

4. 's Morgens eet ik twee ........................... met kaas.

5. Els en Peter kijken vanavond naar de ......................
van hun vakantie in Italië.

6. De ........................... liggen links van het bord,

de ........................... en ...........................

rechts.

7. De ........................... blijven in de winter *dicht*. *[shut]*

8. Het alfabet heeft zesentwintig ........................ .

9. In de winter zijn de ........................... *kaal*. *[bare]*

*TEKSTBOEK 2C*
*P. 96*

**Vul de ontbrekende woorden in. In de twee zinnen van eenzelfde nummer past eenzelfde woord.**
*[Fill in the missing words. The same word has to be used in the two sentences of one number.]*

1. a. Ik ga niet .............................. naar Brugge. Mijn vriend gaat met me mee.

   b. We gaan niet ............................... naar Brugge, maar ook naar Gent.

2. a. Ik *heb* geen dokter *nodig*. Ik ben ........................... dokter.  *[need]*

   b. Niemand doet het. Dus doe ik het ........................... .

3. a. De zon schijnt en de .............................. is blauw.

   b. Wandelen in de open ............................... is gezond.

4. a. De *schilderijen* van Picasso vind je in de ............................. van Parijs en Barcelona.

   b. In Vlaanderen blijven veel ............................... op maandag *dicht*.  *[closed]*

5. a. De ..................................... zijn weer open. Ze kunnen weer naar de buurlanden reizen.

   b. Er zijn *geen* economische ..................................... *meer* tussen de landen van de Europese Unie.  *[no more]*

6. a. Hij heet Frederik, maar we ..................................... hem Fred.

   b. Kan je me de namen van enkele interessante steden .......................... ?

7. a. In de winter heeft deze boom geen ............................... .

   b. In de herfst liggen er in de tuin veel ............................... .

8. a. Els en Peter hebben geen ..................................... .

   b. De ..................................... *spelen* graag in de tuin.  *[play]*

TEKSTBOEK 3A
P. 98

# Wat zeg je ? Ik versta je niet.

## 3A

**1** Kies tussen 'staan', 'zitten', 'liggen' en 'hangen' en vul in.
*[Choose amongst 'staan', 'zitten', 'liggen' and 'hangen' and fill in.]*

1. Het *schilderij* ........................ tegen de muur.

2. Ik ............................. op een stoel.

3. De borden ............................. op tafel.

4. De messen, vorken en lepels ............................. naast de borden.

5. Zijn kleren ............................. in de *kleerkast.*

6. ............................. er nog melk in de fles of is ze *leeg* ?    *[empty]*

7. Hoeveel sigaretten ............................. er in een *pakje* ?

8. Zijn *sokken* ............................. op de stoel naast zijn bed.

9. De doos ............ op de kast.

10. Naast de deur .................... een *bordje*:    *[notice]*
    "*Verboden* te roken".    *[forbidden]*

11. Die oude kast ..................... op *zolder.*    *[attic]*

**2** Vul het juiste woord in.
*[Fill in the right word.]*

1. De *banken* zijn alleen open op ........................,    *[banks]*
   niet op *zon- en feestdagen.*    *[Sundays and holidays]*

2. Jullie zijn met zes kinderen. Het ..........................
   kind ben jij ?

3. – Welke dag is de eerste november ?
   – Ik weet het niet. Kijk even op de .......................... .

4. Hij komt ........................ niet uit Nederland, want
   hij spreekt heel slecht Nederlands.

5. We hebben geen licht. Ik denk dat de ........................
   *kapot* is. *[broken]*

6. – Hoe laat ......................... de film ?
   – Om acht uur. En hij duurt tot halftien.

7. Een ogenblik. Ik pak even een ............................
   en *schrijf* je adres *op*. *[write down]*

8. ........................ jij even de boter uit de *koelkast ?*

9. In de winter heb ik vaak ........................ met mijn
   auto: hij *start* moeilijk. *[starts]*

10. Dat is ...................... . Jouw *antwoord* is correct. *[answer]*

11. Waarom ligt je jas op de stoel ? Je moet hem aan de
    ........................ hangen.

12. In een slaapkamer wil ik donkere ......................... voor
    het raam. Ik wil geen licht in de kamer.

13. – Je bent te laat !
    – Excuseer, maar ik...
    – Geen ........................ ! Om acht uur *stipt* moet je op    *[sharp]*
    kantoor zijn.

14. – Waar woont hij ?
    – Dat weet ik niet precies. ................. in Spanje, denk ik.

**3**

Els vraagt aan Peter waar zij de volgende dingen kan vinden. Peter antwoordt zo nauwkeurig mogelijk. Hij gebruikt de werkwoorden 'staan', 'liggen', 'zitten' of 'hangen'.

*[Els asks Peter where she can find the following things. Peter answers as accurately as possible. He uses the verbs 'staan', 'liggen, 'zitten' or 'hangen'.]*

VOORBEELD:

Waar zijn mijn sleutels ?

Die hangen aan de muur naast de deur.

1. Waar is mijn handtas ?

.......................................................................................

2. Waar is mijn agenda ?

.......................................................................................

3. Waar zijn de sigaretten ?

.......................................................................................

4. Waar is mijn paraplu ?

.......................................................................................

5. Waar is jouw creditcard ?

.......................................................................................

6. Waar zijn de vakantiefoto's ?

.......................................................................................

7. Waar zijn mijn schoenen ?

.......................................................................................

8. Waar is mijn boek ?

.......................................................................................

*TEKSTBOEK 3B*
*P. 100*

**Vul het ontbrekende woord in. De eerste letter is gegeven.**
*[Fill in the missing word. The first letter is given.]*

**1**

1.  Els        Is er p.......................... voor mij ?
    Peter      Nee, er is alleen een brief voor mij.

2.  Ik ken geen Jan Desmet. Ken jij i.......................... met die naam ?

3.  Je spreekt niet d.......................... genoeg. Ik versta je niet.

4.  P.......................... kan je kopen in het *postkantoor.*        *[post office]*

5.  Dit moet een v.......................... zijn. Deze *rekening* is        *[bill]*
    niet juist.

6.  Ik spreek geen *Spaans* en ik v.......................... het ook niet.  *[Spanish]*

7.  Kan jij de d.......................... opendoen ? Ik heb geen sleutel.

8.  Koken doe je niet in de woonkamer maar in de k.......................... .

9.  Kan je nog een o.......................... *wachten* ? Ik moet        *[wait]*
    nog even telefoneren. Het duurt echt niet lang.

10. Dit is een moeilijk boek. Ik b.......................... het niet.

**Vul in: 'een', 'de', 'het' of Ø**
*[Fill in: 'een', 'de', 'het' or Ø.]*

**2**

*VOORBEELD:*

Er staat *..een...* telefoon op het bureau.
*De.....* telefoon staat op het bureau.

1.  Er is ......... brief voor jou.

    ......... brief ligt op de tafel.

2.  Er zit ......... kind op de bank.

    ......... kind gooit stukken brood naar de duiven.

3.  Er zijn ......... studenten in het café.

    ......... studenten bestellen bier.

4.  Zit er nog ......... wijn in de fles ?

    Nee, ......... wijn is *op.*        *[finished]*

5.  Zit er ......... zakdoek in de lade ?

    Nee, ......... zakdoeken liggen in de kast.

**3** Schrijf wat je ziet.
*[Write down what you see.]*

VOORBEELD:

*Er liggen twee appels op de tafel.* ............................................

1. ..........................................................................................

2. ..........................................................................................

3. ..........................................................................................

4. ..........................................................................................

5. ..........................................................................................

6. ..........................................................................................

7. ..........................................................................................

8. ..........................................................................................

TEKSTBOEK 4A
P. 103

# Ik blijf liever thuis.

**4 A**

**1**

**Welke uitspraken zijn correct ?**
*[Which statements are correct ?]*

1. a. Ria begrijpt niet dat er een goede film op de televisie is.
   b. Wim begrijpt niet dat Ria naar de schouwburg wil.
   c. Ria begrijpt niet dat Wim naar een film op de televisie wil kijken.

2. a. Er is vaak een prachtig concert in de schouwburg.
   b. Er is niet veel kans dat je nog vaak naar dit prachtige concert kan gaan.
   c. Die goede film is uniek.

3. a. Wim en Ria kunnen geen parterreplaatsen krijgen.
   b. Ria wil alleen dure balkonplaatsen.
   c. Wim wil alleen plaatsen op het eerste balkon.

4. a. Ria moet haar studentenkaart laten zien, want zij wil geen 22 euro betalen.
   b. Ria moet haar studentenkaart laten zien, want zij is studente.
   c. Ria moet haar studentenkaart laten zien, want zij wil de reductie voor studenten krijgen.

**2**

**A. Vervolledig de conversatie.**
*[Complete the conversation.]*

1. – Tot vanmiddag dan. Maar, waar ....................... we ....................... :
   bij jou thuis of bij mij thuis ?
   – ......................... niet uit. Zeg jij het maar.

2. – ......................... u ......................... bier of wijn ?
   – ......................... bier. Ik drink niet graag wijn.

3. – Voor mij een koffie, ......................... .
   – Voor mij niet. Ik heb ......................... thee.

4. – ......................... je vanavond naar de stad of .........................
   je ......................... thuisblijven ?

**B. Luister naar de cd en controleer je antwoorden.**
*[Listen to the CD and check your answers.]*

*CD 2(10)*

**3** Zoek de ontbrekende woorden in de dialogen en vul in.
*[Look for the missing words in the dialogues and fill the gaps.]*

1. Hij heeft een appartement met een groot ........................... .
   Zo kan hij in de zomer gezellig buiten zitten.

2. 12.500 euro voor deze auto ? Dat valt ......................... .
   Zoveel kan ik niet betalen.

3. Normaal kost deze auto 15.000 euro, maar in de maand
   januari krijg je 10% ......................... . In januari betaal je
   voor deze auto dus *maar* 13.500 euro.                    *[only]*

4. Ze gaat naar elk concert van deze groep en ze gaat ook
   altijd op de eerste ......................... zitten.

5. Je gaat nu toch wel mee naar dat concert ? Ik heb al
   ......................... voor ons.

6. Weet jij in welke bioscoop je die ......................... kan zien ?

7. 's Avonds is hij altijd heel moe. Hij slaapt gewoonlijk al op
   de ......................... voor de televisie.

8. Wil je voor mij een pintje uit de *koelkast* ......................... ?
   Ik *heb dorst*.                                           *[am thirsty]*

9. Ik zie je om tien voor acht bij de schouwburg. Zullen we
   dat ......................... ?

TEKSTBOEK 4B
P. 104

## 4B

**1** **1. Vul het juiste woord in.**
   *[Fill in the right word.]*

1. – Hoeveel ............................. een kopje koffie in een café ?
   – Twee euro, denk ik.

2. In deze ............................. kan je echt alles kopen: brood,
   melk, sigaretten...

3. 'Modern Times' van Charlie Chaplin is een geweldige film,
   ............................. je ook ............................. ?

4. Deze kast is honderd jaar oud. Ze is ..................... .

5. Het huis van mijn ouders ..................... in een klein dorp niet ver van Antwerpen.

6. Betaal je voor een taxi echt drie euro ..................... kilometer ?

7. 's Nachts staat mijn auto nooit buiten. Hij staat altijd in de ................. .

8. – Is dat goed voor jou ?

   – Ja, dat ..................... me uitstekend.

9. – Excuseer, is deze plaats nog .................. ?

   – Ja. Gaat u zitten.

10. Een *cirkel* is .................. .  ◯

**Vul in. Volg het voorbeeld.**
*[Fill in. Follow the example.]*

⚠ SPELLING

**2**

*VOORBEELD:*

| | |
|---|---|
| Het ticket is duur. | De bloem is rood. |
| a. *het dure ticket* | a. *de rode bloem* |
| b. *een duur ticket* | b. *een rode bloem* |
| c. *dure tickets* | c. *rode bloemen* |

1. De jas is dik.

   a. ................................

   b. ................................

   c. ................................

2. Het plein is druk.

   a. ................................

   b. ................................

   c. ................................

3. Het cadeau is duur.

   a. ................................

   b. ................................

   c. ................................

4. De auto is grijs.

   a. ................................

   b. ................................

   c. ................................

5. Het kind is lief.

   a. ................................

   b. ................................

   c. ................................

6. De vrouw is boos.

   a. ................................

   b. ................................

   c. ................................

**3**

**Zet het adjectief tussen haakjes in zijn juiste vorm en gebruik in de volgende zin het antoniem in de juiste vorm.**
*[Put the adjective between brackets in its correct form and use the opposite in its correct form in the following sentence.]*

VOORBEELD:

- Woont Miet in een (druk) *drukke* stad ?
- Ja, maar Karel, haar broer, woont in een klein, *rustig* dorp.

1. – Is het hier in de zomer (warm) ........................... ?
   – Ja, meestal, maar er zijn natuurlijk ook ............................ dagen.

2. – Dit is een heel (gemakkelijk) ............................ vraag.
   – Ja, maar de volgende vraag is heel ........................... .

3. – Zijn dit de kinderen van die (oud) ........................... man daar ?
   – Ja, hij heeft nog ............................ kinderen.

4. – Wonen jullie nog in dat (groot) ........................ appartement in de Naamsestraat ?
   – Nee, we huren nu een ........................... huis buiten de stad.

5. – De moeder van Jan woont in dat (lelijk) ........................,
   (oud) ............................ huisje daar.
   – Ja, en zijn vader woont met zijn vriendin in een
   ........................, ............................ appartement in de stad.

6. – Ik slaap niet graag in een (smal) ........................... bed.
   – Een ............................ bed is natuurlijk veel
   *comfortabeler.*                              *[more comfortable]*

7. – Hoe (vroeg) ......................... moet je 's morgens vertrekken ?
   – Om zeven uur. En ik kom 's avonds met een ...........................
   trein naar huis.

8. – (Lang) ............................ reizen vind ik verschrikkelijk.
   – Ik maak vaak ............................ reizen en die zijn ook niet altijd plezierig.

9. – In de winter zijn de temperaturen in België dus niet heel
   (laag) ........................... ?
   – Nee, en in de zomer zijn ze meestal ook niet heel ...................... .

10. – Wil je een (antiek) ............................ kast ?
    – Nee, al mijn *meubelen* in huis zijn ............................ . *[furniture]*

TEKSTBOEK 4C
P. 106

**Vind de juiste woorden in de tekst.**
*[Find the right words in the text.]*

**1**

a. Daar koop je postzegels.
b. Zonder dat je dat *verwacht*.       *[expect]*
c. Hij loopt niet snel, maar... .
d. Daar koop je iets.
e. Ander woord voor ogenblik.
f. Ander woord voor centrum.
g. Op *hetzelfde* ogenblik.       *[the same]*
h. Daarop vind je de naam van de straat.
i. Het antoniem van 'in'.
j. Je stopt niet, maar loopt ........ .
k. Dat doet een helikopter.
l. Dat *volgt* op een vraag.       *[follows]*
m. Dat is het eerste woord van de *conclusie*.   *[conclusion]*

```
a.            P .  .  .  .  .  .  .  .  .
b.            O .  .  .  .  .
c.            L .  .  .  .  .  .  .
d.          . I  .  .  .  .
e.   .  .  .  .  . T
f.          . I  .  .  .  .
g.         N E  T
h.            B .  .  .  .  .
i.            U .  .
j.        .  . R  .  .  .
k.     .  .  . E  .  .  .
l.            A .  .  .  .  .  .  .
m.         . U  .
```

**Wat is de meest logische prepositie ?**
*[Which is the most logical preposition ?]*

**2**

1. Bert zit ........... zijn stoel.
   a. naast
   b. onder
   c. op

2. De bus rijdt ........... mijn huis.
   a. over
   b. voorbij
   c. in

3. Els loopt ........... de kamer naar het raam.
   a. door
   b. langs
   c. uit

4. De klok hangt ............ de muur.
   a. voor
   b. tegen
   c. op

5. De auto staat ............ de boom.
   a. bij
   b. boven
   c. tussen

**3** **Vul de meest logische prepositie in.**
*[Fill in the most logical preposition.]*

1. Er staan bomen .................... de weg.

2. De bus naar het station rijdt .................... de bibliotheek.

3. De kerk ligt in het midden van het dorp. De winkels liggen
   .................... de kerk.

4. De woonkamer en de keuken liggen op de benedenverdieping.
   .................... de woonkamer, op de eerste verdieping, ligt mijn
   slaapkamer.

5. Bert neemt zijn sleutels .................... zijn zak en opent de deur.

6. Je moet .................... de brug naar de andere kant.

7. Mijn appartement ligt .................... een winkel. Met
   de trap ga ik naar *beneden*.                    *[downstairs]*

8. Als je uit het café komt, sta je voor het postkantoor. Het
   café ligt dus .................... het postkantoor.

9. .................... de wolken schijnt de zon!

TEKSTBOEK 5A
P. 108

# Hoe vind je ... ?

**Vind de ontbrekende letters en schrijf het adjectief.**
*[Find the missing letters and write the adjective.]*

**1**

[IJ = één letter]

1. Deze vis eet ik graag. Hij is L . . . . R.
                           H . . . . . K.

2. Dit is een mooi meisje. Ik vind haar K . . P.
                                    L . . K.

3. Zij helpt mij vaak. Zij is heel V . . . . . . . . . K.
                           L . . F.

4. Ik lees dit boek graag. Dit boek is I . . . . . . . . T.
                            G . . D.
                            L . . K.

5. Hij is psychiater. Hij weet heel veel.
   Hij is heel I . . . . . . . . . T.
                K . . P.

6. – Was je vakantie goed ?
   – S . . . . . . . . . D !
      H . . . . . K !
      L . . K !
      F . . . . . . . . H !
      P . . . . . G !
      U . . . . . . . D !
      G . . . . . G !
      E . . G !

7. – Is ze tevreden ?
   – Nee, ze is heel B . . S.
                  K . . . D.

8. – Je vertrekt morgen op vakantie ?
   – Ja, ik ben heel B . IJ.
                   G . . . . . G.

**2**

**Transformeer de volgende zinnen. Volg het voorbeeld.**
*[Transform the following sentences. Follow the example.]*

VOORBEELD:

Je bril is lelijk.
Ik vind hem lelijk.

1. De koffie is heel sterk.

   ......................................................................................................

2. Het bier is niet lekker.

   ......................................................................................................

3. Deze jongens zijn zeer sportief.

   ......................................................................................................

4. Zijn huis is niet comfortabel.

   ......................................................................................................

**3**

**Je vriend(in) is jarig. Je wil voor hem / haar een cadeau kopen. Hier vind je enkele mogelijke cadeaus. Beoordeel de mogelijkheden. Kies een passend adjectief.**
*[It's your friend's or girlfriend's birthday. You want to buy him / her a present. Below you find possible presents. Judge the possibilities. Use a suitable adjective.]*

> leuk / mooi / lelijk / fantastisch / geweldig /
> duur / verschrikkelijk / uniek / goedkoop

VOORBEELD:

  Deze wekker ? Ja, die vind ik leuk. Ik koop hem.

OF:  Deze wekker ? Nee, ik vind hem niet leuk. Ik koop hem niet.

1.

2.

3.

4.

5.

6.

7.

1. ........................................................................

2. ........................................................................

3. ........................................................................

4. ........................................................................

5. ........................................................................

6. ........................................................................

7. ........................................................................

*TEKSTBOEK 5B*
*P. 109*

## 5B

**Vul het juiste woord in.**
*[Fill in the appropriate word.]*

**1**

1. Vakantie in België is leuk, maar soms kan het weer ........................ .

2. Mijn kleren hangen in de ..........................., mijn boeken staan in
   de ........................... .

3. Ik betaal elke maand 450 euro huur aan mijn ........................... .

4. Meneer Verbiest is niet ........................... *over*           *[with]*
   zijn hotelkamer, want *ze** is niet schoon.     **de kamer* (ZIE: DEEL 3, 6A)

5. De zon schijnt binnen en zo kan ik geen televisie
   kijken. Wil je de ........................... *dichtdoen ?*           *[close]*

6. Als je een *houten* ........................... hebt, *heb* je           *[wooden]*
   geen tapijt *nodig.*                                                    *[need]*

7. – Waarom doet hij dat nu ?
   – Dat begrijp ik ook niet, maar hij doet vaak
     ........................... *dingen.*                                 *[things]*

8. – Een cadeau voor mij ?
   – Dat vind ik heel ..................... van je. Ik ben heel ..................... .
     Dank je wel.

9. Kinderen willen nooit lang op een ........................... zitten.

10. Mooie gordijnen voor het raam, en een ........................... op de
    vloer zullen je kamer meteen gezellig maken.

**2**

**A. Vervolledig de conversaties. Vul de ontbrekende woorden in. Hou rekening met het aantal in te vullen woorden.**
*[Complete the conversations. Fill in the missing words. Note the number of words that have to be filled in.]*

1. – ................ ................ ................ mijn nieuwe trui ?

   – Ik ................ ................ mooi.

2. – ................ je boek ................ ?

   – Ja, ................ ................ een heel interessant boek,

   maar ik ................ ................ *nogal* moeilijk.          *[rather]*

3. – ................ ................ ................ ................ je kamer ?

   – Mijn kamer is niet echt goedkoop en dat ................

   een beetje ................, want ik studeer nog en ik ben dus

   niet rijk. Maar ik ................ ................ wel heel gezellig.

4. – Ben je ................ over je nieuwe auto ?

   – Ja, ................ ................ mooi en ................ is heel snel.

   Hij ................ goed ................ .

CD 2(14)

**B. Luister naar de cd en controleer je antwoorden.**
*[Listen to the CD and check your answers.]*

TEKSTBOEK 6
P. 111

# Ja, maar ...

**Spreek tegen. Volg het voorbeeld.**
*[Contradict. Follow the example.]*

1

VOORBEELD:

- Die foto van jou is heel **mooi.**
- Dat is niet waar. ............Hij is lelijk.................................................

- Dat zie ik **heel juist.**
- Toch niet. .............................................................................

- De stad **is dood.**
- Dat is niet waar. ...................................................................

- Ze drinken **veel.**
- Dat is niet waar. ...................................................................

- Nee, hij is **niet** intelligent.
- Toch wel. .............................................................................

**Welke reacties zijn mogelijk ?**
*[Which reactions are possible ?]*

2

1.  Hij is geen Italiaan, hij komt
    uit Frankrijk.
    a. Dat is niet waar.
    b. Toch wel.
    c. Dat zie je verkeerd.

2.  Ik vind dit moeilijk.
    a. Toch wel.
    b. Hoe bedoel je, moeilijk ?
    c. Je hebt gelijk. Dit is
       moeilijk.

3.  Ken je dit meisje ?
    a. Dat is niet waar.
    b. Natuurlijk.
    c. Je hebt gelijk.

4.  Jennifer komt niet uit
    Washington.
    a. Jawel.
    b. Toch niet.
    c. Dat is waar.

5.  Bert is marketingmanager.
    a. Akkoord.
    b. Hoezo ?
    c. Inderdaad.

**3** **Vervolledig deze absurde conversatie. Vul de ontbrekende woorden in.**
***[Complete this absurd conversation. Fill in the missing words.]***

**PRATEN OVER EEN BOEK.**
***[TALKING ABOUT A BOOK.]***

| | | |
|---|---|---|
| Bert | ...................... vind je het boek ? | |
| Jennifer | Prachtig ! Ik ........................ ........................ uitstekend. | |
| Bert | Hoe .......................... je ? | |
| Jennifer | Ik bedoel, ik ........................ het *verhaal* leuk. | *[story]* |
| Bert | ........................., het is een heel leuk verhaal, maar toch een beetje vervelend soms. | |
| Jennifer | ......................... . Het is vaak heel vervelend. Ik ......................... het zeker niet interessant. | |
| Bert | Toch ........................, het is heel interessant, maar vervelend. | |
| Jennifer | Je hebt ......................... . Het is *buitengewoon* interessant. Maar vervelend ? Nee, dat zie je ...................... . Het is niet altijd vervelend, alleen heel soms. | *[exceptionally]* |
| Bert | ............................ ? | |
| Jennifer | Ik ......................... , je blijft het lezen. | |
| Bert | Dat is ........................., je blijft het lezen, *ook al* is het slecht. | *[even though]* |
| Jennifer | Dat zie je ........................ . Het is niet slecht. Het is héél slecht. | |
| Bert | Ja, dat boek moet je echt niet lezen. Je *gooit* het *beter* meteen *weg*. | *[throw away]* *[better]* |

*TEKSTBOEK 7A*
*P. 114*

# De cultuurschok.

**Welke uitspraken zijn correct ?**
*[Which statements are correct ?]*

1

1. a. *Volgens* J. Destrée *bestaat* België niet.       *[According to / exists]*
   b. Volgens J. Destrée bestaan er geen Belgen.
   c. Volgens deze Nederlander bestaan er geen Belgen.

2. a. Deze Nederlander vindt de Fransen niet nationalistisch.
   b. Deze Nederlander vindt de Belgen absoluut niet nationalistisch.
   c. Deze Nederlander vindt de Duitsers strijdlustig.

3. a. Belgen zijn diplomatiek en praktisch.
   b. Belgen zijn praktisch en *principieel*.       *[of principle]*
   c. Belgen zijn diplomatiek en principieel.

4. a. Belgen *nodigen* graag vreemdelingen *uit* in hun huis.       *[invite]*
   b. Belgen nodigen vreemdelingen niet gemakkelijk uit in hun huis.
   c. Belgen nodigen niet graag familie uit in hun huis.

5. a. Een Vlaming vindt zijn dorp niet zo belangrijk als zijn land.
   b. Een Vlaming vindt zijn land niet zo belangrijk als zijn dorp.
   c. Een Vlaming vindt zijn familie niet zo belangrijk als zijn land.

6. a. Sinds de Tweede Wereldoorlog geloven de Vlamingen
      in *zichzelf*.       *[themselves]*
   b. Sinds de Tweede Wereldoorlog geloven de Vlamingen
      in een sterke economie.
   c. Sinds de Tweede Wereldoorlog hebben de Vlamingen
      geen eigen identiteit.

**2**

**Vul een passend woord in.**
*[Fill in an appropriate word.]*

1.  Iedereen kent hem. Hij is ...................... in heel Europa.

2.  De mensen in het appartement boven leven 's nachts.
    Ze maken zoveel ....................... dat ik niet kan slapen.

3.  Jennifer vindt Vlaanderen niet ................... klein,
    maar ook vervelend.

4.  Vlamingen en Nederlanders *gebruiken* soms             *[use]*
    andere ................... voor *dezelfde dingen*.      *[the same things]*

5.  Hoeveel ................... telt de federale regering ?

6.  Dit huis is ...................... voor oude mensen.
    Er zijn geen trappen.

7.  Hij is *bang voor* water. ...................... *zwemt*    *[afraid of / swim]*
    hij niet goed.

8.  Ik heb honger, maar ik *heb* ...................... *dorst.*    *[am thirsty]*
    Mag ik eerst een glas water ?

9.  Er is altijd wel ergens op de ...................... een oorlog.

10. Mijn vriend staat aan de deur, maar hij wil niet ...................... .
    Hij heeft niet veel tijd, zegt hij.

11. Hij is wel groot, maar niet zo groot ...................... zijn broer.

12. De Tweede Wereld...................... *duurde* van 1939 tot 1945.  *[lasted]*

*TEKSTBOEK 7B*
*P. 115*

**Geef de naam van het land of van de inwoner.**
*[Give the name of the country or the inhabitant.]*

**1**

1. De ................... wonen ten westen van
   Groot-Brittannië.                                    *[Great Britain]*

2. De moeder van Paolo is een ................... .

3. Madrid is de hoofdstad van ................... .

4. Na de Spanjaarden *regeerden* de ...................        *[ruled]*
   over Vlaanderen.

5. Een inwoner uit Frankrijk noemen we een ♂ ...................
   of een ♀ ................... .

6. ................... is een klein land ten noorden van Duitsland.

7. Spiros, Demis en Melina komen uit Kreta in ................... .

8. De ................... en de ................... wonen in het noorden
   van de Europese Unie.

9. De steden Rotterdam en Utrecht liggen in ................... .

10. De Cyprioten wonen in ................... .

**Vul het juiste adjectief in. Volg het voorbeeld.**
*[Fill in the right adjective. Follow the example.]*

**2**

VOORBEELD:

(België)   Hoeveel ministers heeft de ....Belgische.... regering ?

1. (Polen)       De ................... regering zit in Warschau.

2. (Tsjechië)    Praag en Olomouc zijn ................... steden.

3. (Verenigd Koninkrijk)   Londen is de ................... hoofdstad.

4. (Portugal)    Komen hier veel ................... toeristen ?

5. (Frankrijk)   Wij drinken graag ................... wijn.

6. (Letland)     Hoe heet de ................... hoofdstad ?

7. (Zweden)      Inger is een ................... meisje.

8. (Hongarije)   Ken je ................... studenten in België ?

9. (Europa)      Sinds 2004 is Slovenië een land van de ................... Unie.

10. (Duitsland)  Kijk je soms naar de ................... televisie ?

**1**

DEEL 4

**Lees de vragen, kijk opnieuw naar aflevering 4 van het dvd-programma en geef het correcte antwoord.**
*[Read the questions, watch again part 4 of the DVD programme and give the right answer.]*

1. Hoe vindt Paolo zijn kamer ?

   ..................................................................................................

2. Wat doet Paolo op woensdagavond ?

   ..................................................................................................

3. Wie koopt vandaag bloemen voor Els ?

   ..................................................................................................

4. Hoe kent Bert het adres van Els ?

   ..................................................................................................

5. Hoeveel mensen zijn er 's avonds bij Els thuis ?

   ..................................................................................................

**2**

**Geef voor elke tekening het juiste woord.**
*[Give for each picture the right word.]*

1. Ik wil thee met melk, niet met 🍋 ...citroen... .

2. Deze ⌚ ...klok... loopt achter. *[is slow]*

3. Zijn 👓 ...bril... staat op zijn 👃 ...neus.. .

4. Zij heeft zwart *haar* en heldere blauwe 👁 ...ogen.. . *[hair]*

5. Neem je ☂ ...paraplu... mee. Het gaat regenen.

6. Ik kan niet lopen met deze 👠👠 ...schoenen...
   Ze zijn te hoog.

7. Hij kan zijn 🔑 ...sleutel... niet vinden.

8. Niet veel *katholieken* gaan op zondag naar   *[Roman Catholics]*
   de ⛪ ...kerk... .

9. Hij gooit de ⚽ ...bal... door het raam.

10. Ik vind mijn ✒ ...pennen... niet. Mag ik die

    van jou *gebruiken* ?   *[use]*

11. Over de 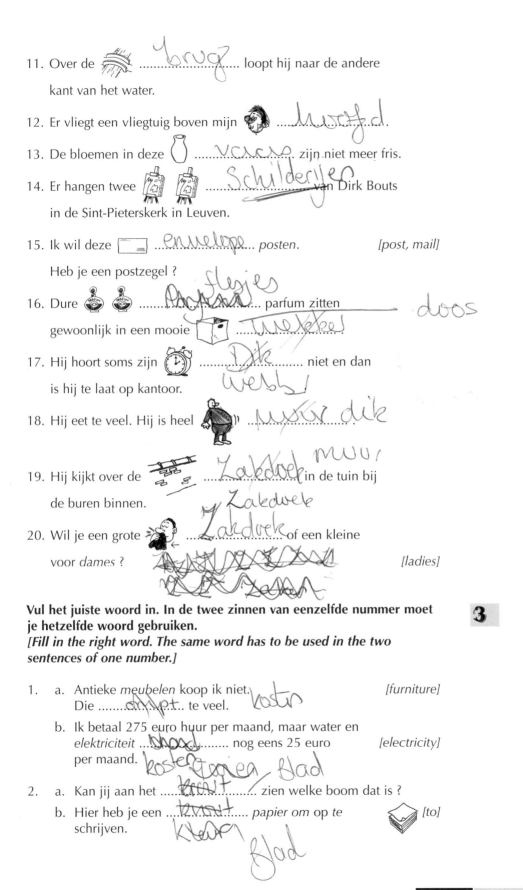 ...........brug........... loopt hij naar de andere

kant van het water.

12. Er vliegt een vliegtuig boven mijn 😠 ......hoofd.

13. De bloemen in deze 🏺 .........vaas......... zijn niet meer fris.

14. Er hangen twee 🖼️🖼️ ..........Schilderijen van Dirk Bouts

in de Sint-Pieterskerk in Leuven.

15. Ik wil deze ✉️ ......envelope... posten.          *[post, mail]*

Heb je een postzegel ?

16. Dure 🧴🧴 ......flesjes...... parfum zitten

gewoonlijk in een mooie 📦 ......dooske......          *doos*

17. Hij hoort soms zijn ⏰ .........Die......... niet en dan

is hij te laat op kantoor.          *wekker*

18. Hij eet te veel. Hij is heel 🧍 ......muur dik

19. Hij kijkt over de 🚧 ......Zakdoek in de tuin bij

de buren binnen.          *muur*

20. Wil je een grote 🤧 ......Zakdoek of een kleine

voor *dames* ?          *[ladies]*

**Vul het juiste woord in. In de twee zinnen van eenzelfde nummer moet**
**je hetzelfde woord gebruiken.**
*[Fill in the right word. The same word has to be used in the two*
*sentences of one number.]*          **3**

1.  a.  Antieke *meubelen* koop ik niet.          *[furniture]*
        Die ........kost.. te veel.          *kosten*

    b.  Ik betaal 275 euro huur per maand, maar water en
        *elektriciteit* ....kost........... nog eens 25 euro          *[electricity]*
        per maand.          *kosten* *Blad*

2.  a.  Kan jij aan het ......blad......... zien welke boom dat is ?

    b.  Hier heb je een ......blad...... *papier om* op *te* 📄 *[to]*
        schrijven.          *Blad*

3.  a. De kinderen ..........*gooien*.......... de bal naar elkaar.

    b. Je mag niet met *stenen* ...........*gooien*...... .              *[stones]*

4.  a. De ......*kleur*...... van zijn jas is grijs.

    b. Westerse toeristen liggen graag in de zon, want ze
       willen een mooie bruine .........*kleur*.......... krijgen.

5.  a. Hij is de ..........*baas*.......... . Hij zegt wat zij moeten doen.

    b. Ik werk nu bij een andere firma. Meneer Verstraeten is
       mijn nieuwe .........*baas*......... .

6.  a. Als het adres ......*verkeerd*..... is, komt de brief terug.

    b. Je rijdt ......*verkeerd*..... . Je moet terugrijden. De Veldstraat
       ligt aan de andere kant van de stad.

7.  a. Natuurlijk ........*kent*......... zij die man goed. Hij is met
       haar zus getrouwd.

    b. Els .........*kent*......... geen Italiaans.

8.  a. Je .......*begrijpt*........... mij verkeerd. Dat bedoel ik niet.

    b. Hij is nu twee maanden in Vlaanderen en hij ........................
       bijna alles wat de mensen zeggen.

9.  a. Ik bezoek graag ........................ landen met
       andere *culturen*.                              *[cultures]*

    b. Ik begrijp haar niet altijd. Zij doet soms ........................ dingen.

10. a. Hoeveel sigaretten .......*rook*........ je per dag ?

    b. Waarom .......*rook*..... je ? Dat is niet gezond.

11. a. Zijn werkdag ........................ om 8 uur 's morgens.

    b. Het concert ........................ om halfnegen en
       *duurt* twee uur.                               *[lasts]*

12. a. Mijn *fiets* staat ........................ de muur.

    b. Waarom ben je nooit vriendelijk ........................ je broer ?

13. a. Wat er in de brief staat, vertel ik je niet. Dat is ........................ .

    b. Ik weet natuurlijk wel wie die man is, maar ik ken hem niet
       ........................ .

14. a. Het restaurant ligt dicht ........................ de kerk.

    b. Ik kan vanavond niet ........................ je blijven.
       Ik heb een *vergadering*.                        *[meeting]*

15. a. Ik eet liever een ........................ gekookt ei dan
       een *hard gekookt* ei.                           *[hard boiled]*

    b. We hebben een ........................ klimaat. Het is niet heel koud.

16. a. Op mijn *rekening* op de ........................ staat     [account]
nog 49,50 euro.

    b. Ze wandelt elke dag in het park en *rust* dan even     [rests]
op een ........................ .

17. a. De kinderen kunnen niet *wachten*. Ze willen hun     [wait]
cadeau meteen ........................ .

    b. Met je handen kan je die fles niet ........................ .

18. a. Ik weet niet wat hij met die *opmerking* ..................... .     [remark]

    b. Zij is soms heel boos op haar kinderen, maar zij
........................ het goed. Ze is een goede moeder.

19. a. Hier is een stoel, mevrouw. Gaat u ........................ .

    b. In deze zak ........................ er lekkere *koekjes* voor bij     [biscuits]
de koffie.

20. a. Wat drinken jullie ? Weten jullie het al ? Ja ? Oké, dan
kunnen we ................................. .

    b. Ik heb het boek niet in de winkel, maar ik kan het wel voor
u ..................................... . Dan hebt u het overmorgen al.


*After this part you should be able to:*

- *Order a drink in a pub or café.*
- *Apologize and react properly to an apology.*
- *Express surprise.*
- *Express what you like and don't like in different ways ('graag',*
*'houden van').*
- *Ask someone in a polite way to do something.*
- *Ask for and express preferences.*
- *Ask for assent.*
- *Ask for and express an opinion.*
- *Express in different ways that you are (not) pleased.*
- *Ask for further explanation and introduce an explanation.*
- *Agree, disagree, object.*

- *Understand, formulate and answer questions with the question word*
*'de / het hoeveelste ...'.*
- *Form and spell plural nouns and adjectives.*
- *Use the verbs 'staan, liggen, zitten, hangen' to locate or indicate a*
*position of someone or something.*
- *Make proper use of 'er' as a provisional subject.*

- *Give some information on some widespread generalizations on the*
*Belgian and Flemish character.*

Flanders

# Zin om mee te gaan ?

**Lees de uitspraken, kijk opnieuw naar aflevering 5 van het dvd-programma en kruis de correcte uitspraken aan.**
*[Read the statements, watch part 5 of the DVD programme again and tick the correct statements.]*

*DEEL 5*

1. a. Jennifer beslist dat ze morgen naar Gent gaan.
   b. Bert beslist dat ze morgen naar Gent gaan.
   c. Bert beslist dat ze Paolo meenemen naar Gent.

2. a. De kamer van Paolo is bijna leeg.
   b. In de kamer van Paolo staan veel boeken.
   c. Er staat een boom in de kleerkast van Paolo.

3. a. Els vindt Paolo aardig en charmant.
   b. Els vindt Bert aardig en charmant.
   c. Els vindt Jennifer aardig en charmant.

4. a. Jennifer tennist graag.
   b. Peter tennist graag.
   c. Paolo houdt van voetballen.

5. a. In het café praat Jennifer niet met Bert en Paolo.
   b. In het café leest Bert in de toeristische gids van Gent.
   c. In het café praat Bert met Paolo over Peter en Els.

6. a. Paolo zegt dat het in Gent aangenaam was.
   b. Els vraagt of de dag in Gent belangrijk was.
   c. Els vraagt of het in Gent aangenaam was.

7. a. Bert is kwaad op zijn moeder omdat hij op Els verliefd is.
   b. Bert is kwaad op zijn moeder omdat Els niet knap is.
   c. Bert is kwaad op zijn moeder omdat die Els lelijk vindt.

*TEKSTBOEK 1A*
*P. 118*

# Wat wil je ?

## 1A

**1** **Lees de dialogen opnieuw. Kruis aan wat juist is: a of b.**
*[Read the dialogues again and tick the correct statements: a or b.]*

VOORBEELD:

Peter heeft geen zin om op te staan.
a. In koffie heeft hij wel zin.
X b. In croissants heeft hij wel zin.

1. Els wil dat Peter opstaat.
   a. Het ontbijt staat klaar.
   b. Ze heeft croissants.

2. Er is geen training vandaag.
   a. Daarom wil Els gaan wandelen.
   b. Daarom gaat Peter niet voetballen.

3. Els wil niet naar zee.
   a. Ze wil rustig een artikel lezen.
   b. Het wordt geen mooi weer vandaag.

4. Els wil niet tennissen, niet zwemmen en niet naar zee.
   a. Peter wordt boos.
   b. Peter wil graag alleen zijn.

**2** **Twee van de vier gegeven zinnen betekenen ongeveer hetzelfde. Welke ?**
*[Two out of the four given sentences have more or less the same meaning. Which ones ?]*

VOORBEELD:

X a. Er zijn geen croissants.
b. Ik wil geen croissants.
c. Ik heb zin in croissants.
X d. Ik heb geen croissants.

1. a. Voor mij is alles best.
   b. Wat wil je dan wel ?
   c. Maakt mij niet uit.
   d. Neem me niet kwalijk.

2. a. Ik wil niet opstaan.
   b. Heb je zin om op te staan ?
   c. Ik ga niet opstaan.
   d. Ik heb geen zin om op te staan.

3. a. We zullen gaan wandelen.
   b. Ik heb zin om met je te gaan wandelen.
   c. Ik laat je gaan wandelen.
   d. Laten we gaan wandelen.

**In elke zin staat één fout. Zoek ze en corrigeer.**
*[In each sentence there is one mistake. Find and correct it.]*

**3**

1. Heb jij zin om voetballen ?          ....................................

2. Heb jij zin om bier ?          ....................................

3. Ik heb geen zin om een koffer te meenemen.  ....................................

**Welke van de volgende acties associeer je met deze woorden ?**
*[With which of the following actions do you associate the words below ?]*

**4**

| zwemmen / wachten / voetballen / tennissen / fietsen / wandelen / lachen / opstaan / ontbijten |
|---|

1. bal          ....................................................................

2. water          ....................................................................

3. gelukkig          ....................................................................

4. buiten          ....................................................................

5. 's morgens          ....................................................................

6. rij          ....................................................................

**5**

**Waar hebben deze mensen wel (+) of geen (–) zin in ?**
*[What would these people like (+) or not like (–) to do ?]*

VOORBEELD:

| | (+) | Paolo .heeft zin om te dansen |
|---|---|---|

1.     (+)    Peter ..............................................................................

2.     (–)    Els ..................................................................................

3.     (+)    Jullie ..............................................................................

4.     (–)    Jij ..................................................................................

5.     (+)    Ik ..................................................................................

6.     (–)    Jennifer ..........................................................................

---

**6**

**Orden de volgende zinnen logisch in de onderstaande conversatie tussen een vrouw en haar man.**
*[Order the following sentences logically in the conversation below between a woman and her husband.]*

> a. Wat wil je dan ?
> b. Is dat een grap ? Je laat mij alleen ! Dat is niet aardig van je.
> c. Nee, ik heb geen zin om een film te zien.
> d. Zullen we even gaan wandelen ?
> e. Maakt mij niet uit. Jij mag het zeggen. Voor mij is alles goed.
> f. Ik ben te moe en ik hou niet van wandelen. Dat weet je.
> g. Zullen we naar de bioscoop gaan ?
> h. Nee, ik ben te moe. Ik wil niet tennissen.

| | | |
|---|---|---|
| 1. | vrouw | Wat doen we ? |
| 2. | man | ................................................................... . |
| 3. | vrouw | ................................................................... ? |
| 4. | man | ................................................................... . |
| 5. | vrouw | Laten we dan gaan tennissen. |
| 6. | man | ................................................................... . |
| 7. | vrouw | ................................................................... ? |

8. man      Dat weet ik niet.

9. vrouw     ....................................................................... ?

10. man      ....................................................................... .

11. vrouw     Dan ga ik alleen wandelen.

12. man      ....................................................................... .

*TEKSTBOEK 1B*
*P. 119*

## 1B

**Kies wat het onderstreepte gedeelte van de zin kan vervangen.**
*[Choose what may replace the underlined part of the sentence.]*

**1**

VOORBEELD:

---

Oké. We zien elkaar op woensdag om 1 uur.
a  bellen hen
X b. spreken af

---

1. Dit artikel laat de lezer zien hoe de economische situatie is.
   a. gaat over
   b. luistert

2. Ik lees niet graag over politiek.
   a. heb geen interesse voor
   b. heb problemen met

3. Dag Lisa. Hoe gaat het met je ?
   a. Heb je een probleem ?
   b. Alles goed ?

4. Wat je zegt, is niet waar.
   a. Ik geloof je niet.
   b. Dat staat niet in het artikel.

5. Ik meen het.
   a. Ik doe wat ik zeg.
   b. Ik ben boos.

6. Jij wilt alles wat ik heb.
   a. Jij bent kwaad.
   b. Jij bent jaloers.

7. Ik kan niet zonder een auto.
   a. Ik heb een auto nodig.
   b. Ik wil een auto.

**2** Vervang het onderstreepte deel in de zin door één woord met dezelfde betekenis.
*[Replace the underlined part in the sentence by one word with the same meaning.]*

VOORBEELD:

Die man vind ik <u>niet gewoon</u>.
Die man vind ik ....vreemd.......

1. Ik kom <u>over enkele uren</u>.
   Ik kom ..................................... .

2. Deze vraag is <u>heel gemakkelijk</u>.
   Deze vraag is ..................................... .

3. Winkels vind je <u>op elke plaats</u> in elke stad.
   Winkels vind je ..................................... in elke stad.

4. Hij geeft op al mijn vragen een <u>helder</u> antwoord.
   Hij geeft op al mijn vragen een ..................................... antwoord.

5. Ik vind die vrouw niet <u>vriendelijk</u>.
   Ik vind die vrouw niet ..................................... .

**3** Zeg wat deze mensen in huis aan het doen zijn. Zeg ook waar ze dat doen.
*[Say what these people are doing in the house. Mention also where they are doing it.]*

1. tuin          Michiel is in de tuin met Joris aan het voetballen.....................
2. keuken        ...............................................................................
3. badkamer      ...............................................................................
4. badkamer      ...............................................................................
5. woonkamer     ...............................................................................
6. woonkamer     ...............................................................................
7. kelder        ...............................................................................
8. tuin          ...............................................................................

TEKSTBOEK 2A
P. 122

# Wat zeg je ?

**2A**

**1**

**Welk woord of welke woorden kunnen de woorden tussen haakjes vervangen ? Vul in.**
*[What word or words can replace the words between brackets ? Fill in.]*

VOORBEELD:

Bert moet (zeggen) ...beslissen...... waar ze vandaag naartoe gaan.

1. Jennifer vindt Brussel geen (goede suggestie) ..........................
........................... .

2. Jennifer (houdt niet van) ............................ Brussel.

3. Jennifer vindt Brussel (geen schone) ........................ ................... stad.

4. Jennifer zegt dat Brussel (niet mooi) ............................ is.

**Herhaal wat ze zeggen.**
*[Repeat what they say.]*

**2**

VOORBEELD:

Johan: "Morgen ga ik met mijn moeder naar Amsterdam."
  – Wat zegt hij ?
  – ...Dat hij morgen met zijn moeder naar Amsterdam gaat.................

1. Els: "Paolo komt uit Italië."
  – Wat zegt zij ?
  – ......................................................................................

2. Bert: "Mijn moeder vindt Brussel te vuil."
  – Wat zegt hij ?
  – ......................................................................................

3. Lisa: "We nemen twee koffers mee."
  – Wat zegt zij ?
  – ......................................................................................

4. Jennifer: "Ik vind die Paolo wel aardig."
  – Wat zegt zij ?
  – ......................................................................................

5. Sander: "Ik ken geen Italianen in Leuven."
  – Wat zegt hij ?
  – ......................................................................................

6. John: "Paolo komt in Leuven studeren."
  – Wat zegt hij ?
  – ......................................................................................

7. Jan: "Mijn vader wil graag naar Parijs gaan."
   – Wat zegt hij ?
   – ................................................................................

8. Elly: "Ali is Nederlands aan het leren."
   – Wat zegt zij ?
   – ................................................................................

*TEKSTBOEK 2B*
*P. 124*

## 2B

**1**

**Kruis aan wat juist is: a of b.**
*[Tick the one that is correct: a or b.]*

1. Jennifer wil ................. Paolo mee naar Gent gaat.
   a. dat
   b. of

2. Ze vraagt ................. Bert Paolo gaat opbellen.
   a. dat
   b. of

3. ................. Bert klaar is, gaat hij Paolo opbellen.
   a. Als
   b. Of

4. Jennifer belt niet zelf, ................. ze telefoneren haat.
   a. als
   b. omdat

5. ................. Jennifer geen zin heeft om naar Brussel te gaan,
   dan gaat ze niet.
   a. Als
   b. Omdat

**2**

**Lees de dialogen opnieuw en antwoord op de vragen met een bijzin.
Begin de zin met 'dat', 'of', 'omdat' of 'als'.**
*[Read again the dialogues and answer the questions with a subclause.
Start the sentence with 'dat', 'of', 'omdat' or 'als'.]*

VOORBEELD:

---

– Wat vraagt Jennifer aan Bert ?
– *Of Bert Paolo gaat opbellen.*...............................................

---

1. Waarom moet Bert Paolo bellen ?

   ................................................................................ .

2. Waarom belt Jennifer Paolo niet zelf ?

   ................................................................................ .

3. Wat moet Bert aan Paolo vragen ?

..................................................................... .

4. Wat zegt Jennifer over Bert ?

..................................................................... .

5. Wanneer zal Bert Paolo bellen ?

..................................................................... .

**Herschrijf de volgende zinnen. Begin met de bijzin.**
*[Rewrite the following sentences. Start with the subclause.]*

**3**

LET OP *[pay attention]*: STRUCTUUR BIJZIN-HOOFDZIN.

(ZIE OOK: DEEL 5, 2A)

*VOORBEELD:*

Op onze Vlaamse wegen is het 's morgens en 's avonds veel te druk
omdat er in Vlaanderen te veel auto's zijn.

*Omdat er in Vlaanderen te veel auto's zijn, is het op onze Vlaamse wegen*
*'s morgens en 's avonds veel te druk.*

1. We weten dat bijna elk Vlaams gezin een auto heeft.

   Dat ...........................................................................

   ...........................................................................

2. En we weten ook dat er in veel gezinnen twee of zelfs drie auto's zijn.

   En dat ...........................................................................

   ...........................................................................

3. Iedereen zal wel begrijpen dat een gezin geen drie auto's nodig heeft.

   Dat ...........................................................................

   ...........................................................................

4. Dikwijls hoor je op de televisie en op de radio dat we niet vaak
   genoeg de trein of de bus nemen.

   Dat ...........................................................................

   ...........................................................................

5. Maar ik weet niet hoeveel mensen graag de trein nemen.

   Maar hoeveel ...........................................................................

6. Het is vervelend dat er niet in elk dorp een station is.

   Dat ...........................................................................

   ...........................................................................

7. Maar de *verkeerssituatie* op onze wegen zal nooit     *[traffic situation]*
   beter worden als we niet vaker de trein nemen.

   Maar als ...........................................................................

   ...........................................................................

*TEKSTBOEK 2C*
*P. 125*

**1**

**Vul de juiste woorden in.**
*[Fill in the appropriate words.]*

1. Deze *zanger* .......................... niet alleen,    *[singer]*
   hij ............................... ook uitstekend *gitaar*.

2. Ze is niet heel ........................... vandaag: ze kijkt heel
   boos en ze zegt geen woord.

3. *Literatuur* .......................... hem niet. Hij leest zelden    *[literature]*
   een boek.

4. Zal ik vandaag vis ............................. ? Of heb je zin
   in iets anders ?

5. Kleine kinderen .................................. soms heel
   vervelende vragen.

6. Niemand weet waar hij is, ................................... zijn
   vrouw niet.

7. Hij .............................. vaak en dan praat hij in zijn *slaap*.    *[sleep]*

**2**

**Antwoord op de vragen met een omdat-zin. De reden staat tussen haakjes.**
*[Respond to the questions with an 'omdat'-clause. The reason is given
between brackets.]*

VOORBEELD:

---

– Waarom ga je zo vroeg slapen ? (Ik ben moe.)
– Omdat ik moe ben.

---

1. – Waarom ben je altijd te laat op je werk ? (Ik sta te laat op.)
   – Omdat ......................................................................................

2. – Waarom ga je met de auto naar Italië ? (Het vliegtuig is te duur.)
   – Omdat ......................................................................................

3. – Waarom wil je nu al vertrekken ? (Ik wil vandaag vroeg gaan slapen.)
   – Omdat ......................................................................................

4. – Waarom ga je op de eerste rij zitten ? (Ik zie niet goed.)
   – Omdat ......................................................................................

**Kies 'want' of 'omdat' en vul in.**
*[Choose 'want' or 'omdat' and fill in.]*

**3**

1. Ik moet nu vertrekken ................................ ik heb een afspraak.
2. Hij rijdt niet met de auto naar zijn werk .................................
   de wegen 's morgens te druk zijn.
3. Ik moet naar de winkel ............................... er is geen melk meer in huis.
4. Hier mogen auto's niet *snel* rijden ................................ er veel    *[fast]*
   kinderen in de buurt wonen.

**Reageer negatief op de suggesties. De reden staat tussen haakjes.**
*[Turn down the suggestions. The reason is between brackets.]*

**4**

VOORBEELD:

---

  – Laten we nog een pintje gaan drinken. (te laat)
  – Nee, want het is te laat. ..................................................

---

(ZIE OOK: DEEL 5, 2C)

1. Zullen we de auto nemen ? (nu te druk op de weg)

   ................................................................................ .

2. Laten we naar zee rijden. (te koud vandaag)

   ................................................................................ .

3. Laten we nog even gaan wandelen. (wordt al donker buiten)

   ................................................................................ .

VOORBEELD:

---

  – Zullen we een pintje drinken ? (geen bier in huis)
  – Nee, want er is geen bier in huis. .........................................

---

4. Laten we naar de bioscoop gaan. (nu geen goede film)

   ................................................................................ .

5. Zullen we nu vertrekken ? (nu geen trein)

   ................................................................................ .

6. We kunnen naar de televisie kijken. (vanavond geen interessant
   programma)

   ................................................................................ .

*TEKSTBOEK 3*
*P. 127*

# Hij is er niet.

## 3

### 1

**Vul een passend woord in.**
*[Fill in an appropriate word.]*

1. Ik zie Ann vanavond. We hebben een ........................... om zeven uur.

2. Ik weet niet of ik deze oefening kan maken, maar ik zal het
   ........................... .

3. Er is telefoon. ........................... jij even ........................... ?

4. Die vrouw gaat nooit ........................... winkelen. Ze laat altijd haar man naar de supermarkt gaan.

5. Hij is niet getrouwd. Hij woont nog ........................... zijn moeder.

6. Wanneer komt hij ? Ik wacht al twee uur ........................... hem.

7. Op zaterdag moet je niet alleen in al de winkels maar ook in al de supermarkten lang wachten. Het is dan ........................... druk.

### 2

**Volg het voorbeeld.**
*[Follow the example.]*

(ZIE OOK: DEEL 4, 3A)

**VOORBEELD:**

| |
|---|
| – Weet je waar mijn agenda is ? (jouw bureau) |
| – Ik denk dat hij op jouw bureau ligt. |
| – Nee, hij ligt er niet.        OF:        Nee, daar ligt hij niet. |

1. – Weet je waar mijn sleutels zijn ? (de woonkamer)

   – .......................................................................................

   – .......................................................................................

2. – Weet je waar die flessen rode wijn zijn ? (de kelder)

   – .......................................................................................

   – .......................................................................................

3. – Weet je waar de *handdoek* is ? (de badkamer)

   – .......................................................................................

   – .......................................................................................

4. – Weet je waar mijn paraplu is ? (de gang)

– ..............................................................................

– ..............................................................................

5. – Weet je waar zijn auto is ? (de deur)

– ..............................................................................

– ..............................................................................

6. – Weet je waar de kinderen nu zijn ? (het *zwembad*)

– ..............................................................................

– ..............................................................................

**Voeg de blokken samen om zoveel mogelijk werkwoorden te vormen.**
*[Put the blocks together to construct as many verbs as possible.]*

**3**

| te | ren | luis | zen | ke |
|----|-----|------|-----|-----|
| af | ven | win | be | len |
| op | men | pro | | ten |
| bel | fo | spre | zoe | ken |
| ha | ne | wach | le | we |

1. ............................
2. ............................
3. ............................
4. ............................
5. ............................
6. ............................
7. ............................

8. ............................
9. ............................
10. ............................
11. ............................
12. ............................
13. ............................
14. ............................

15. ............................
16. ............................
17. ............................
18. ............................
19. ............................

*TEKSTBOEK 4A*
*P. 129*

# Als je iets nodig hebt ...

## 4A

**1** **Waar dienen ze voor ?**
*[What are they used for ?]*

| | |
|---|---|
| 1. stoel | a. luisteren |
| 2. lamp | b. wonen |
| 3. televisie | c. binnenkomen |
| 4. radio | d. zien |
| 5. kamer | e. zitten |
| 6. deur | f. kijken |

**2** **Zoek het juiste antoniem.**
*[Look for the opposite.]*

| | |
|---|---|
| 1. meenemen | a. staan |
| 2. weggaan | b. laten liggen |
| 3. zitten | c. blijven |

**3** **Onderstreep het woord dat niet past in de categorie.**
*[Underline the word that doesn't fit in the category.]*

| | |
|---|---|
| 1. dingen: | lamp, tapijt, radio, stoel, geluk |
| 2. mensen: | jij, hem, ik, overal, niemand |
| 3. gevoelens *[feelings]*: | gelukkig, alleen, nodig, bang |

**4** **Kruis aan wat niet mogelijk is.**
*[Tick what is not possible.]*

VOORBEELD:

| Hij belooft | a. veel. |
|---|---|
| | b. zijn kinderen een cadeau. |
| | X c. dat het zal regenen. |

| 1. Hij heeft | a. een rij nodig. |
|---|---|
| | b. een beetje geluk nodig. |
| | c. niemand nodig. |

| 2. Er gebeurt | a. hier iets vreemds. |
|---|---|
| | b. hier geluk. |
| | c. hier niets. |

| 3. Hij brengt | a. mij elke morgen de krant. |
|---|---|
| | b. mij geluk. |
| | c. mij een vergissing. |

**Zeg bij welke substantieven het adjectief niet mogelijk is.**
*[Name the substantives the adjective cannot be combined with.]*

VOORBEELD:

---

een gelukkig kind, een ~~gelukkige~~ boom, een gelukkige vrouw

---

1. een lege tafel, een leeg glas, een lege televisie
2. een erge vergissing, een erge boom, een erge oorlog
3. een comfortabele stoel, een comfortabel huis, een comfortabele
   televisie

**Vul in. Kies tussen: 'dat', 'of', 'als', 'omdat', 'waarom', 'waar', 'hoe laat'.**
*[Fill in. Choose among 'dat', 'of', 'als', 'omdat', 'waarom', 'waar', 'hoe laat'.]*

1. ........*als*........ hij groot is, wil mijn zoontje ingenieur worden.
2. Hij is hier al twee dagen, maar ik weet niet ........*dat*........ hij
   nog lang blijft.
3. – Kunt u me zeggen ....*hoe laat*........ het is, alstublieft ?
   – Het is nu precies tien uur.
4. Ik weet niet ...................... hij nu woont. Ik heb zijn adres niet.
5. ...................... hij een paar dagen vakantie heeft, gaat hij altijd
   naar zijn dochter aan zee.
6. – Weet jij ...*waarom* hij zo vroeg naar huis gaat ?
   – Hij is misschien moe.
7. – Wilt u hem eens vragen ...........*of*.......... hij morgen ook komt ?
   – Oké, dat doe ik. En ...*als*....... hij komt, dan bel ik je.
8. ....*Als*........ je goed ontbijt, krijg je in de voormiddag geen honger.
9. Zij wil geen kinderen .......................... ze kinderen vervelend vindt.
10. Rechtse groepen zeggen .......................... er te veel
    vreemdelingen in ons land zijn.
11. In een vreemd land wonen is niet erg plezierig ...................
    je de taal van dat land niet kent.
12. Ik vertel je mijn *verhaal* .....*als*.... je me belooft          *[story]*
    ................... je het niet aan je vrienden vertelt.

TEKSTBOEK 4B
P. 130

**1**  **Welk woord uit de tweede kolom heeft ongeveer dezelfde betekenis ?**
*[Which word from the second column has more or less the same meaning ?]*

1. spreken                          a. reis
2. normaal                          b. vooral
3. in de eerste plaats              c. praten
4. trip                             d. gewoon

**2**  **Zoek het antoniem.**
*[Find the opposite.]*

1. daarna                           a. later
2. nergens                          b. intelligent
3. meteen                           c. weinig
4. veel                             d. eerst
5. dom                              e. overal

**3**  **Welk woord uit de tweede kolom associeer je met de woorden uit de eerste kolom ?**
*[With which word from the second column do you associate the words of the first column ?]*

1. bakker                           a. sinaasappel
2. slager                           b. boodschappen doen
3. fruit                            c. afwassen
4. winkel                           d. vlees
5. keuken                           e. brood

**4**  **Je krijgt een omschrijving van de betekenis van een woord. Wat is het woord ?**
*[You get a description of the meaning of a word. What is the word ?]*

1. Dat eet je als je zin hebt in iets lekkers. Er zit *cacao* en        *[cocoa]*
   suiker in.

2. Dat zijn kleine kinderen als ze in het donker alleen zijn.

3. Die moet je doen als je niets in huis hebt en je toch wil eten.

4. Dat doe je in de keuken als de borden en glazen vuil zijn.
   Dat kan je niet zonder water.

5. Zo zijn mensen als ze niet veel weten en niet veel kunnen.

6. Dat vind je van de dingen van elke dag.

1. ...............................................        4. ...............................................

2. ...............................................        5. ...............................................

3. ...............................................        6. ...............................................

**Transformeer de volgende zinnen zoals in het voorbeeld. Let op het gebruik van 'niet' of 'geen'.**
*[Transform the following sentences as in the example. Pay attention to the use of 'niet' or 'geen']*

(ZIE OOK NEGATIE: DEEL 2, 6A; DEEL 3, 6C)

**5**

VOORBEELD:

Ik **weet niet of** die trip leuk zal zijn.
Ik ben bang dat die trip niet leuk zal zijn.

1. Ik weet niet of ik morgen kan komen.

   ..............................................................................................

2. Ik weet niet of er vanavond een goede film op televisie is.

   ..............................................................................................

3. Ik weet niet of ze heel intelligent is.

   ..............................................................................................

4. Ik weet niet of hij veel vrienden heeft.

   ..............................................................................................

5. Ik weet niet of hij koffie drinkt.

   ..............................................................................................

**Deze tekst gaat over 'bang zijn'. Enkele woorden ontbreken. Kies telkens het juiste woord. Soms is meer dan één woord goed.**
*[The subject of this text is 'bang zijn'. Some words are missing. Choose the right word each time. Sometimes more than one word can be correct.]*

**6**

| 1. | want / voor / van / of / dat |
|----|------------------------------|

Mag ik je vragen ......*of*...... je soms bang bent? Ik denk ......*dat*.....je "ja"
zal zeggen, ................. heel veel mensen zijn bang ................. iets.

| 2. | van / in / omdat / voor / om (...) te |
|----|---------------------------------------|

Kleine kinderen zijn vaak bang ................. het donker. Sommige mensen
zijn bang ................. kleine *dieren*, of ze zijn bang ................. *[animals]*
vliegen of ................. een drukke straat over ................. steken, of
................. de lift ................. nemen. Andere mensen leren nooit
zwemmen ................. ze bang zijn ................. water.

| 3. | daarom / van / dat / voor / omdat |
|---|---|

Er zijn bijvoorbeeld ook mensen die altijd bang zijn ................. ze te laat
zullen komen. ................. zijn ze overal te vroeg. Nog anderen zijn bang
................. hun baas ................. hij zeer dominant is. Mensen kunnen
ook bang zijn ................. er een oorlog komt, of ze zijn bang .................
ze niet lang zullen leven.

| 4. | dan / als / dat / voor / van |
|---|---|

Elke mens is soms bang. Dat is normaal. ................. iemand zegt
................. hij ................. niets bang is, ................. kan ik hem moeilijk
geloven. Bang zijn is gezond en normaal. Alleen ................. je zo bang
bent dat je niet meer normaal kan leven, ................. moet je
*psychologische hulp* zoeken. [psychological help]

TEKSTBOEK 5A
P. 132

# Komaan !

**Je krijgt een omschrijving van de betekenis van een woord. Geef het woord.**
*[You get a description of the meaning of a word. Give the word.]*

**1**

1. Dat doe je als je iets wilt hebben, maar je weet niet waar het is.
2. Dat doe je tot de trein komt, als je te vroeg in het station bent.
3. Dat is de plaats waar de trein naartoe rijdt.
4. Dat heeft de trein als hij te laat is.
5. Daar wachten de mensen op de trein.
6. Met dit treinkaartje kan je naar de plaats van bestemming en terug.

1. ................................................    4. ................................................

2. ................................................    5. ................................................

3. ................................................    6. ................................................

**Wat is het antoniem ?**
*[What is the opposite ?]*

**2**

1. langzaam                    ............................
2. te laat                      ............................
3. buitenrijden                ............................

**Vul de juiste woorden in.**
*[Fill in the appropriate words.]*

**3**

1. Natuurlijk is hij te laat. Hij komt nooit ..... ~~stipt~~ op bijd .............
2. Attentie bkar ........... ! De trein vertrekt over twee minuten.
3. Zijn auto is heel .......... snel ........... . Hij rijdt gemakkelijk 200 kilometer per uur.
4. ...... driemaal twee is zes.
   ...... viermaal. twee is acht.
5. Als het licht rood is, moet je .......... stoppen .. .
6. Hoeveel ....... maal ............... zal ik je dat nog moeten zeggen voor je het niet meer vergeet ?
7. Dit boek ....... gaat ..... ...... over ........... de economische situatie van België na de Tweede Wereldoorlog.
8. De trein naar Oostende vertrekt over tien minuten van ..... spoor ... 1.
9. Het ......... doet ............ me ...... plezier ...... dat je wilt komen. Ik ben ......... blij ................ dat we weer eens gezellig samen zullen kunnen praten.

**4**

**Kies tussen de onderstaande woorden en vul in.**
*[Choose among the words below and fill in.]*

kennen / begrijpen / betekenen / willen zeggen (2X) / bedoelen

Paolo leest vandaag een klein artikel in de krant. Het
artikel gaat over een minister. In dat artikel zegt de
minister dat de regering alle problemen 'in de hand
heeft', maar dat hij over enkele personen van zijn
*partij* 'een boekje wil opendoen'.                    *[political party]*

Paolo ....~~kennt~~.... (1) alle woorden. Met je
'handen' doe je dingen, de '-je' van boekje
....~~betekent~~.... (2) klein en als je een boek
opendoet, dan ga je lezen. Toch ....~~begrijpt~~.... (3)
Paolo niet wat deze minister ....~~bedoelt~~.... (4).

Dus kijkt Paolo in het *woordenboek*. En wat staat           *[dictionary]*
daar ? 'In de hand hebben' ....~~wil~~ ~~betekent~~....
....~~zeggen~~.... (5) dat je alles onder *controle* hebt, en           *[control]*
'een boekje opendoen' ....~~wil~~....
....~~zeggen~~.... (6) dat je de *fouten* van iemand           *[errors]*
bekend zal maken.           *[reveal]*

TEKSTBOEK 5B
P. 133

## 5 B

**1**

**Antwoord op de volgende vragen.**
*[Answer the following questions.]*

1. Waar ligt Gent ?
   In ......................................................................................................

2. Waarom is Gent een stad van kanalen en bruggen ?
   Omdat ................................................................................................

3. Welke rivieren vind je in Gent ?
   Je vindt ..............................................................................................

4. Waar vind je de beroemde torenrij van Gent ?
   In ......................................................................................................

5. Wat doen toeristen in de Sint-Baafskathedraal ?
   Ze kijken naar ....................................................................................
   en ze ..................................................................................................

6. Van welke eeuw is het Gravensteen ?

   Van ...........................................................................................

7. Hoe wordt Gent in de middeleeuwen een rijke stad ?

   Door .........................................................................................

8. Waarom is de Graslei belangrijk in de middeleeuwen ?

   Omdat .......................................................................................

9. Waarom is de Graslei nu belangrijk ?

   Omdat daar ...............................................................................

10. Hoeveel torens noemt men in deze tekst ? Welke ?

    Men ................................... : de ......................................

    .................................................................................................

    .................................................................................................

**Vul het juiste woord uit de tekst in.**
*[Fill in the right word from the text.]*

**2**

1. Zijn vader is zijn grote....~~voorbeeld~~.... . Later wil hij
   precies zoals zijn vader worden.

2. De gids zal jullie langs de prachtige middeleeuwse
   gebouwen van het oude stadscentrum ............................. .

3. Kinderen ............................. graag in bomen.

4. Een trui van ............................. is voor de winter,
   een trui van *katoen* voor de zomer.                    *[cotton]*

5. Als je over zee naar Engeland wil, kan je vertrekken
   vanuit de ............................. van Oostende.

6. Mijn kamer is klein. Ze is vier ............................. bij drie.

7. De ............................. van de kerk is zeventig
   meter hoog.

8. Vanop de............................. kijken de toeristen naar de
   *boten* op het kanaal.

9. De grote ............................. in België zijn de Schelde
   en de Maas.

10. Hou je van *meubelen* in klassieke ............................. of    *[furniture]*
    heb je liever moderne meubelen ?

**3**

**Zeg dat de twee acties op hetzelfde ogenblik gebeuren. Volg het voorbeeld.**
*[Express that the actions are happening simultaneously. Follow the example.]*

VOORBEELD:

Jij slaapt nog. Ik ben al aan het werken.
Terwijl jij nog slaapt, ben ik al aan het werken.

1. Mijn zus en ik gaan winkelen. Mijn broer werkt in de tuin.
   Zus ik wekel gaan. Ben ik aan het werken. Mijn broer in de tuin.

2. We drinken een kopje koffie. We *babbelen* [chat] gezellig over *van alles en nog wat.* [everything under the sun]
   Hij drinken een kop koffie.

3. Hij eet. Hij leest de krant.
   hij het, leest je de krant

4. Peter gaat voetballen. Els gaat zwemmen.
   Peter gaat

5. Lisa belt haar vriendin op. Jan is eten aan het klaarmaken.
   tel wel Lisa

TEKSTBOEK 6
P. 136

# Hoe zal ik het zeggen ?

**Zet de letters op hun juiste plaats en geef het juiste woord.**
*[Put the letters in their right place and give the word.]*

1. Zo noem je een vriendelijk en sympathiek iemand.

   C H M N R T A A          . . . . . . . . . . . . . . . .

2. Dat ben je niet als je niet luistert.

   D G N R R S S T E E E E E I . . . . . . . . . . . . . . . . .

3. Dat doe je niet als je aan het babbelen bent.

   N G W Z IJ E            . . . . . . . . . . . . . . . .

4. Dat ben je als je alles zegt wat je denkt.

   N N P S T A O A          . . . . . . . . . . . . . . . .

5. Dat ben je niet als je te dik bent en een te grote neus hebt.

   N P K A                . . . . . . . . . . . . . . . .

6. Dat ben je misschien als je iemand heel mooi, aardig en charmant vindt.

   D F L R V E E I          . . . . . . . . . . . . . . . .

7. Dat ben je niet als je geen zin in iets hebt.

   H N S S T T A E I O U      . . . . . . . . . . . . . . . .

**2** Berichtjes zoals deze vind je in de krant. Begrijp je ze? Kan je de ingekorte woorden voluit schrijven?
*[You can find classified advertisements like these in the newspaper. Do you understand them ? Can you give the full words for the abbreviated forms ?]*

1. Gesch. sport. en rom. jonge vr. v. 39 zkt. intell. en kn. vrnd tot 50 jr. Houdt v. kunst en cult. (muz., biosc., lez.), lekk. eten en reiz. Rkt niet. Graag snel antw. met foto.

2. Comp. firm. zkt. stdn. die knn. hlp. in comp. winkel in centr. v. Leuven. 8 u. per wk. We betal. 20 euro per u. Tel. nr (016) 32 43 54.

3. Welke charm., symp., jonge mn tss. 20 en 30 wordt verl. op deze soc., aard. en gezell. jonge mn (25)? Hou v. wand. en fiets. Knn samen op vak. Schr. me snel!

1. ........................................................................................................................

........................................................................................................................

........................................................................................................................

........................................................................................................................

2. ........................................................................................................................

........................................................................................................................

........................................................................................................................

........................................................................................................................

3. ........................................................................................................................

........................................................................................................................

........................................................................................................................

........................................................................................................................

**3** Kruis aan wat mogelijk is.
*[Tick what is possible.]*

1. "Hoe zal ik het uitleggen ?" zeg je:
   a. als iemand je niet begrijpt.
   b. als je de juiste woorden niet meteen vindt.
   c. als je informatie wil hebben.
   d. als iemand niet weet wat een woord betekent.

2. "Dat geeft niet." zeg je:
   a. als iemand je zegt: "Het spijt me."
   b. als iemand vraagt: "Meen je dat nu ?"
   c. als iemand zegt: "Ik geloof dat ik je ken."
   d. als iemand je zegt: "Neem me niet kwalijk."

3. "Dat klopt." zeg je:
   a. als je iemand niet begrijpt.
   b. als je vindt dat iemand gelijk heeft.
   c. als iemand zegt: "Ik ben heel tevreden."
   d. als iemand zegt: "Mag ik iets vragen ?"

*TEKSTBOEK 7*
*P. 138*

# Kunst in Vlaanderen.

7

*Kruis de juiste uitspraken aan.*
*[Tick the correct statements.]*

1

1. a. De Vlaamse Primitieven schilderen vooral religieuze thema's.
   b. De Vlaamse Primitieven schilderen vooral realistische thema's.
   c. De Vlaamse Primitieven schilderen totaal nieuwe thema's.

2. a. De meesterwerken van de Vlaamse Primitieven zijn in Gent gemaakt.
   b. De meesterwerken van de Vlaamse Primitieven hangen in Gent.
   c. De meesterwerken van de Vlaamse Primitieven hangen in heel de wereld.

3. a. De werken van de Vlaamse Primitieven zijn nieuw in hun tijd door de nieuwe kleuren en de *introductie* van                    *[introduction]* nieuwe thema's.
   b. De werken van de Vlaamse Primitieven zijn nieuw in hun tijd door de heldere kleuren en de introductie van diepte.
   c. De werken van de Vlaamse Primitieven zijn nieuw in hun tijd door de introductie van heldere kleuren en van realistische thema's.

4. a. In de polyfone muziek zingen meer stemmen samen één melodie.
   b. In de polyfone muziek zingen de stemmen samen klassieke liederen.
   c. In de polyfone muziek hebben meer stemmen elk hun eigen melodie.

5. a. In zijn werk heeft Breughel kritiek op de grote natuur.
   b. In zijn werk heeft Breughel aandacht voor de kleine mensen van zijn tijd.
   c. Op heel veel schilderijen van Breughel zie je grote en kleine vissen.

6. a. Rubens schildert zijn tweede vrouw Hélène Fourment altijd als een godin.
   b. De goden van Rubens zijn dynamische mensen van vlees en bloed.
   c. Op het einde van zijn leven schildert Rubens vooral religieuze en mythologische werken..

7. a. De kleren van Ann Demeulemeester vind je alleen in New York en Tokyo.
   b. Hugo Claus en Dries Van Noten zijn belangrijk voor de literatuur.
   c. Ensor en Magritte zijn belangrijke schilders.

**2**

**Lees opnieuw de tekst "Kunst in Vlaanderen" in het tekstboek. Doe je tekstboek dicht. Vul daarna de ontbrekende woorden hieronder in.**
*[Reread the text "Kunst in Vlaanderen" in your textbook. Close it. Then fill in the missing words below.]*

### 1. DE VLAAMSE PRIMITIEVEN

.................. de 15e eeuw ontstaat in Vlaanderen een totaal ..................
schilderkunst: die van de 'Vlaamse Primitieven'. Die 'Vlaamse
Primitieven' zijn nu in .................. de wereld bekend. Hun werken kan
je in al de grote musea van de .................. vinden.

### 2. DE VLAAMSE POLYFONIE

Ook in de muziek wordt Vlaanderen in de 15e eeuw internationaal
bekend. De Vlaamse polyfonisten .................. de muziek meerstemmig
of polyfoon. Door deze evolutie vormt de polyfonie een belangrijke stap
naar de traditionele klassieke .................. .

### 3. PIETER BREUGHEL DE OUDE

Pieter Breughel .................. de belangrijkste Vlaamse schilder uit de 16e
eeuw. Op heel veel schilderijen van Breughel zie je gewone
.................. uit die .................. samen eten, drinken of werken. Deze
gewone mensen zijn kleine mensen met kleine kanten en fouten.

### 4. PIETER PAUWEL RUBENS

De 17e eeuw is de eeuw van de barok en de grote schilder ..................
die periode is Pieter Pauwel Rubens. .................. het begin maakt
Rubens .................. mythologische en religieuze .................., met veel
goden en godinnen. .................. het einde van zijn ..................
schildert Rubens prachtige landschappen.

### 5. DE MODERNE TIJD

In de 18e en 19e .................. krijgt de Vlaamse cultuur bijna
.................. kans. Het is een donkere tijd met .................. oorlogen.
Maar in de late 19e en in de 20e eeuw vind je opnieuw ..................
kunstenaars in Vlaanderen: de expressionist James Ensor bijvoorbeeld, en
de surrealistische schilders Delvaux en Magritte.

**Lees de vragen, kijk opnieuw naar aflevering 5 van het dvd-programma en geef het correcte antwoord.**
*[Read the questions, watch again part 5 of the DVD programme and give the correct answer.]*

**1**

DEEL 5

1. Wat is Els aan het leren ?

.............................................................................................

2. Waarom wil Jennifer niet naar Brussel ?

.............................................................................................

3. Waarom is Els blij dat Paolo met Bert en Jennifer naar Gent gaat ?

.............................................................................................

4. Waarom vindt Els Paolo typisch Italiaans ?

.............................................................................................

5. Waarom is Bert kwaad op zijn moeder ?

.............................................................................................

**Vul het juiste woord in. In de twee zinnen van eenzelfde nummer moet je hetzelfde woord gebruiken.**
*[Fill in the right word. The same word has to be used in the two sentences of one number.]*

**2**

1. a. Wil je bij de ........................ een groot wit brood voor me halen ?

   b. Bij onze ........................ kan je lekkere croissants kopen.

2. a. Weet jij wat de *afkortingen* a.u.b.* en d.w.z.*    *[abbreviations]*
   ............................... ?        * a.u.b.= alstublieft / d.w.z. = dat wil zeggen

   b. Goede vrienden vind ik belangrijk. Zij ...............................
   veel voor mij.

3. a. Dat je een fout maakt, kan altijd ............................... .

   b. Er ............................... veel te veel *ongevallen* op    *[accidents]*
   onze wegen.

4. a. Ik zal het wel doen, als je mij wil ...............................
   hoe het moet.

   b. Dat moet ik toch niet ............................... . Dat begrijpt
   een klein kind.

5. a. *Dames en heren*, mag ik even uw        *[Ladies and gentlemen]*
   ............................... ? Wat ik u nu ga zeggen is heel belangrijk.

   b. De kinderen luisteren altijd met veel ............................... naar
   de *verhalen* van hun oude *grootvader*.        *[stories / grandfather]*

6.  a. Ik weet niet of ik het zal kunnen, maar ik wil het wel even
    ................................ .

    b. – Is dat de goede sleutel ?

    – Dat weet ik ook niet. Je zal al de sleutels moeten
    ................................ .

7.  a. Laten we even ............................... : er is belangrijk nieuws op de
    radio.

    b. Als je niet wilt ..............................., zul je nooit weten hoe je het
    moet doen.

8.  a. Ik zal proberen morgen te komen, maar ik kan het je niet
    ................................ .

    b. – Je moet mij ............................... dat je dat niet doet.
    – Nee, echt waar. Ik doe het niet.

9.  a. Als ik mijn sleutel niet heb, ................................ ik door het raam
    naar binnen.

    b. Als ik in een boom ..............................., ben ik bang dat ik zal
    vallen.

10. a. Ik koop liever vlees bij de ............................... dan in de
    supermarkt.

    b. Het vlees bij deze ............................... is niet zo lekker als bij de
    ........................... om de hoek.                    [around the corner]

11. a. Als mijn glas ............................... is, ga ik naar huis.

    b. Het huis staat al maanden ............................... . Er woont
    niemand.

12. a. Ik heb geen zin om te ............................... waar we
    naartoe gaan. Zeg jij het maar.

    b. Over nieuwe *wetten* moet het parlement              [laws]
    ................................ .

13. a. Je moet niet lezen ............................... je eet. Dat is niet gezond.

    b. Reizen ............................... je slaapt kan met
    de *slaaptrein*.                                        [sleeper]

14. a. Ik ben .......bang........ dat ik je nu niet kan helpen.
    Ik heb echt geen tijd.

    b. Je zwijgt weer als een ............................... klein kind.
    Je moet zeggen wat je denkt.

15. a. Ze wil gaan ............................... , maar ze heeft geen goede stem.

    b. Moeders ......zingen...... 's avonds een
    *slaapliedje* voor hun baby.                           [lullaby]

16. a. Als je niet goed kan ............................... , doe je dat
     beter niet in zee.

    b. *Zolang* hij bang is voor water, leert hij nooit goed      *[As long as]*
     ............................... .

17. a. Sst ! Je moet ............................... als ik aan het telefoneren ben.

    b. Je zegt helemaal niets. Waarom blijf je ............................... ?

18. a. ............................... als je mij een miljoen geeft, doe ik het nog niet.

    b. Wil je nu echt niets drinken ? ............................... geen glas water ?


**In de volgende tekst is de helft (of de helft + 1 letter) van sommige**
**woorden weggelaten. Vul de weggelaten letters in.**
*[Some words in the text below have half (or 1 more) of their letters*
*missing. Fill in the missing letters.]*

  IJ = 1 letter

*HET SLEUTELKIND*                                    *[latchkey child]*

1. Jan is twaalf jaar. Hij i . al e . . grote jon . . . . Hij wo . . . samen
   m . . zijn moe . . . in e . . ruim hu . . , midden i . Brussel. H . kent
   d . buurt go . . . Hier wo . . . veel ou . . mensen e . weinig
   kind . . . . . Dat vi . . . hij ni . . leuk. H. heeft ge . . vrie . . . . om
   mee te spe . . . . Zijn buurvrouw he . . . twee kle . . . meisjes. E . .
   van vier ja . . en e . . van zes ja . . , ma . . die z . . nog t . klein.
   H . speelt ni . . graag m . . kleine kind . . . . . .

2. De oud . . . van Jan zijn gescheiden. Z . . vader wo . . . i . Brugge.
   Brugge i . honderd kilo . . . . . van Brussel. Ande . . . . . uur m . . de
   tr . . . . Jan zi . . zijn va . . . bijna no . . . . Ja, één keer in de maand.
   Soms zelfs niet zo vaak. Zijn vader heeft een tweede vrouw, Anna. Die
   vindt Jan niet aardig. Zijn va . . . wil d . . Jan 'ma . . ' zegt te . . .
   Anna, maar d . . kan Jan ni . . . En d . . wil h . ook ni . . . Je ze . .
   toch ni . . 'mama' te . . . een vre . . . . . vrouw die je maar één keer in
   de maand ziet. Jan heeft maar één echte moeder.

3. Het is nu kwart voor vier. Jan ko . . thuis. All . . . . Hij he . . . de
   sle . . . . van h . . huis. H . . huis i . leeg a . . Jan thui . . . . . . Dat
   i . heel gew . . . voor h . . . Toch vi . . . Jan d . . niet z . leuk.
   Nie . . . . om tegen te pra . . . . Jan lo . . . door d . woonkamer
   met . . . naar d . keuken. A . . de gr . . . tafel bij het gr . . . raam
   kij . . hij na . . de wolken. Die wol . . . doen h . . dromen van verre

lan . . . . Hij st . . . op e . haalt e . . glas frui . . . . . Nog ev . . en
d . . komt moe . . . thuis. Dan kun . . . ze sa . . . televisie kij . . . .

4. Op de tafel li . . een br . . . . Jan kij . . er ev . . naar, ma . . hij
le . . . hem ni . . meteen. H . kent d . . soort brie . . . . Enkele
min . . . . blijft h . stil m . . de br . . . in z . . hand zit . . . . Dan
le . . . hij: "Vana . . . . zal ik later th . . . zijn, Jan. Het eten
st . . . in de *koelkast*."

**4** Luister naar de cd en vul de ontbrekende woorden in.
*[Listen to the CD and fill in the missing words. ]*

Wat doe je .................. je bijvoorbeeld *musicus*          *[musician]*
of *goochelaar* wil .................. of je wil gaan klimmen          *[magician]*
in de .................. van de Himalaya en je ouders ..................
dat maar .................. ? Zij willen .................. naar je
.................. en ze beslissen .................. je naar ..................
universiteit moet. Zij .................. wat goed .................. je is.

Lange .................. studeer je dan en ja, .................. ben je dan
ingenieur. Je kan op .................. gaan naar werk. Als ingenieur
.................. je beslist een *baan* niet te ..................          *[job]*
van de plaats waar je .................. bent.

Maar de .................. om iets anders .................. je leven te
.................. gaat niet weg. Je .................. dromen. Wat kan je dan
.................. ? Je bent vierentwintig en je .................. nog geen
*geld* en met je .................. vind je dat het nu ..................          *[money]*
wel tijd .................. dat je zelf voor je eten en .................. betaalt.

Ben jij .................. met een .................. droom of een ..................
interesse ? En lijkt je droom .................. realistisch ? Loop je
.................. tegen .................. als je over je ideeën .................. ?
Dan kan de *"Belgische Stichting Roeping"* *[Belgian Foundation Vocation]*
je .................. helpen. Deze Stichting opent .................. voor
enthousiaste jonge mensen, .................. die anders voor hen
.................. blijven.

Wat moet je .................. ?

*CD 2(25)*

Je moet .................... zijn en .................... 18 en 30 jaar oud en je moet op een lange .................... vragen .................... geven. Als je .................... hebt, ben je .................... één van de vijftien gelukkige jonge mensen die 10.000 euro .................... zijn en hun droom waar kunnen maken. Ook Anna Teresa De Keersmaeker, nu de Vlaamse *godin* van de moderne *dans*, en Annelies Verbeke,       [goddess / dance] een jonge Vlaamse *schrijfster*,                              [female writer] waren *ooit* één van deze gelukkigen.                        [at some time]

*After this part you should be able to:*

– *Make suggestions in two different ways.*
– *Ask for the wishes of others and express your own wishes in different ways.*
– *Express irritation.*
– *Express what you don't like. Be aware of the different connotations of 'niet houden van' and 'haten'.*
– *Formulate a condition.*
– *Ask for a reason.*
– *Give a reason in different ways.*
– *Express your doubts, worries and fears.*
– *Hurry someone.*
– *Express that you are pleased in different ways.*
– *Ask for the meaning of words you don't understand.*
– *Know how to fill a gap in the conversation when looking for the right words.*
– *Give an opinion in a less direct way: 'ik geloof, denk ... dat.'*
– *Formulate questions in a more indirect way.*
– *Talk about actions in progress.*

– *Construct complex sentences consisting of a main clause and a subclause.*
– *Make a correct use of the linking words 'of', 'dat', 'als', 'omdat' and 'want'.*
– *Make proper use of the place references 'er' and 'daar'.*

– *Give some information on Flemish art from the 15th century up to now.*

# Boodschappen doen.

**Lees de uitspraken, kijk opnieuw naar aflevering 6 van het dvd-programma en kruis de correcte uitspraken aan.**
*[Read the statements, watch part 6 of the DVD programme again and tick off the correct statements.]*

*DEEL 6*

1. a. Bert nodigt na twee en een halve maand Paolo, Els en Peter uit.
   b. Bert nodigt met Kerstmis Paolo, Els en Peter uit.
   c. Bert nodigt na twee en een halve maand zijn moeder uit.

2. a. Elly is al 3 jaar winkelierster.
   b. Elly is 3 jaar stewardess geweest.
   c. Elly is tot in oktober winkelierster geweest.

3. a. Jennifer zegt dat ze Bert brutaal vindt.
   b. Jennifer zegt dat ze op haar werk problemen heeft.
   c. Jennifer zegt dat ze Paolo aardig vindt.

4. a. Paolo koopt twee kilo mandarijnen.
   b. Paolo koopt een fles sherry.
   c. Paolo koopt een doos eieren.

5. a. Paolo is met Jennifer en Bert naar Gent en naar de Ardennen geweest.
   b. Paolo is met Jennifer naar Gent geweest.
   c. Bert is met Paolo naar de Ardennen geweest.

6. a. Els en Peter hebben Paolo twee en een halve maand niet gezien.
   b. Peter heeft Paolo twee en een halve maand niet gezien.
   c. Els heeft Paolo twee en een halve maand niet gezien.

*TEKSTBOEK 1A*
*P. 142*

# Je zal wel honger hebben !

## 1A

**1**

**Kies tussen de volgende woorden en vul in.**
*[Choose among the following words and fill in.]*

> gegooid / gestopt / gewerkt / gekookt / gezet / gemist

1. Waar heb je je *fiets* ......................... ?

2. Ik heb *gisteren* in de tuin ......................... .          *[yesterday]*

3. Ik heb vandaag niet ......................... . We gaan vanavond naar een restaurant.

4. Jan heeft de bal door het raam ......................... .

5. Ik ben heel blij dat je weer thuis bent. Ik heb je verschrikkelijk ......................... .

6. De auto is voor het *verkeerslicht* ......................... .

**2**

**Maak goede zinnen. Let op de woordorde. Begin met het eerste gegeven deel.**
*[Make good sentences. Pay attention to the word order. Start with the first part that is given.]*

VOORBEELD:

---

Peter / van acht tot halfzeven / gewerkt / heeft /.
Peter heeft van acht tot halfzeven gewerkt.

---

1. Bert / gegooid / alle rapporten op de grond / heeft /.

......................................................................

2. Vandaag / gekookt / lekker / heeft / Els /.

......................................................................

3. Op donderdag / mijn trein / gemist / heb / ik /.

......................................................................

4. Ben / meteen / je / gestapt / op de bus / ?

......................................................................

**Wat kan niet ? Kruis aan wat <u>niet</u> mogelijk is.**
*[Tick off what is <u>impossible</u>.]*

1. a. Ik ruik de koffie.
   b. Ik ruik het zout.
   c. Ik ruik de soep.

2. a. Ik nodig vrienden uit.
   b. Ik nodig brieven uit.
   c. Ik nodig die arme jongen uit.

3. a. Ik heb verschrikkelijk veel honger.
   b. Ik heb verschrikkelijk veel kookpannen.
   c. Ik heb verschrikkelijk veel klaarmaken.

4. a. Ik mis jou.
   b. Ik mis mijn trein.
   c. Ik mis op de trein.

**Welk woord associeer je met de volgende acties ?**
*[With which word do you associate the following actions ?]*

1. <u>stappen</u>          a. vriend
2. koken                   b. neus
3. uitnodigen              c. kookpan
4. openen                  d. bord
5. eten                    e. bal
6. ruiken                  f. kantoor
7. gooien                  g. deur
8. werken                  h. <u>schoenen</u>

**Wat is goed? Kruis aan.**
*[Tick off what makes sense.]*

1. "Eindelijk" kan je zeggen
   a. als de trein komt en je hebt lang moeten wachten.
   b. als je te laat in het station aankomt en je hebt je trein gemist.
   c. als je man of vrouw heel laat thuiskomt.

2. "Dat kan niet waar zijn" kan je zeggen
   a. als je iets niet gelooft.
   b. als je vindt dat iets niet klopt.
   c. als iemand je zegt: "Dank u wel."

3. "Misschien" kan je zeggen
   a. als iemand je vraagt: "Kom je ?" en je weet niet zeker of je komt.
   b. als iemand je zegt: "Ik kom."
   c. als iemand je zegt: "Dat is waar." en je gelooft hem niet.

**6**  **Welk woord hoort niet thuis in de rij ? Onderstreep.**
*[Underline the word that doesn't fit in the row.]*

1. soep / zout / kookpan / thee / brood
2. brief / postzegel / bus / honger / envelop
3. winter / Kerstmis / koud / brief / december
4. bord / zout / mes / vork / lepel
5. meteen / verschrikkelijk / eindelijk / soms / vaak

**7**  **Kies het juiste woord en vul in.**
*[Choose the right word and fill in.]*

| grappig / arm / dicht / moeilijk / laat |
| --- |

1. Je lacht omdat iets ................................. is.
2. Je helpt omdat iets ................................. is.
3. Je mist je bus omdat je te ................................. bent.
4. Je opent iets als het ............................... is.
5. Je kan geen dure dingen kopen als je ............................... bent.

*TEKSTBOEK 1B*
*P. 144*

## 1B

**1**  **Lees de dialogen opnieuw en kruis aan welke uitspraken correct zijn.**
*[Read the dialogues again and tick off the correct statements.]*

1. a. Als het sneeuwt, hebben de treinen vertraging.
   b. Als het sneeuwt, hebben de treinen bijna zeker vertraging.

2. a. Peter is zeker dat hij morgen niet voor zes uur klaar is.
   b. Peter denkt dat hij morgen misschien lang moet werken.

3. a. Lisa gaat met Kerstmis misschien naar haar ouders in Hasselt.
   b. Lisa gaat met Kerstmis zeker niet naar Parijs.

**2**  **Welke associaties vind je in de dialogen ?**
*[What associations can you find in the dialogues ?]*

| | |
| --- | --- |
| 1. lang werken | a. weerbericht |
| 2. witte kerst | b. vertraging |
| 3. nieuws | c. romantisch |
| 4. sneeuw | d. laat thuiskomen |

**Zoek in de tweede kolom het woord met ongeveer dezelfde betekenis.**
*[Look in the second column for the word with more or less the same meaning.]*

**3**

1. langslopen
2. boodschappen doen
3. telefoneren
4. geloven

a. bellen
b. denken
c. winkelen
d. bezoeken

**Geef van de volgende infinitieven het participium.**
*[Give the past participle of the following infinitives.]*

**4**

1 Maak de stam: inf. – 'en'. *[Take the 'root': inf. – 'en'.]*
2 Voeg het prefix 'ge' toe. *[Add the prefix 'ge'.]*
3 Controleer de laatste letter van de stam en voeg 'd' of 't' toe.
  *[Check the last letter of the 'root' and add 'd' or 't'.]*

1. babbelen   *gebabbeld*
2. noemen   .....................
3. poetsen   .....................
4. praten   .....................
5. reizen   .....................
6. studeren   .....................
7. tennissen   .....................
8. voetballen   .....................
9. waaien   .....................

10. leren   .....................
11. controleren   .....................
12. fietsen   .....................
13. haten   .....................
14. huren   .....................
15. kennen   .....................
16. kosten   .....................
17. kunnen   .....................
18. leven   .....................

**Ken je deze acties nog ? Vul het juiste participium in.**
*[Do you remember these actions ? Fill in the correct past participle.]*

**5**

regenen / tonen / wachten / dromen / stellen /
bouwen / parkeren / winkelen / proberen

1. Heb ik je de foto's van onze vakantie al ................................. ?
2. Welke vragen heb je hem ................................. ?
3. De grond is *droog*. Het heeft al lang niet ................................. . *[dry]*
4. Hij heeft altijd van een groot huis ................................
   en nu heeft hij buiten de stad een huis ................................. .
5. Ik kan niet zwemmen. Ik heb het nooit ................................. .
6. Els heeft lang op Peter ................................. .
7. Gisteren heeft Els heel de namiddag ................................. .
8. Ik heb mijn auto op het plein ................................. .

**6** Je denkt of verwacht iets. Herformuleer met 'zullen' + 'wel'.
*[You think or expect something. Rephrase with 'zullen' + 'wel'.]*

1. Ik denk dat Bert moe is.

   ................................................................................................

2. Ik geloof dat Peter naar huis gaat.

   ................................................................................................

3. Ik ben bang dat het weer zal gaan regenen.

   ................................................................................................

4. Ik denk dat we veel moeten studeren.

   ................................................................................................


**7** Neem het kader 'een vermoeden uitdrukken'. Zoek een gepaste formule om te reageren.
*[Take the box 'expressing an assumption'. Find an appropriate formula to respond.]*

1. Zal hij op tijd komen ?
   Nee, hij ...........................................................................................

2. Is deze fles wijn goedkoop ?
   Nee, ik ...........................................................................................

3. Zal het morgen regenen ?
   Nee, ik ...........................................................................................

4. Gaat ze met Kerstmis op vakantie ?
   Nee, ze ...........................................................................................

5. En ga jij met vakantie ?
   Nee, ik ...........................................................................................

*TEKSTBOEK 2A*
*P. 146*

# Naar de supermarkt.

**2A**

**1**

**Lees de tekst opnieuw en kruis aan wat klopt.**
*[Read the text again and tick off what is true.]*

1. Els neemt een winkelwagen aan de ingang.
2. Els koopt aardappelen, spaghetti en rijst.
3. Els koopt alleen fruit en groenten.
4. Els koopt groenten uit blik.
5. Els betaalt met twee briefjes van twintig.
6. Els rijdt snel naar huis.
7. Els parkeert haar wagen voor de deur.
8. Els zet haar fiets in de gang.
9. Els hangt haar tas aan de kapstok.

**2**

**Welke van de volgende producten zijn melkproducten ? Kruis aan.**
*[Tick off which of the following products are milk products.]*

❑ fruit      ❑ kaas      ❑ room
❑ groente      ❑ mandarijn      ❑ confituur
❑ ham      ❑ melk      ❑ spaghetti
❑ kip      ❑ prei      ❑ yoghurt
❑ sla      ❑ rijst

**3**

**Kruis aan wat mogelijk is.**
*[Tick off what is possible.]*

1. Ik koop      a. een stuk sla.
         b. een stuk kaas.

2. Ik steek de boodschappen in      a. een pot.
         b. een tas.

3. Ik koop      a. een blik eieren.
         b. een blik vis.

4. Ik koop      a. een pak confituur.
         b. een pak koffie.

5. Ik betaal aan      a. de kassa.
         b. de afdeling.

6. Ik koop een      a. een kwart liter room.
         b. een kwart liter rijst.

**4** Welke woorden vind je als je de woorden uit kolom 1 combineert met een woord uit kolom 2 ?
*[Which words do you get when combining the words from column 1 with a word from column 2 ?]*

1. boodschappen    a. kast    boodschappenlijstje...........................

2. winkel    b. kaart    ..............................................

3. tomaten    c. soep    ..............................................

4. betaal    d. papier    ..............................................

5. toilet    e. kast    ..............................................

6. koel    f. wagen    ..............................................

7. keuken    g. lijstje    ..............................................

**5** Kies het juiste adjectief en vul de juiste vorm in.
*[Choose the right adjective and fill in the correct form.]*

| voorzichtig / zwaar / moe / vers / mager / gevaarlijk |
| --- |

1. Als het op de weg gevaarlijk is, moet je ........................... zijn.

2. Als je ........................ bent, moet je gaan liggen.

3. Als je geen groenten uit blik wil eten, moet je ........................ groenten kopen.

4. Als je niet dik wil worden, moet je ........................ melk en yoghurt kopen.

5. Als het sneeuwt, zijn de wegen ........................ .

6. Als je je tas niet gemakkelijk kan *dragen*, dan is    *[carry]*
ze te ........................ .

**6** **A. Vervolledig de volgende dialogen.**
*[Complete the following dialogues.]*

Op de markt

1. – Hoeveel ................................... de mandarijnen ?

– 1,99 euro ........................................ .

– En de *bloemkolen* ?

– 1,80 euro ........................................ .

2. – Hoe ......................... zijn de *druiven* van de week ?

   – 2,10 euro ............................................. .

   – En wat is ......................... van de *boontjes* ?

   – 1,23 euro ............................................. .

3. – Hoeveel ......................... de *macaroni* ?                    [macaroni]

   – 99 cent ................................. van 500 gram.

   – En hoe ......................... zijn deze pizza's ?

   – 4 euro ............................................. .

4. – De eieren ......................... 15 cent ......................... .

   – Geeft u maar een ......................... van 12. En ook nog
     een fles magere yoghurt van een halve ......................... .

   – Alstublieft.

   – En 250 ......................... jonge kaas.

   – Zo mevrouw, dat is *precies* 250 ......................... .        [exactly]

**B. Luister naar de cd en controleer je antwoorden.**
*[Listen to the CD and check your answers.]*

CD 2(28)

**Welke groenten zitten verborgen in de volgende letters ?**
*[Which vegetables are hidden in the following letters ?]*

**7**

| als | .................. | eipr | .................. |
| aaomtt | .................. | deeijlrs | .................. |
| ertw | .................. | aaadelppr | .................. |

**Welke soorten fruit zitten er verborgen in de volgende letters ?**
*[What kinds of fruit are hidden in the following letters ?]*

**8**

| aelpp | .................. | aaaeilnppss | .................. |
| aadijmnnr | .................. | aaabnn | .................. |
| ceinort | .................. | | |

**Raadsel.**
*[Brainteaser.]*

**9**

In mijn portefeuille zit 159,55 euro. Ik heb 2 briefjes en 7 stukken. Welke ?

briefjes:   ..........................................

stukken:   ..........................................

            ..........................................

TEKSTBOEK 2B
P. 148

**1** Vul in zin a. de juiste vorm van 'liggen' of 'staan' in. Antwoord in zin b. met het perfectum van 'leggen' of 'zetten'.
*[Fill in the right form of 'liggen' or 'staan' in sentence a. In sentence b. fill in the past participle of 'leggen' or 'zetten'.]*

VOORBEELD:

a. Waar <u>staat</u> de melk ? (in de koelkast)
b. Ik heb hem in de koelkast gezet.

Weet je nog ? *[Do you remember ?]* (ZIE: DEEL 3, 6A)
het boek &longrightarrow; het
de melk &longrightarrow; hem
de mandarijnen &longrightarrow; ze

1. a. Waar .......................................... mijn portefeuille ?
   (in de lade)
   b. .......................................................................... .

2. a. Waar .......................................... de *druiven* ?
   (in het *mandje*)                                              *[basket]*
   b. .......................................................................... .

3. a. Waar .......................................... dat stuk van 1 euro ?
   (op je portemonnee)
   b. .......................................................................... .

4. a. Waar .......................................... de koffie ?
   (in de keukenkast)
   b. .......................................................................... .

5. a. Waar .......................................... je fiets ? (in de gang)
   b. .......................................................................... .

**2** **A. Wat moet hij doen ? Kies tussen 'leggen', 'hangen' en 'zetten' en vul de juiste vorm in.**
*[What does he have to do ? Choose among 'leggen', 'hangen' and 'zetten' and fill in the right form.]*

Bert heeft gekookt. Het is 18 uur. Om 19 uur komen Els, Peter en Paolo op bezoek. Nu wil Bert nog een beetje *orde* in de keuken     *[order]* brengen. Wat moet hij doen ?

1. → A    Er staan twee glazen op de keukentafel.

              Hij moet ze in de kast zetten.

2. → B

3. → C

4. → D

5. → E

6. → F

7. → G

8. → H

9. → I

10. → J

11. → K

**B. In welke zinnen kan je ook 'steken' of 'stoppen' gebruiken ?**
*[In which sentences can you use 'steken' or 'stoppen' instead ?]*

.................. .................. .................. ..................

TEKSTBOEK 2C
P. 149

MEMORISEER DE ONREGELMATIGE PARTICIPIA VAN DE WERKWOORDEN UIT DE VORIGE DELEN IN DE LIJST VAN ONREGELMATIGE WERKWOORDEN IN APPENDIX 1.
*[Memorize the irregular past participles of the verbs you already studied in the preceding parts in the list of irregular verbs in appendix 1.]*

**1** Kies tussen de volgende werkwoorden en vul het participium in.
*[Choose among the following verbs and fill in the past participle.]*

> drinken / eten / liggen / schrijven / weten / worden /
> gaan / zingen / zitten / zwijgen

1. Lisa heeft een brief aan Jan ......................... .
2. Ik heb nooit ......................... dat hij een broer heeft.
3. Ik heb ...................... over wat er gebeurd is. Ik heb niets gezegd.
4. Gisteren ben ik twintig jaar ......................... .
5. Els is vanmorgen naar de supermarkt ......................... .
6. We hebben lekker ...................... en daarna nog een kopje koffie ...................... .
7. Hij heeft zijn hele leven in een *koor* ...................... .
8. Wie heeft er op mijn stoel ......................... en wie heeft er op mijn bed ...................... ?

**2** Kies tussen de volgende werkwoorden en vul het participium in.
*[Choose among the following verbs and fill in the past participle.]*

> brengen / gaan / hebben / helpen / klimmen /
> kopen / lezen / zwemmen

1. Els en Peter hebben voor Bert een fles *sherry* .............................. .
2. De verpleegkundige heeft de patiënt uit bed .............................. .
3. Hij heeft de 100 meter in twee minuten ............................... .
4. Is Paolo al naar Brugge ........................... ?
5. Heb je de brieven naar het postkantoor ............................. ?
6. Hij is tot op het *dak* van het huis ............................. .
7. Ik heb de krant van vandaag nog niet .............................. .
8. Hij heeft altijd veel geluk ........................... .

**Vul de correcte participia in. 8 participia zijn onregelmatig, 2 zijn regelmatig.**
*[Fill in the correct participles. 8 are irregular, 2 are regular.]*

**3**

1. Ik heb vannacht 7 uur ... .                . . . . . P . .

2. Ik heb de jas aan de kapstok ... .          . . . A . . . .

3. Ik heb promotie ... .                        . . . R . . . .

4. De tuinstoelen hebben buiten ... .          . . . T . . .

5. Ik heb Jan al lang niet ... .               . . . I . .

6. De zon heeft de hele dag ... .              . . . C . . . . .

7. Ik was te laat en heb de bus ... .          . . . I . .

8. Peter heeft met de directeur ... .          . . . P . . . . .

9. Ze hebben met *sneeuwballen* ... .    . . . . . I .        *[snowballs]*

10. Heb je al boodschappen ... ?               . . . A . .

**Welk woord uit de dialoog kan je in elk van de vier zinnen invullen ?**
*[Which word from the dialogue can fill the gap in each of the four sentences ?]*

**4**

– Wie hard werkt, krijgt ........................ .
– Nee, wie anderen hard doet werken, krijgt ........................... .
– Wie de directeur goed kent, krijgt ........................... .
– Nee, wie doet wat de directeur leuk vindt, krijgt ........................... .

*TEKSTBOEK 3A*
*P. 151*

# Wie is er aan de beurt ?

**1**

**Hoe zegt men het in de dialogen ?**
*[How is it said in the dialogues ?]*

1. Hoe zegt Els dat ze niet veel tijd mogen verliezen ?

..................................................................................................................

2. Hoe zegt Els dat zij en Peter om 19 uur bij Bert moeten zijn ?

..................................................................................................................

3. Hoe vraagt Els of Peter zijn schoenen verloren heeft ?

..................................................................................................................

4. Hoe zegt Peter dat hij altijd moet zoeken als hij iets nodig heeft ?

..................................................................................................................

**2**

**Zoek het antoniem in de tweede kolom.**
*[Look for the opposite in the second column.]*

| | |
|---|---|
| 1. verkeerd | a. zwaar |
| 2. schoon | b. warm |
| 3. koud | c. binnen |
| 4. licht | d. vuil |
| 5. buiten | e. juist |

**3**

**Welk woord uit kolom 2 associeer je met de woorden uit kolom 1 ?**
**Soms is er meer dan één mogelijkheid.**
*[Which word from column 2 do you associate with the words from column 1 ? Sometimes there is more than one possibility.]*

| | |
|---|---|
| 1. vertellen | a. missen |
| 2. zien | b. eten |
| 3. opschieten | c. herkennen |
| 4. proeven | d. weten |
| 5. vergeten | e. vinden |
| 6. zoeken | f. doen |
| 7. uitnodigen | g. bezoeken |
| 8. beloven | h. zeggen |

**Zet de volgende woorden in de juiste kolom.**
*[Put the following words in the right column.]*

4

| ham / creditcard / geld / trui / jas / euro / betaalkaart / briefje / brief / suiker / roos / tas / chocolade / koffer / brood |
|---|

| kleren | betaalmiddelen<br>*[means of payment]* | eten | andere |
|---|---|---|---|
| ................... | ................... | ................... | ................... |
| ................... | ................... | ................... | ................... |
| | ................... | ................... | ................... |
| | ................... | ................... | ................... |
| | ................... | | |
| | ................... | | |

**De infinitief is gegeven. Vul de juiste vorm van het participium in.**
*[The infinitive is given. Fill in the correct form of the participle.]*

5

1. Heb ik je al over Paolo (vertellen) ......................... ?

2. Els heeft Ria niet (herkennen) ......................... .

3. Wanneer is de wereld (ontstaan) ......................... ?

4. Heb je alles goed (begrijpen) ......................... ?

5. Bert heeft zijn vrienden (uitnodigen) ......................... .

6. Peter heeft andere kleren (aantrekken) ......................... .

7. Ik heb niet genoeg geld (meenemen) ......................... .

8. De directeur heeft alles goed (uitleggen) ......................... .

**Zet de volgende zinnen in het perfectum. Gebruik daarbij het hulpwerkwoord dat tussen haakjes staat.**
*[Put the following sentences into the present perfect. Use the auxiliary you find between brackets.]*

6

VOORBEELD:

Wanneer komt hij aan ? (zijn)
Wanneer is hij aangekomen ?
Hoe laat ontbijt je ? (hebben)
Hoe laat heb je ontbeten ?

1. Hoe laat sta je op ? (zijn)

......................................................................

2. De vertrekuren van de bus veranderen. (zijn)

......................................................................

3. We spreken af aan de ingang van de bioscoop. (hebben)

.................................................................................................................

4. Hij vertrekt met de trein van halfzeven. (zijn)

.................................................................................................................

5. Zij belt hem soms midden in de nacht op. (hebben)

.................................................................................................................

6. Dit weekend blijf ik thuis. (zijn)

.................................................................................................................

7. Deze reis valt nogal mee. (zijn)

.................................................................................................................

8. Daar ga ik nooit binnen. (zijn)

.................................................................................................................

*TEKSTBOEK 3B*
*P. 153*

## 3B

Dit is de kalender van april en mei.

| APRIL | | | | |
|---|---|---|---|---|
| ma | 5 | 12 | 19 | 26 |
| di | 6 | 13 | 20 | 27 |
| wo | 7 | 14 | 21 | 28 |
| do | 1 | 8 | 15 | 22 | 29 |
| vr | 2 | 9 | 16 | 23 | 30 |
| za | 3 | 10 | 17 | 24 |
| zo | 4 | 11 | 18 | 25 |

| MEI | | | | | |
|---|---|---|---|---|---|
| ma | 3 | 10 | 17 | 24 | 31 |
| di | 4 | 11 | 18 | 25 |
| wo | 5 | 12 | 19 | 26 |
| do | 6 | 13 | 20 | 27 |
| vr | 7 | 14 | 21 | 28 |
| za | 1 | 8 | 15 | 22 | 29 |
| zo | 2 | 9 | 16 | 23 | 30 |

**1**

**Vul de juiste datum in.**
*[Fill in the right date.]*

1. Vandaag is het de tweeëntwintigste april.
2. Gisteren was het ...............................................................................
3. Vorige zaterdag was het ....................................................................
4. Drie dagen geleden was het ...............................................................
5. Eergisteren was het ...........................................................................
6. Twee weken geleden was het .............................................................
7. Vier dagen geleden was het ...............................................................
8. Drie weken geleden was het ...............................................................
9. Vorige week donderdag was het .........................................................

**Kijk opnieuw naar de kalender van april en mei. Kies tussen de volgende tijdsaanduidingen en vul in.**
*[Look again at the calender of April and May. Choose among the following time indications and fill in.]*

(ZIE OOK DEEL 2, LES 4)

> overmorgen / vorige maand / volgend weekend / eergisteren / vorig weekend / vandaag over acht dagen / veertien dagen geleden / volgende woensdag / gisterochtend / over drie weken / morgen / gisterennamiddag / vorige zaterdag / vandaag

Vandaag is het 22 april.

1.  Maart is ............................................. .
2.  8 april is ............................................. .
3.  17 april is ............................................. .
4.  17 en 18 april is ............................................. .
5.  20 april is ............................................. .
6.  21 april van 8 tot 12 uur is ............................................. .
7.  21 april van 12 tot 18 uur is ............................................. .
8.  22 april is ............................................. .
9.  23 april is ............................................. .
10. 24 april is ............................................. .
11. 24 en 25 april is ............................................. .
12. 28 april is ............................................. .
13. 29 april is ............................................. .
14. 13 mei is ............................................. .

**3** Antwoord op de vragen. Gebruik 'nog geen' of 'nog niet'.
*[Answer the questions. Use 'nog geen' or 'nog niet'.]*

VOORBEELD:

| | |
|---|---|
| – Heb je al koffie gedronken ? | – Heb je al ontbeten ? |
| – *Nee, ik heb nog geen koffie gedronken.* | – *Nee, ik heb nog niet ontbeten.* |

1. vrouw    Heb je al afgewassen ?

    man     Nee, ...................................................................................

2. vrouw    Heb je al een krant gekocht ?

    man     Nee, ...................................................................................

3. vrouw    Heb je al boodschappen gedaan ?

    man     Nee, ...................................................................................

4. vrouw    Heb je al naar je moeder getelefoneerd ?

    man     Nee, ...................................................................................

5. vrouw    Heb je je sleutels al teruggevonden ?

    man     Nee, ...................................................................................

6. vrouw    Heb je al een afspraak met de dokter gemaakt ?

    man     Nee, ...................................................................................

7. vrouw    Heb je de spaghetti al gekookt ?

    man     Nee, ...................................................................................

8. vrouw    Heb je al vlees uit de diepvries gehaald ?

    man     Nee, ...................................................................................

    vrouw    Moet ik dan alles zelf doen ? ? ?

*TEKSTBOEK 3C*
*P. 154*

**Zoek de juiste reacties van de klant en vervolledig de conversatie.**
*[Look for the appropriate responses of the customer and complete the conversation.]*

1

---

**Reacties van de klant.**
a. Mag ik een halve kilo tomaten ?
b. Nog een liter melk, alstublieft.
c. Alstublieft.
d. Hoeveel kosten ze ?
e. Volle.
f. Dank u.
g. Tot ziens.
h. Maakt niet uit.
i. Hoeveel is het, alstublieft ?
j. Geeft u maar de grote.

---

Klant = K
Verkoopster = V

1. V. Zegt u het maar.

   K. Mag ik ..............................................................................................................

2. V. Wilt u grote of kleine ?

   K. ..............................................................................................................

3. V. De grote 1,20 euro per kilo en de kleine 0,99 euro per kilo.

   K. ..............................................................................................................

4. V. Dit is een beetje meer dan een halve kilo.

   K. ..............................................................................................................

5. V. Nog iets ?

   K. ..............................................................................................................

6. V. Magere of volle ?

   K. ..............................................................................................................

7. V. Alstublieft.

   K. ..............................................................................................................

8. V. Dat is dan samen 1,95 euro.

   K. ..............................................................................................................

9. V. En 5 cent terug. Alstublieft.

   K. ..............................................................................................................

10. V. Dank u wel en tot ziens.

    K. ..............................................................................................................

    V. Wie is er nu aan de beurt ?

**2**

**A. Vervolledig de conversatie.**
   *[Complete the conversation.]*

1. – Wie is er aan de ..................................................... ?
   – Ik.
   – .......................... u het maar, mevrouw.
   – 1 .......................... sinaasappelen, .......................... .

2. – Wat .........................................., meneer ?
   – .............................. ik .................................... groot wit brood ?
   – .............................. iets ?
   – Nee, dat is ........................................ .

3. – Hoeveel ................................., alstublieft ?
   – Dat ............................... 1,38 euro.
   – Alstublieft.
   – En u .......................... 62 eurocent ...................... .
     Alstublieft.

4. – Hoeveel .................................... deze
     *tros druiven ?*                            *[bunch]*
   – Even kijken. Anderhalve .................................... .
   – Oké. Geeft u maar.
   – Nog ....................................... ?
   – Wat is de ....................................... van de appelen ?
   – 1,04 euro per ............................................... .
   – Twee .........................., alstublieft.

**B. Luister naar de cd en controleer je antwoorden.**
   *[Listen to the CD and check your answers.]*

CD 2(34)

**3**

**Kies tussen 'mager', 'vol', 'droog', 'zoet' en 'vers' en vul de juiste vorm in.**
*[Choose among 'mager', 'vol', 'droog', 'zoet' and 'vers' and fill in the right form.]*

1. Geen lege maar een .......................... fles.
2. Geen droge wijn maar .......................... wijn.
3. Geen magere melk maar .......................... melk.
4. Brood zonder boter heet .......................... brood.
5. Vlees zonder *vet* is .......................... vlees.          *[fat]*
6. De man weegt niet veel. Hij is .......................... .
7. Geen boontjes uit blik maar .......................... boontjes.
8. Geen oud brood maar .......................... brood.
9. Als het niet regent, dan is het .......................... .

TEKSTBOEK 4A
P. 157

# Achter de kookpannen.

**4A**

## Vul het juiste woord in.
*[Fill in the right word.]*

**1**

1. In dit ........................ kan je goede *recepten* vinden.      *[recipes]*
2. Zal ik de eieren koken of wil je een ........................ ?
3. Italiaanse restaurants *serveren* Italiaanse ...................... .      *[serve]*
4. Je moet voortwerken. Als je niet ........................, ben je nooit op tijd klaar.
5. Vlaamse studenten hebben niet veel ........................ met studenten uit het *buitenland*.      *[foreign countries]*
6. Waterzooi is een typisch Vlaams ........................ .
7. Een stuk vlees ........................ en aardappelen koken duurt niet zo lang.

## Vervolledig de zin zoals in het voorbeeld. Zet de werkwoorden in het perfectum. Maak de juiste keuze tussen de hulpwerkwoorden 'hebben' en 'zijn'.
*[Complete the sentence as in the example. Put the verbs in the perfect tense. Make the correct choice between the auxiliaries 'hebben' and 'zijn'.]*

**2**

 BIJ TWIJFEL BIJ DE KEUZE TUSSEN 'HEBBEN' EN 'ZIJN', KIJK IN APPENDIX 1.
*[In case of doubt about the choice between 'hebben' and 'zijn' check appendix 1.]*

VOORBEELD:

Hij *zei*: "Ik *hoop* dat je iets lekkers **klaarmaakt**" en      *[said / hope]*
ik heb ook iets lekkers klaargemaakt. ...........................

1. Hij zei: "Ik denk dat je dat geld van hem **terugkrijgt**" en ik ...........................................................

2. Hij zei: "Ik hoop dat ik minister **word**" en hij ...........................................................

3. Hij zei: "Ik denk dat ik naar de Ardennen **fiets**" en hij ...........................................................

4. Hij zei: "Ik hoop dat het weer **verandert**"
   en het weer ...........................................................................

5. Hij zei: "Ik ben bang dat ik mijn paraplu **vergeet**"
   en hij ...........................................................................

6. Hij zei: "Ik hoop dat het **meevalt**"
   en het ...........................................................................

7. Hij zei: "Ik denk dat ik veel zal **reizen**"
   en hij ...........................................................................

8. Hij zei: "Ik wil dat je elke dag een half uur **loopt**"
   en ik ...........................................................................

9. Hij zei: "Ik denk dat ik meteen **begin**"
   en hij ...........................................................................

10. Hij zei: "Ik hoop dat het vandaag niet **regent**"
    en het ...........................................................................

11. Hij zei: "Ik hoop dat ik dat boek **terugvind**"
    en hij ...........................................................................

12. Hij zei: "Ik hoop dat dat *etentje* niet lang **duurt**"      *[dinner party]*
    en het ...........................................................................

13. Hij zei: "Ik denk dat ik het hele weekend **thuisblijf**"
    en hij ...........................................................................

14. Hij zei: "Ik wil dat het nooit meer **gebeurt**"
    en het ...........................................................................

15. Hij zei: "Op een dag **vertrek** ik naar China"
    en hij ...........................................................................

16. Hij zei: "Ik **kom** nooit **terug**"
    en hij ...........................................................................

*TEKSTBOEK 4B*
*P. 159*

**Zijn de volgende uitspraken juist of fout ? Kruis de juiste uitspraken aan.**
*[Are the following statements true or false ? Tick the statements that are true.]*

☐ 1. Al de groenten in waterzooi zijn groen.
☐ 2. Je moet de groenten in grote stukken snijden.
☐ 3. Je hebt alleen het geel van de eieren nodig.
☐ 4. Van dit gerecht kunnen vier mensen eten.
☐ 5. Je moet de kip op een groot vuur laten koken.
☐ 6. Voor dit recept heb je geen zout en een beetje peper nodig.

**Gebruik het juiste werkwoord in de juiste vorm.**
*[Use the correct verb in its right form.]*

| opdienen / koken / bakken / leggen / gieten / snijden / maken |
| --- |

1. Als ik uien ......................, moet ik *huilen*.                    *[cry]*

2. Als het eten klaar is, kan je het ........................... .

3. Die aardappelen moet je bijna een half uur laten ...................... .

4. Bouillon ...................... je van vis of van vlees.

5. Als je een kip ........................., wordt ze bruin.

6. Als je soep gaat eten, moet je lepels op tafel ....................... .

7. Je moet de saus over het vlees ........................... voor
   je het opdient.

*TEKSTBOEK 5A*
*P. 161*

# Babbelen met klanten.

**1** Volg het voorbeeld. Antwoord negatief met 'geen' of 'niet'. Gebruik het hulpwerkwoord tussen haakjes. De keuze van 'hebben' of 'zijn' hangt af van dit hulpwerkwoord.
*[Follow the example. Give a negative answer with 'geen' or 'niet'. Use the auxiliary between brackets. The choice between 'hebben' or 'zijn' depends on that auxiliary.]*

VOORBEELD:

Heb je geskied ? (gaan)
Nee, ik ben niet gaan skiën.

1. Heb je bij je moeder gegeten ? (blijven)
   Nee, ......................................................................................

2. Heb je dat boek gevonden ? (kunnen)
   Nee, ......................................................................................

3. Heb je vandaag een krant gekocht ? (willen)
   Nee, ......................................................................................

4. Heb je lang geslapen ? (kunnen)
   Nee, ......................................................................................

5. Heb je vrienden gezien ? (willen)
   Nee, ......................................................................................

6. Heb je gisteren gevoetbald ? (gaan)
   Nee, ......................................................................................

**2** Met welk woord of woorden uit de tweede kolom associeer je de woorden uit de eerste kolom ?
*[With which word or words from the second column do you associate the words from the first column ?]*

| | |
|---|---|
| 1. zaak | a. passagier |
| 2. pen | b. boos |
| 3. vliegtuig | c. nacht |
| 4. trein | d. papier |
| 5. droom | e. klanten |
| 6. kruidenier | f. fruit |
| 7. ruzie | g. stewardess |

**Kies een passend werkwoord. Gebruik de juiste vorm.**
*[Choose an appropriate verb. Use it in its correct form.]*

**3**

| zeggen / moeten / schrijven / zwijgen / nemen / babbelen |

1. Hij ............................... graag met de mensen.
2. Over de problemen van het *onderwijs* in Vlaanderen      *[education]*
   heeft hij een rapport .................................... .
3. Wie ................................., *gaat akkoord*.      *[agrees]*
4. Al de dingen die ze nodig heeft, ................................
   ze op het boodschappenlijstje.
5. Je moet nu niet blijven ......................................... .
   We moeten vertrekken !
6. Ik ga in Engeland wonen. Ik stop met werken hier. Op
   het einde van de week .........................................
   ik ontslag.
7. Eerlijk ......................................... heb ik geen
   zin om naar de *nachtwinkel* te gaan.      *[late night shop]*
8. Peter heeft gisteren weer laat ....................................
   werken.

TEKSTBOEK 5B
P. 162

**5 B**

**Kruis de juiste uitspraak aan.**
*[Tick the correct statement.]*

**1**

1. a. De Belgen zijn trots op hun frieten, want je vindt ze in elk
      restaurant.
   b. De Belgen zijn trots op hun frieten, want Belgische frieten zijn de
      beste van de wereld.
   c. De Belgen zijn trots op hun frieten, want je koopt ze in een
      frietkraam.

2. a. De Belgen eten frieten in de supermarkt en op straat.
   b. De Belgen eten frieten in het restaurant en op straat.
   c. De Belgen eten frieten thuis en in de supermarkt.

3. a. In een frituur eet je friet altijd uit een papieren zakje.
   b. In een frituur eet je friet meestal uit een plastic of kartonnen bakje.
   c. Op straat eet je friet altijd uit een papieren zakje.

4. a. Ilegems schrijft over de geschiedenis van het frietkraam omdat
      België aan het verdwijnen is.
   b. Ilegems schrijft over de geschiedenis van het frietkraam omdat de
      frieten aan het verdwijnen zijn.

c. Ilegems schrijft over de geschiedenis van het frietkraam omdat de frietkramen aan het verdwijnen zijn.

**2**

**De ontbrekende woorden zijn al ingevuld, maar de letters staan door elkaar. Spel de woorden correct.**
*[The missing words have already been filled in, but the letters have been scrambled. Spell the words correctly.]*

1. Een historicus schrijft **CDEEEGHIINSS**. .........................................

2. Biefstuk en kotelet zijn **ENOORST** vlees. .........................................

3. Wat niet meer bestaat, is **DEEENNRVW** . .........................................

4. Elk boek heeft een **EILTT** . .........................................

5. Mijn grootvader woont **CEHRT** tegenover ons. .........................................

6. Dat boek staat op het **KRE**. .........................................

7. In de **DEEIIPRSV** zitten nog veel groenten uit onze eigen tuin. .........................................

8. Els is **ORSTT** op Peter omdat hij misschien promotie krijgt. .........................................

9. Stoofvlees is een Vlaams **CEEGHRT** met bruin bier. .........................................

10. Dit is een belangrijk **EEELMNT** in het rapport. .........................................

11. Wat was er eerst ? De **IKP** of het ei ? .........................................

12. Van frieten met veel **AAEIMNOSY** moet je wel dik worden. .........................................

13. In dat boek krijg je een duidelijk **BDEEL** van Vlaanderen. .........................................

*TEKSTBOEK 6A*
*P. 165*

# Een etentje bij Bert.

**6A**

**Onderstreep het juiste werkwoord.**
*[Underline the appropriate verb.]*

**1**

1. Mijn contract (loopt af / duurt) tot einde mei.
2. Om zeven uur 's avonds is zijn werkdag (afgelopen / gestopt).
3. Zij (komt / durft) niet met de auto te rijden. Zij is bang in het verkeer.
4. Hij was heel boos en is (weggegaan / weggeweest).

**Vul in: 'hetzelfde', 'dezelfde', 'alleen' of 'maar'.**
*[Fill in: 'hetzelfde', 'dezelfde', 'alleen' or 'maar'.]*

**2**

1. – Heeft hij lang op dat kantoor gewerkt ?
   – Nee, ..................... 10 maanden. In februari is hij daar weggegaan
     en nog ....................... maand heeft hij ander werk gevonden.

2. – Heb je ook whisky gekocht ?
   – Nee, ................... sherry.

3. – Is deze koffie duur ?
   – Nee, voor dit pak heb ik bij de kruidenier 1,99 euro betaald. En in
     de supermarkt betaal je voor ................... pak ...................
     anderhalve euro.

4. – Heeft hij zussen of broers ?
   – Hij heeft .................. één zus en die woont in Frankrijk.
   – Bezoekt hij haar vaak ?
   – Nee, .................. als hij voor zijn werk naar Parijs moet
     en dat is ................... twee keer per jaar.

5. – Is hij altijd zo brutaal ?
   – Nee, ................... als hij denkt dat ze hem niet      *[they, people]*
     aardig vinden.

*TEKSTBOEK 6B*
*P. 167*

**1**

**Zet in het perfectum.**
*[Put in the present perfect.]*

1. Filosoof, *muzikant* en televisiepresentator Jan Leyers       *[musician]*
   gaat vaak naar andere landen. Nu maakt hij een
   reis door de *moslimwereld*.                                   *[Muslim world]*

   ..................................................................................................

   ..................................................................................................

2. Hij wil een *televisieserie* over het leven van moslims       *[TV series]*
   maken. Hij noemt zijn televisieserie "De weg naar Mekka".

   .................altijd...........................................................................

   ..................................................................................................

3. Hij zegt dat hij veel over andere culturen kan leren.

   Hij zegt.................................................................................

   ..................................................................................................

4. In drie maanden tijd reist hij van Córdoba in Spanje
   naar Mekka in Saudi-Arabië.

   ..................................................................................................

   ..................................................................................................

5. Hij bezoekt bijvoorbeeld Marokko, Turkije, Syrië en Iran,
   en *bekijkt* die landen door de ogen van de inwoners.         *[looks at]*

   ..................................................................................................

   ..................................................................................................

6. In die landen kan hij niet altijd en overal alleen reizen.
   Hij zegt dat hij vaak een officiële gids van de regering krijgt.

   ..................................................................................................

   Hij zegt.................................................................................

7. Hij laat vrouwen, studenten of *religieuze leiders*       *[religious leaders]*
   over hun geloof en cultuur spreken.

   ..................................................................................................

   ..................................................................................................

8. Hij ontmoet veel mensen. Ze vertellen hem interessante dingen,
   en soms zeggen ze ook iets kritisch over hun eigen cultuur.

   ..................................................................................................

   ..................................................................................................

   ..................................................................................................

9. *Alles wat* Jan Leyers in de moslimlanden ziet en    *[Everything that]*
   hoort, komt op de televisie. Hij maakt ook een dvd.

   ..................................................................

   ..................................................................

10. En al de verhalen vertelt hij ook nog eens in een mooi boek.
    Dat boek krijgt ook de titel "De Weg naar Mekka".

    ..................................................................

    ..................................................................

**Kun je je deze ingrediënten voor een lekker etentje nog herinneren ?**
**Vul de juiste woorden in. De eerste letters zijn gegeven.**
*[Can you remember these ingredients for a lovely dinner ?*
*Fill in the missing words. The first letters are given.]*

**2**

Ik heb zin in een lekker etentje. Daarom heb ik enkele vrienden
uitgenodigd. Vanavond kook ik voor hen. Wil je weten wat we gaan eten?

1. We beginnen natuurlijk met een aperitief: een glaasje
   sh......................... of fr......................... . Daarna gaan we aan tafel
   voor een lekkere so......................... van verse groenten:
   pr........................., se........................., ui......................... en
   to......................... .

2. De mensen mogen kiezen wat ze eten; ik maak verschillende
   ge......................... klaar. Groenten zijn gezond. Ik heb dus veel
   groenten: sl........................., groene boontjes, en er.........................
   en wo......................... .

3. Wil je weten welk vlees we zullen eten? Ik maak geen koteletten of
   ki........................., maar wel bi......................... en st......................... .
   Bij dat vlees kiezen mijn vrienden dan aa.........................,
   rij......................... of frieten met ma......................... . Ik zet natuurlijk
   ook pe......................... en zo......................... op tafel.

4. Ik *had* ook een recept voor wie houdt van de zee:    *[had]*
   ga......................... en mo......................... in een lekkere zoete
   sa......................... met yoghurt en peterselie. Maar ik heb niet
   genoeg tijd om dat ook te maken.

5. Wat drinken we ? Er is natuurlijk wa........................ en
   co........................., maar ook witte en rode
   wij........................ .

6. Er is ook *dessert*. Ik maak een *Latijns-Amerikaanse*       [dessert]
   *specialiteit*: ge........................ ba........................ .       [Latin American]
   Maar ik heb ook ge........................ en       [speciality]
   pr........................ gekocht bij een bekende patisserie.
   Dat zal lekker zijn bij een kopje ko........................
   of th........................ .

TEKSTBOEK 7
P. 168

7. Iedereen zal wel honger hebben. Daarom maak ik veel
   klaar. Ze moeten alles op........................!

# Onderwijs in Vlaanderen.

**7**

**1**

Lees opnieuw de tekst "Onderwijs in Vlaanderen" in het tekstboek. Doe je tekstboek dicht. Vul daarna de ontbrekende woorden hieronder in.
*[Reread the text "Onderwijs in Vlaanderen" in your textbook. Close it. Then fill in the missing words below.]*

1. De Belgische ...................... op de leerplicht* ...................... al
...................... 1914. ...................... ze zes ...................... zijn,
...................... al de Belgische ...................... naar ...................... .
In 1983 is de leerplicht verlengd* van 14 jaar tot 18 jaar. Dat wil
...................... dat de Belgische kinderen nu tot hun achttiende naar
school moeten. Al die ...................... zijn de lessen ...................... .
En iedereen mag vrij ...................... naar ...................... school hij
...................... .

2. Sinds 1989 controleert ...................... langer de Belgische
...................... maar de Vlaamse Gemeenschap* het ......................
in Vlaanderen. Een heel ...................... deel ...................... het
budget* van de Vlaamse regering gaat ...................... onderwijs,
...................... Vlaanderen wil goed onderwijs ...................... alle
kinderen.

3. De meeste kinderen in Vlaanderen gaan al naar de ...................... als
ze 2,5 jaar zijn. Daar leren ze ...................... ze spelen. Van 6
...................... 12 jaar moeten de ...................... lager onderwijs
volgen op een ...................... . Van 12 ......................18 jaar volgen
ze secundair onderwijs op een ...................... school.

**Vul het juiste woord in.**
*[Fill in the appropriate word.]*

**2**

1. Als je lesgeeft, dan ben je een ...................... .
2. In Vlaanderen heet een leraar op de basisschool ...................... .
3. Op een technische school krijgen de leerlingen een technische
...................... .
4. Van 12 tot 18 gaan kinderen naar de ...................... school.

5. Mijn broer van 10 zit in de vierde ........................ van de basisschool.

6. Mijn broer gaat niet graag naar school. Als hij 18 is, wil hij ........................ met studeren en gaan werken.

7. *Wiskunde* en geschiedenis zijn twee belangrijke ........................ op de middelbare school.     *[Mathematics]*

8. De leerlingen van de basisschool hebben meestal ........................ van halfnegen tot halfvier.

9. De gemeente ............................ ook avondonderwijs.

10. Deze school ............................ 2000 leerlingen.

**3** **Geef antwoord op de volgende vragen.**
*[Answer the following questions.]*

1. Wie organiseert het onderwijs in Vlaanderen ?

........................................................................................

........................................................................................

2. Hoeveel jaar zitten Belgische kinderen zeker op school ?

........................................................................................

3. Tot op welke *leeftijd* is het onderwijs gratis ?     *[age]*

........................................................................................

**Lees de vragen, kijk opnieuw naar aflevering 6 van het dvd-programma
en geef het correcte antwoord.**
*[Read the questions, watch again part 6 of the DVD programme and
give the right answer.]*

**1**

*DEEL 6*

1. Waarom is Elly met een kruidenierszaak begonnen ?
   ........................................................................................................

2. Waarom nodigt Bert Paolo, Els en Peter uit ?
   ........................................................................................................

3. Waarom heeft Bert problemen op zijn werk ?
   ........................................................................................................

4. Waarom is Paolo niet meegegaan naar de Ardennen ?
   ........................................................................................................

5. Waarom wil Els geen mandarijnen kopen ?
   ........................................................................................................

**Geef voor elke tekening het juiste woord.**
*[Give the right word for each picture.]*

**2**

1. ........................, ........................ en
   ........................ zijn groene groenten.

2. Wil je ........................ of ........................ ?

3. Het ........................ en de ........................ staan op de tafel.

4. Els heeft een nieuwe ........................ .

5. Wil je vandaag ........................ of ........................ ?

6. Wil je een gekookt ........................ of een ........................ ?

7. ........................ doe ik alleen in ........................ .

8. Italiaanse ........................ zijn heel lekker.

9. Hij stopt het ........................ in een plastic ........................

10. Ik heb ✎ ........................ en 📄 ........................ genomen
en heb een brief aan mijn moeder geschreven.

11. In de 🧪 ........................ blijven je 👟 ........................
niet droog.

12. In dit seizoen zijn 🦐 .................... en 🦪 ....................
heel duur.

**3** **Vul het juiste woord in. In de twee zinnen van eenzelfde nummer moet je hetzelfde woord gebruiken, maar soms is de vorm van het woord in de twee zinnen niet identiek.**
*[Fill in the right word. The same word has to be used in the two sentences of one number, but sometimes the form of the word is not identical in the two sentences.]*

1. a. Elke avond - voor ze gaan slapen - ...............................
vader de kinderen een *verhaal.* *[story]*

   b. Luister je even ? Ik moet je iets ............................... .

2. a. Dit is een ............................... weg. Er gebeuren
hier veel *ongevallen.* *[accidents]*

   b. Met een mes spelen is ............................... .

3. a. Je moet eens ............................... . Deze kaas is heel lekker.

   b. Voor je wijn koopt, moet je hem eerst ............................... .

4. a. Lezen en ............................... leer je op school.

   b. Als ik met vakantie ga, ............................... ik
altijd veel *prentbriefkaarten.*

5. a. Een *wereldreis* maken is altijd mijn *[world tour]*
............................... geweest.

   b. Ik heb vannacht in mijn ............................... mijn
dode vader teruggezien.

6. a. De ideale man of vrouw ............................... alleen in je dromen.

   b. De universiteit van Leuven ............................... al meer dan 550
jaar.

7. a. Hij ............................... alles. Hij is voor niets bang.

   b. Dat ............................... ik hem niet te vragen. Ik ken hem niet
goed genoeg.

8. a. Ik wil jullie graag voor een etentje bij ons thuis ............................... .

   b. Ze hebben alleen vrienden op het feest ..............................., geen
broers of zussen.

9.  a. In de zomer eten we veel verse ..............................
    zoals bijvoorbeeld sla en tomaten.                    *[such as]*

    b. .............................. en fruit koop je bij de kruidenier.

10. a. Er zijn twee .............................. . Je kan door deze hier of door
    die deur daar naar binnen.

    b. Ik zal nog niet naar binnen gaan. Ik zal aan de ..............................
    van de bioscoop op je wachten.

11. a. Ik ben mijn bril .............................. . Weet jij soms waar ik hem
    heb gelegd ?

    b. Ik ben al mijn geld .............................. . Ik heb geen cent meer.

12. a. De leerlingen vinden hun nieuwe .............................. fantastisch.

    b. Een .............................. op de middelbare school geeft 20 uur les
    per week.

13. a. Hij is nog altijd dezelfde brutale jongen. Hij is nog niet
    .............................. .

    b. Ik ben van idee .............................. . Ik ga niet naar Spanje
    op vakantie maar naar Frankrijk.

14. a. – Heb je op de *markt* .............................. gekocht ?

    – Ja, 2 kilo sinaasappels.

    b. Sinds de jaren 90 is tropisch ..............................
    zoals kiwi's en mango's erg *in de mode.*              *[in fashion]*

15. a. Ik ben hier twintig jaar niet geweest en ik ..............................
    veel straten niet meer.

    b. Ik .............................. die jas. Die is van Jan.

16. a. Op het einde van de .............................. vind je het kantoor
    van de directeur.

    b. Ik ben niet echt binnen geweest. Ik heb in de ..............................
    op hem gewacht.

17. a. Ik heb lang moeten wachten tot het mijn .............................. was.

    b. Ik ben niet aan de .............................. . Dat meisje is nog voor mij.

**4**

**Luister naar de cd en vul de ontbrekende woorden in.**
*[Listen to the CD and fill in the missing words.]*

CD 2(39)

*Dialecten* in Vlaanderen ................................... .  *[Dialects]*

Wat ................................. Vlamingen van ................................. dialect ?

Dialect ........................... is echt ........................., .........................

ze. We ........................... het niet ........................., vinden ze. Toch

........................... veel Vlamingen hun ........................... dialect

........................... meer. Veel ........................... dialectwoorden zijn

....................... het ....................... . "Waarom ?" ........................... je

........................... . Waarom spreken ...........................

*minder en minder* dialect en meer  *[less and less]*

en meer *Standaardnederlands* ?  *[standard Dutch]*

De ........................... schoolplicht, de *langere*  *[longer]*

school........................... , de *verstedelijking*  *[urbanization]*

........................... dat de mensen minder

........................... hebben om hun dialect te spreken.

*After this part you should be able to:*

– *Express an assumption.*
– *Deal with weights and euros.*
– *Ask for the price of things.*
– *Express indifference.*
– *Go shopping in a grocery or supermarket.*

– *Make statements on things that happened in the past.*
– *Make a proper use of the verbs 'leggen', 'zetten', 'steken' and 'hangen'.*
– *Use 'nog niet' and 'nog geen', 'maar' and 'alleen', 'hetzelfde' and 'dezelfde' in a correct way.*

– *Read a simple recipe.*
– *Talk about eating habits and typical dishes in Flanders and in your own country.*
– *Give some information on education in Flanders.*

# Wat is er aan de hand ?

**Lees de uitspraken, kijk opnieuw naar aflevering 7 van het dvd-programma en kruis de correcte uitspraken aan.**
*[Read the statements, watch part 7 of the DVD programme again and tick the correct statements.]*

*DEEL 7*

1. a. Peter is gevallen en zijn ogen doen pijn.
   b. Paolo is gevallen en hij heeft hoofdpijn.
   c. Bert is ontslagen en hij is moe.

2. a. Het bedrijf van Peter wil herstructureren.
   b. Het bedrijf van Bert wil herstructureren.
   c. Het bedrijf van Peter heeft slechte resultaten geboekt.

3. a. Bert denkt dat Peter hem kan helpen.
   b. Bert denkt dat Els hem kan helpen.
   c. Bert denkt dat Jennifer hem kan helpen.

4. a. Paolo wil samen met Peter rusten.
   b. Paolo wil samen met Peter naar huis.
   c. Bert wil samen met Peter werk zoeken.

5. a. De presentator heeft geen zin om een week in bed te liggen.
   b. Peter heeft geen zin om een week in bed te liggen.
   c. Paolo heeft geen zin om een week in bed te liggen.

*TEKSTBOEK 1A*
*P. 172*

# Hoe ziet hij eruit ?

## 1A

**1** **Duid aan waartoe de lichaamsdelen gegeven in kolom 1 behoren.**
*[Indicate what the parts of the body in column 1 belong to.]*

1.  het hart  ⟶  a. de borst
2.  de nek  b. het gezicht
3.  de teen  c. de mond
4.  de vinger  d. de voet
5.  de knie  e. het been
6.  het haar  f. de hand
7.  de lip  g. de hals
8.  de hand  h. het been
9.  de voet  i. de arm
10. het oog  j. het hoofd

**2** **Wat kun je doen met de gegeven lichaamsdelen uit kolom 1 ?**
*[What can you do with the parts of the body in column 1 ?]*

1. het oog  a. tellen
2. het oor  b. ruiken
3. de tanden  c. stappen
4. de vinger  d. poetsen
5. de neus  e. luisteren
6. de mond  f. nadenken
7. het hoofd  g. bekijken
8. de voeten  h. proeven

**3**  **10 delen van het lichaam zitten verborgen in het onderstaande rooster. Van elk van deze lichaamsdelen heeft het lichaam er meer dan één. Kan je ze terugvinden ? Sommige syllaben moet je meer dan één keer gebruiken.**
*[10 parts of the body are hidden in the grid below. Of each of these elements the body has got more than one. Can you find them ? Some syllables must be used more than once.]*

| VIN | | DEN | GEN |
|---|---|---|---|
| NEN | BE | TEN | VOE |
| TE | HAN | REN | PEN |
| | MEN | | O |
| TAN | LIP | AR | GERS |

1. ...................................................  3. ...................................................

2. ...................................................  4. ...................................................

5. ................................................    8. ................................................

6. ................................................    9. ................................................

7. ................................................    10. ................................................

**Hoe zien Els, Bert, Paolo, Peter en Jennifer eruit ? Karakteriseer met één of meer van de onderstaande adjectieven.**
*[What do Els, Bert, Paolo, Peter and Jennifer look like ? Characterise them with one or more of the adjectives below.]*

**4**

| groot, breed, dik, lang, donker, rond, smal, klein, zwart, licht, kort |
|---|

|  | Els | Bert | Paolo | Peter | Jennifer |
|---|---|---|---|---|---|
| het gezicht: | .............. | .............. | .............. | .............. | .............. |
| het haar: | .............. | .............. | .............. | .............. | .............. |
| de lippen: | .............. | .............. | .............. | .............. | .............. |
| de ogen: | .............. | .............. | .............. | .............. | .............. |
| de neus: | .............. | .............. | .............. | .............. | .............. |

*TEKSTBOEK 1B*
*P. 173*

**1B**

**A. Vervolledig de conversaties.**
   *[Complete the conversations.]*

**1**

1. dokter     Hoe ........................... u ............................ vandaag ?

    patiënt     Niet zo ................... . Ik heb vannacht heel slecht
                  ................... .

    dokter     Hebt u nog ........................... ?

    patiënt     Ja, ik denk van wel. Ik *heb het* heel *warm.*      *[am hot]*

2. dokter     Hoe ........................... het ........................... ? Beter ?

    patiënt     Ja, ik ........................... ........................... al veel beter.

**B. Luister naar de cd en controleer wat je hebt ingevuld.**
   *[Listen to the CD and check the words you have filled in.]*

*CD 3(3)*

**2** Welke zinnen zijn niet correct ?
*[Which of the sentences below are not correct ?]*

1. a. Mijn voet heeft last.
   b. Ik heb pijn aan mijn voet.
   c. Mijn voet doet pijn.

2. a. Ik heb maagpijn.
   b. Mijn maag doet pijn.
   c. Ik heb last in mijn maag.

3. a. Voel je je niet goed ?
   b. Ben je pijn ?
   c. Voel je je last ?

**3** Vul het juiste woord in.
*[Fill in the appropriate word.]*

> last / huilen / medicijn / patiënten / verpleegsters / keel /
> hoofdpijn / maag / ziekenhuis / helpen / ademen / koorts

1. Als je *het te warm hebt*, heb je misschien ....................... . *[are hot]*

2. Je kan beter niet te veel eten, als je last hebt van je ....................... .

3. Als hij te lang leest, krijgt hij ....................... .

4. *Aspirine* is een uitstekend ....................... *[aspirin]*
   tegen hoofdpijn.

5. Voor een *operatie* moet je naar het ....................... . *[operation]*

6. Zijn ogen zijn rood van het ....................... .

7. Zijn ....................... vinden hem een heel
   goede dokter.

8. Ik *ben verkouden*. Ik kan niet door mijn *[have a cold]*
   neus ....................... .

9. Dat kan ik niet alleen. Wil je me even ....................... ?

10. In de lente heb ik altijd ....................... van
    *allergie*. *[allergy]*

11. Er zijn nog *altijd minder* verplegers *[still fewer]*
    dan ....................... .

12. Ik kan niet hard spreken. Mijn .......................
    doet pijn.

**Kies een juiste prepositie en vul in. Er zijn soms twee mogelijkheden.**
*[Choose a suitable preposition and fill in. Sometimes there are two possibilities.]*

**4**

| aan / door / in / tegen / uit / van |
| --- |

1. Hij is beter, maar hij heeft nog altijd geen zin ...................... eten.

2. Wij hebben veel last .............. onze buren. Ze maken
   heel veel *lawaai*.                                              *[noise]*

3. ......................... *ongelukkig* zijn kan je geen          *[unhappy]*
   medicijnen nemen.

4. Ik ben niet binnengegaan. We zijn .................... de gang
   blijven praten.

5. Dat harde licht doet pijn ....................... je ogen.

6. Ik heb pijn ......................... mijn *linkeroor*.          *[left ear]*

7. Zijn vrouw moet hem helpen. Hij kan niet alleen
   .................. bed.

8. ...................... het raam kan hij het park zien.

**Kies het passende werkwoord en vul het juiste participium perfectum in.**
*[Choose the appropriate verb and fill in the correct past participle.]*

**5**

| ademen / brengen / doen / geven / hebben / helpen / huilen / opendoen |
| --- |

1. Ik ben gevallen en heb mijn knie pijn .................................. .

2. Je ogen zijn helemaal rood. Heb je .................................. ?

3. Heeft ze je iets tegen de koorts .................................. ?

4. Ik heb een paar keer heel diep .................. en toen was
   ik weer rustig.

5. Heb je na de operatie nog veel pijn   .............................. ?

6. De verpleger heeft de patiënt uit bed .............................. .

7. Waarom heb je het raam .............................. ?  Het regent.

8. Ze hebben de *zieke* naar het ziekenhuis ........................... .   *[patient]*

*TEKSTBOEK 2A*
*P. 175*

# Ik voel me ziek.

## 2A

**1** Vervolledig de dialogen. Kies tussen de volgende werkwoorden. Vul ook het juiste reflexief pronomen in.
*[Complete the dialogues. Choose among the following verbs. Add also the correct reflexive pronoun.]*

> zich amuseren, zich kammen, zich scheren,
> zich wassen, zich voelen

1. – Hebt u .................. niet ....................... ?
   – Nee, het feestje was niet zo leuk.

2. – Heb je ................... al ......................... ?
   – Natuurlijk, na het voetbal heb ik meteen gedoucht.

3. – ......................... hij ..........................
   *elektrisch ?*                                          *[electrically]*
   – Nee, hij ................... .......... liever met *scheermes*
   en *scheerzeep*. Maar ik ......................... ............   *[shaving soap]*
   wel elektrisch.

4. – ........................ jullie .......... hier goed ?
   – Ja, we vinden het hier fantastisch. We .........................
   .......... uitstekend.

5. – Heb jij je haar wel ........................ ?
   – Nee, ik ........................... ............ nooit. Dat is helemaal
   niet nodig met dit korte haar.

**2** Ken je de volgende werkwoorden nog ? Ook deze werkwoorden kunnen reflexief gebruikt worden. Zet het correcte reflexief pronomen op de juiste plaats in de zinnen.
*[Do you remember the following verbs ? All of them can be reflexive. Add the correct reflexive pronoun in the right place in the sentences.]*

VOORBEELD:

**zich wegen** Ik weet niet hoeveel ik weeg. Ik heb al lang niet meer
gewogen.
Ik weet niet hoeveel ik weeg. Ik heb **me** al lang niet meer gewogen.

1. **zich excuseren**    Als hij niet excuseert, wil ik hem niet meer zien.

........................................................................

2. **zich voorstellen**    Mag ik even voorstellen ? Mijn naam is Karel De Gruiter.

........................................................................

3. **zich interesseren**    Ze zegt dat ze vooral voor schilderkunt interesseert.

........................................................................

4. **zich klaarmaken**    We moeten nog voor het feest klaarmaken.

........................................................................

5. **zich snijden**    Dat mes is gevaarlijk. Je moet voorzichtig zijn dat je niet snijdt.

........................................................................

6. **zich noemen**    Hij noemt "student", maar studeren doet hij niet.

........................................................................

**Welk woord of welke woorden uit de tweede kolom kan je associëren met de woorden uit de eerste kolom ? Er is meer dan 1 mogelijkheid.**
*[With which word or words from the second column can you associate the words of the first column ? There is more than one possibility.]*

**3**

1. de verwarming
2. de neus
3. kammen
4. verkouden
5. scheren
6. de borst
7. ziek
8. moe
9. de koorts
10. uitgaan

a. het haar
b. de dokter
c. het gezicht
d. de winter
e. slapen
f. de zakdoek
g. zich amuseren
h. de hoofdpijn
i. de temperatuur
j. hoesten

**A. In de volgende conversaties ontbreekt 9 keer het woordje 'zich' en 3 keer het woordje 'hem'. Zoek waar en vul in.**
*[In the following conversations the word 'zich' has been omitted 9 times and the word 'hem' 3 times. Find where and fill in.]*

**4**

1. – Waar is hij zo lang gebleven ?

........................................................

   – Hij is eerst nog even naar boven geweest.

................................................................

– Hij heeft nog even gewassen en een andere trui aangetrokken.

.........................................................................................................

2. – Dat is een leuke trui. Is hij nieuw ?

..............................................................

– Deze trui ? Nee, hij is zeker niet nieuw. Ik heb al tien keer gewassen.

.........................................................................................................

3. – Wil hij een *baard* ? Of heeft hij niet geschoren ?        *[beard]*

......................................................................

– Wel, hij scheert niet vaak. 's Morgens moet hij altijd haasten.

....................................................................................................

4. – Heeft hij geamuseerd ?

.............................................

– Anna heeft de hele avond met haar *reisverhalen*      *[travel stories]*
geamuseerd.

.........................................................................

– Ach zo.
– Hij is heel laat gebleven en hij heeft zeker

.........................................................................

geamuseerd, want als hij niet amuseert, dan zegt hij dat

....................................................................................

hij moe voelt en dan gaat hij naar huis.

...................................................................

5. – Ligt hij nog in het ziekenhuis?

..................................................

– Ja. Hij is erg ziek. Hij kan niet zelf wassen. De

...............................................................................

verpleegkundigen moeten elke ochtend wassen.

......................................................................................

CD 3(5)

**Controleer de oplossingen op de cd.**
*[Check the correct solutions on the CD.]*

**A. In de volgende conversaties ontbreekt 6 keer het woordje 'het'. Zoek waar en vul in.**
*[In the following conversations the word 'het' has been omitted 6 times. Find where and fill in.]*

VOORBEELD:

---

Nu is acht uur.
Nu is het acht uur. ........................................................................................

---

1. – Is hier nogal koud, hè.

   ...............................................................

   – Ja, als je snel koud hebt, kan je beter een dikke trui aantrekken.

   ...............................................................

   – Staat de verwarming dan niet aan ?

   ...............................................................

   – Ik weet niet. Misschien is de verwarming *kapot*.          *[broken]*

   ...............................................................

2. – Wie is die man daar in de *hoek* ?

   ...............................................................

   – Bedoel je die man met het bruine haar ? Ik denk dat Karel is.

   ...............................................................

   – Kijk, hij staat op en komt *naar ons toe*.          *[towards us]*

   ...............................................................

   – Ja, nu weet ik wel zeker. Hij is. Niemand is
   *zo lang als* hij.          *[as tall as]*

   ...............................................................

**B. Controleer de oplossingen achteraan in het boek of op de cd.**
*[Check the correct solutions at the end of the book or on the CD.]*

CD 3(6)

TEKSTBOEK 2B
P. 177

**1** **Kies het juiste werkwoord en geef de juiste vorm.**
*[Choose the right verb and give the correct form.]*

> breken / bewegen / zetten / opereren / liggen / doen / lezen

1. Ze hebben de patiënt onmiddellijk .................................... .

2. Als ik me met een mes scheer, .................................. ik
me altijd pijn.

3. Ik heb gisteren twintig kilometer gelopen en nu kan ik
mijn benen bijna niet meer ............................................. .

4. Wil je even die rozen in een vaas .................................... ?

5. Je moet niet zo *ruw* doen met die glazen.                       *[rough]*
Ik wil niet dat je ze ............................................. .

6. Kinderen maar ook volwassenen .................................
graag de strip 'Suske en Wiske'.

7. Hij heeft twee weken met een *longontsteking* in              *[pneumonia]*
het ziekenhuis ....................................... .

**2** **Zoek in de dialogen het antoniem van de volgende woorden.**
*[Read the dialogues and look for the opposite of the following words.]*

1. gezond                    ....................................

2. tegenvallen                ....................................

3. zich amuseren              ....................................

4. zich aankleden             ....................................

5. *traag*                    ....................................                *[slow]*

6. laatste                    ....................................

7. ongeveer                   ....................................

**3** **A. Welk werkwoord kan je met de volgende woorden associëren ?**
*[With which verb can you associate the following words ?]*

1. laat                       a. zich vergissen
2. ziekenhuis                 b. lezen
3. tijdschrift                c. opereren
4. ongeluk                    d. zich uitkleden
5. fout                       e. breken
6. kleren                     f. gebeuren
7. niet interessant           g. zich haasten
8. been                       h. zich vervelen

**B. Bouw met elk paar van geassocieerde woorden een zin.**
*[Build a sentence with each pair of associated words.]*

VOORBEELD:

1. laat - zich haasten
   Als ik me niet haast, kom ik te laat.

2. ....................................................................................
3. ....................................................................................
4. ....................................................................................
5. ....................................................................................
6. ....................................................................................
7. ....................................................................................
8. ....................................................................................

**Kies het juiste reflexieve werkwoord en vul de juiste vorm in van het werkwoord en het reflexief pronomen.**
*[Choose the correct reflexive verb and fill in the right form of the verb and of the reflexive pronoun.]*

**4**

> zich vervelen / zich aankleden / zich vergissen /
> zich haasten / zich herinneren

1. Als je .................. een Nederlands woord niet kan
   ............................. , kan je het altijd *opzoeken* in een          *[look up]*
   *woordenboek.*                                                              *[dictionary]*

2. Ik heb .................. heel erg moeten ............................... ,
   maar ik ben toch nog op tijd gekomen.

3. Ria heeft ............... ............................... : ik woon niet
   op nummer 34 maar op nummer 35.

4. Ik begrijp niet hoe jullie .................. in de vakantie kunnen
   ............................. . Ik weet altijd wel wat ik kan doen.

5. Als het koud is, moet je ............. warm ...............................
   voor je naar buiten gaat.

**5** **Kies het juiste woord en vul in.**
*[Choose the appropriate word and fill in.]*

> tandarts / ziekenwagen / helemaal / meebrengen / strips /
> reisverzekering / gauw / ongeluk / griep / eigenlijk

1. Als vader op reis gaat, moet hij voor de kinderen een cadeautje ................................ .

2. Iedereen noemt hem Bert, maar ................................ heet hij Robert.

3. Ik vind deze auto ................................ niet lelijk. Ik wil ook wel *zo'n* auto.                    *[such a]*

4. Als je verkouden bent en je hebt ook koorts, dan heb je waarschijnlijk ................................ .

5. Hij is nog niet thuis, maar hij zal nu wel ................................ thuiskomen. Het zal niet lang meer duren.

6. Voor onze deur is er gisteren een vreselijk ................................ gebeurd.

7. De meeste mensen houden niet van een bezoek aan de ................................ .

8. Als je naar het buitenland op vakantie gaat, kun je het best een goede ................................ nemen.

9. Ze hebben de *gewonde* meteen met een ................................ naar het ziekenhuis gebracht.

10. Niet alle kinderen lezen graag boeken, maar alle kinderen lezen graag ................................ .

**6** **Welke reactie is _niet_ mogelijk in de volgende situaties ? Kruis aan.**
*[Which reaction is _not_ possible in the following situations. Tick off.]*

1. Je vriend vertelt je dat hij zijn *baan* kwijt is.                    *[job]*
   Jouw reactie:                                   a. Wat erg !
                                                     b. Dat valt tegen.
                                                     c. Neem me niet kwalijk.

2. Je vriendin heeft een cadeautje meegebracht.
   Jouw reactie:                                   a. Dat doet me plezier.
                                                     b. Vreselijk !
                                                     c. Leuk !

3. Je vriend Jan belt en zegt dat hij griep heeft.
   Jouw reactie:                                   a. Arme Jan.
                                                       b. Ik ben heel blij.
                                                     c. Nee toch.

4. Je vriend belt dat hij niet op tijd op jullie afspraak kan zijn.
   Jouw reactie:                                   a. Je moet je vergissen.
                                                     b. Meen je dat nu ?
                                                     c. Dat geeft niet.

*TEKSTBOEK 3A*
*P. 180*

# Wat is er vandaag gebeurd ?

**3A**

**Kies het goede woord en vul de juiste vorm in.**
*[Choose the appropriate word and fill in the correct form.]*

**1**

dienst / bedrijf

1. Hij werkt bij een internationaal computer...................... .

2. Bij de .......................... *cardiologie* van het universitair [cardiology]
   ziekenhuis werken sinds vorige maand twee nieuwe
   *chirurgen*. [surgeons]

kijken / bekijken

3. Hij heeft het rapport nog niet ........................... .

4. Zij hebben gisteren naar een film op de televisie ........................... .

kosten / verdienen

5. Hij ........................... niet slecht. Hij heeft een goed *loon*. [salary]
6. Zijn nieuwe auto heeft 15.000 euro ........................... .

**Lees de dialogen opnieuw en vul dan in de onderstaande tekst de
ontbrekende woorden in. De eerste letter is gegeven en ook het aantal
ontbrekende letters is aangegeven.**
*[Read the dialogues again and fill in the missing words in the text below.
The first letter is given. Also the number of missing letters is indicated.]*

**2**

[IJ = één letter]

Het b . . . . . 'Eurofix' heeft de j . . . . . . zes maanden

geen goede resultaten g . . . . . . . Men *constateert* tussen [observes]

april en december een d . . . . . van de *omzet* van 15 [turnover]

procent. De c . . . . . . . . . . . met buitenlandse b . . . . . . .

 is in deze periode sterk g . . . . . . . . Zo sterk dat men nu

vreest voor een c . . . . . . . . . . Daarom is men nu met de

h . . . . . . . . . . . . . . van een a . . . . . afdelingen en

d . . . . . . . begonnen. Men zal 200 van de 800 werknemers

o . . . . . . . . De w . . . . . . . . . *die* kunnen blijven, zullen in [who]

de toekomst 10 procent per maand *minder* v . . . . . . . . . [less]

TEKSTBOEK 3B
P. 181

**1**

**Lees de 5 nieuwsberichten in het tekstboek en kruis aan welke van de onderstaande uitspraken correct zijn.**
*[Read the 5 news items in the textbook and tick the correct statements below.]*

1. a. De nachten blijven koud, maar de volgende dagen wordt het wel warm.
   b. De kou duurt tot morgen.
   c. Het blijft de volgende dagen nog heel koud.

2. a. Er rijden vandaag nergens treinen of bussen.
   b. Er rijden helemaal geen treinen in Wallonië.
   c. Door de staking van de treinen is er vandaag geen treinverkeer in Vlaanderen.

3. a. Door een ongeval is er op de E40 geen verkeer *mogelijk* in de richting van Leuven. *[possible]*
   b. Bij een zwaar ongeval op de E40 in Leuven zijn er vier doden gevallen.
   c. Rond 15 uur vanmiddag heeft een zwaar ongeval op de E40 aan vier mensen het leven gekost.

4. a. Het VBO toont zich in zijn rappport tevreden over de groei van de economie.
   b. Het VBO is niet tevreden met de hoge loonkosten in België.
   c. In het rapport van het VBO staat dat er de jongste vijf jaar in België een negatieve groei van de economie is geweest.

5. a. Er zijn nu weer meer werklozen in Vlaanderen.
   b. Er zijn sinds de tweede helft van vorig jaar meer werklozen in Brussel.
   c. Er zijn nu *minder* werklozen in Vlaanderen dan *[fewer]* midden vorig jaar.

**2**

**Welk woord uit de tweede kolom betekent hetzelfde of ongeveer hetzelfde als de omschrijvingen in de eerste kolom ?**
*[Which word from the second column means exactly or approximately the same as the paraphrase in the first column ?]*

| | |
|---|---|
| 1. het deel van de weg, breed genoeg voor één auto | a. negatief |
| | b. de werkgever |
| 2. elk jaar | c. vooral |
| 3. het ongeluk | d. zopas |
| 4. zonder werk | e. het verkeer |
| 5. het later komen | f. de kust |
| 6. 50 procent | g. het ongeval |
| 7. kort geleden | h. de vertraging |
| 8. niet *positief* | i. de helft *[positive]* |
| 9. de grens tussen land en zee | j. werkloos |
| 10. de auto's op de weg | k. jaarlijks |
| 11. de baas | l. de rijstrook |
| 12. in de eerste plaats | |

**Lees de nieuwsberichten in het tekstboek opnieuw en vul dan in de onderstaande berichten de ontbrekende woorden in. De eerste letter van elk woord is gegeven. Ook het aantal ontbrekende letters is aangegeven.**
*[Read again the news items in the textbook and then fill in the missing words in the news items below. The first letter of each word is given. Also the number of missing letters is indicated.]*

**3**

[IJ = één letter]

1. Aan de s . . . . . in het bedrijf
   Van Loo is vandaag een einde
   gekomen. Morgen gaan de
   *arbeiders* er opnieuw aan                    *[workmen]*
   het werk.

2. Vannacht blijft het koud met t . . . . . . . . . .
   aan de grond beneden het *vriespunt*.          *[freezing point]*
   Morgen wordt het +5°C (*plus* vijf graden Celsius)   *[plus]*

3. Het a . . . . . ongevallen in het weekend is *dankzij* de   *[thanks to]*
   controles van de j . . . . . . maanden licht g . . . . . . .
   Ook zijn er duidelijk *minder* zw . . . g . . . . . . .       *[fewer]*

4. Voor volgend jaar v . . . . . . . men een stijging van
   de *productie* met drie procent. Men              *[production]*
   *vermoedt* dat door de g . . . . van de economie   *[assumes]*
   ook het aantal w . . . . . . . . sterk zal d . . . . .
   V . . . . . . . . cijfers tonen dat de *nettolonen*   *[net salaries]*
   vorig jaar sterk g . . . . . . . zijn. V . . . . . in Vlaanderen
   verdienen de werknemers meer.

5. Op de l . . Brussel-New York komen er *vanaf* februari   *[from]*
   2 *vluchten* per dag.                              *[flights]*

6. Op de E40 Brussel-Oostende zijn er tussen Aalst en
   Ternat in de r . . . . . . . van Brussel werken *aan de gang*.   *[going on]*
   Er zijn maar 2 r . . . . . . . . vrij en het v . . . . . . is er
   sterk *vertraagd*. Men v . . . . . . . dat de werken nog   *[slowed down]*
   de hele week zullen duren.

**4**

**Ontken met klem de gecursiveerde delen. Gebruik 'helemaal niet' of 'helemaal geen'.**
*[Deny firmly the parts in italics. Make use of 'helemaal niet' or 'helemaal geen'.]*

*VOORBEELD:*

---

- Ik denk dat je *nieuwe auto* heel duur was.
- Maar, ik heb helemaal geen nieuwe auto !...........................................................

---

1. - Ik vind het heel erg dat Peter nu *werkloos* is.

   - Maar, ............................................................................................

2. - Jij ziet er zo mooi bruin uit. Ben je *op vakantie geweest* ?

   - Maar nee, ......................................................................................

3. - Ik wil Kris weleens bezoeken. Jammer dat *hij zo ver woont*.

   - Maar, ............................................................................................

4. - Hoeveel verdien jij per maand ? *5000 euro* ?

   - Aan een Belg vraag je niet hoeveel hij verdient. En ik ....................

   ........................................................................................................

5. - Jij kan lange reizen maken, want jij hebt elk jaar *twee maanden vakantie*.

   - Maar, ............................................................................................
   Alleen leraren hebben dat.

6. - Je *kent* Bert wel, hè! *Bert Sels*. Wel, die is ontslagen.

   - Maar, ik .........................................................................................
   Ik weet niet over wie je aan het praten bent.

*TEKSTBOEK 4A*
*P. 183*

# Kom hier !

**4 A**

Orden de volgende zinnen logisch en chronologisch.
*[Put the following sentences in the correct logical and chronological order.]*

KAREL HEEFT TANDPIJN

1. Hij moet zijn mond goed opendoen en de tandarts controleert zijn tanden.
2. Hij haast zich want het is zeker tien minuten lopen naar de tandarts.
3. Hij leest even in de strip.
4. Dan ziet de tandarts een gaatje in één van zijn tanden.
5. In de wachtzaal ligt er een oude strip van 'Suske en Wiske' op de tafel.
6. Om tien voor halftien vertrekt hij van huis.
7. Om vijf over halftien komt hij bij de tandarts aan.
8. Nu geeft hij Karel een spuitje en vult de tand.
9. Hij is nog met de vorige patiënt bezig.
10. Na tien minuten roept de tandarts hem binnen.
11. Hij is te laat voor de afspraak maar gelukkig heeft de tandarts een beetje vertraging.
12. Om halftien heeft hij een afspraak met de tandarts.

12 / .. / .. / .. / .. / .. / 5 / .. / .. / .. / .. / ..

Welke van de gecursiveerde zinnen zijn een bevel (B), welke een vraag (V) en welke kunnen een bevel of een vraag zijn ? Kruis aan.
*[Which of the sentences in italics are an order (B), which a question (V) and which can be both ? Tick off.]*

**2**

|  | B | V |
|---|---|---|
| 1. – *Betaal jij of ik !?* | ❑ | ❑ |
|    – Jij natuurlijk. Jij bent rijk. | | |
| 2. – *Betaal jij mijn pintje !?* Ik betaal je straks nog een ijsje. | ❑ | ❑ |
|    – Oké. | | |

3. – *Stoppen, jij !?* ❏ ❏
   – Natuurlijk, meneer de agent. Is er een probleem ?

4. – *Komen jullie eens langs !?* ❏ ❏
   – Dat is heel vriendelijk. dat doen we zeker.

5. – *Kom jij hier zitten !?* Dan kan ik zien wat je aan het ❏ ❏
   doen bent.
   – Nee !

6. – *Kom jij hier zitten !?* Of mag ik deze stoel nemen ? ❏ ❏
   – Ga zitten. Ik blijf staan.

**3** **In een studentenhuis moeten de bewoners zich aan een aantal regels houden. De eigenaar heeft zijn instructies op een bord in de keuken gehangen. Wat staat er op het bord ?**
*[The residents of a students' home have to follow certain rules. The owner has written down his instructions on a board in the kitchen. What are his instructions ?]*

Dit zijn de wensen van de eigenaar.
*[These are the wishes of the owner.]*

1.  Hij wil niet dat de studenten hun fiets op de gang zetten.
2.  Hij wil dat de studenten na elf uur 's avonds stil zijn.
3.  Hij wil niet dat de studenten hun muziek te hard zetten.
4.  Hij wil niet dat de studenten een douche nemen na tien uur 's avonds.
5.  Hij wil dat de studenten de verwarming uitdoen als ze op weekend vertrekken.
6.  Hij wil dat ze de douche en de keuken *schoonhouden*.   *[keep clean]*
7.  Hij wil dat ze 's nachts de voordeur sluiten.
8.  Hij wil dat ze 's nachts het licht in de keuken uitdoen.
9.  Hij wil dat ze op woensdag de *vuilnisbakken* buiten zetten.
10. Hij wil niet dat ze met de deuren *slaan*.   *[slam]*

Dit zijn de instructies op het bord.
*[These are the instructions on the board.]*

1.  Zet je fiets niet op de gang.
2.  ................................................................................................
3.  ................................................................................................
4.  ................................................................................................
5.  ................................................................................................

6. ........................................................................ .
7. ........................................................................ .
8. ........................................................................ .
9. ........................................................................ .
10. ........................................................................ .

TEKSTBOEK 4B
P. 185

**4 B**

## Hoe staat het in de dialogen ?
*[How is it said in the dialogues ?]*

**1**

1. Dit is het einde voor mij.

........................................................................

2. Je bent ontslagen.

........................................................................

3. Ik vind dat het hier heel warm is.

........................................................................

4. Dat is geen catastrofe.

........................................................................

5. Je mag me geloven.

........................................................................

6. Alles wordt wel weer goed.

........................................................................

7. Het is niet nodig dat je bang bent voor de toekomst.

........................................................................

## A. Lees goed de context en vul 'maar' of 'eens even' in.
*[Read the context well and fill in either 'maar' or 'eens even'.]*

**2**

1a. Lees het boek ................................. . Ik heb het nu niet nodig.

1b. Lees deze brief ................................. . Dan weet jij ook wat hij schrijft.

2a. Drink ................................. een glas wijn. Daar word je rustig van.

2b. Drink ................................. van die wijn. Vind jij hem lekker ?

3a. Bel ................................. naar Jan. Hij wil je spreken.

3b. Bel ................................. . Daar staat de telefoon.

4a. Vertel het .................................. . Misschien kan ik je helpen.

4b. Vertel .................................. hoe het met Karel gaat.
Ik heb *al lang* niets meer van hem gehoord.          *[for a long time]*

5a. Wees .................................. niet bang. Er kan niets gebeuren.

5b. Kinderen, wees .................................. *stil*. Ik wil een          *[quiet]*
beetje lezen.

CD 3(12)

**B. Luister nu naar de cd en let goed op de intonatie.**
*[Now listen to the CD and pay attention to the intonation.]*

TEKSTBOEK 4C
P. 186

## 4C

**1**

**Zoek de juiste woorden en vul de juiste vorm in.**
*[Find the appropriate words and fill in the correct form.]*

| helpen / onderzoek / pessimistisch / oplossing / baan / zich druk maken / in slaap vallen |
| --- |

1. Als je een .............................. zoekt, lees dan de
*vacatures* in de weekendkrant.          *[situations vacant]*

2. *Wetenschappelijk* .............................. is          *[scientific]*
*essentieel* bij het zoeken naar nieuwe medicijnen.          *[essential]*

3. Als hij 's avonds thuiskomt is hij zo moe, dat hij
meteen .............................. .

4. Hij is zeer .............................. over de *zaak*. Hij gelooft          *[matter]*
niet dat er snel een .............................. komt.

5. Hij kan ...................... vreselijk ......................................
als hij niet kan krijgen wat hij wil.

6. Ik heb de kinderen een *ijsje* beloofd als ze me met de
*afwas* .............................. .

**Lees goed de context en kruis aan: 'maar', 'eens even' of 'toch'.**
*[Read the context well and tick off: 'maar', 'eens even' or 'toch' .]*

1. Heb je zin in iets lekkers? Daar staan koekjes. Neem ... .
   a. maar
   b. eens even
   c. toch

2. Ik vind je niet leuk. Ga weg. Ga weg, zeg ik je. Vooruit. Ga ... weg!
   a. maar
   b. eens even
   c. toch

3. Hé Els! Kom ... hier. Ik wil je iets vragen.
   a. maar
   b. eens even
   c. toch

**Maak van de gecursiveerde zinnen een dringend verzoek.**
*[Turn the sentences in italics into a compelling request.]*

1. Het is beter dat je *binnenkomt*. Het is veel te koud buiten.
   Kom toch (alsjeblieft) binnen. Het is veel te koud buiten.

2. Het is niet nodig dat *je je zoveel zorgen maakt*. Alles komt wel weer in orde.
   ..................................................................................................

3. Ik vind het *niet* leuk dat *je in slaap valt*. Ik ben tegen je aan het praten.
   ..................................................................................................

4. Het is helemaal *niet* nodig dat *je bang bent*. Een spuitje doet geen pijn.
   ..................................................................................................

5. Ik wil dat *je naar een dokter gaat*. Je hebt al veel te lang last van hoofdpijn.
   ..................................................................................................

**4**

A. **Mevrouw Vertommen heeft twee kleine kinderen, een jongen Jan en een meisje Leen. Het is acht uur 's morgens en ze moeten naar school. Jan en Leen doen niet meteen wat hun moeder vraagt. Daarom moet ze haar bevelen herhalen en daarom ook is ze een beetje geïrriteerd en ze herhaalt haar bevelen met het woord 'toch'.**
*[Mrs Vertommen has two small children, a boy Jan and a girl Leen. It is 8 o'clock in the morning and they have to leave for school. Jan and Leen don't immediately do what their mother tells them to. That's why she is a bit irritated. So, she repeats her orders using the word 'toch'.]*

VOORBEELD:

---

Jan, nu ben je nog niet opgestaan.
*Sta toch op !* ............................................................

---

1. Jan, nu heb je je haar nog niet gekamd.
...............................................................................

2. Jan, je hebt weer geen schone *sokken* aangetrokken.
...............................................................................

3. Leen, heb je je kopje melk nu nog niet *leeggedronken ?*      *[emptied]*
...............................................................................

4. Leen, heb je je handen nu nog niet gewassen ?
...............................................................................

5. Leen, nu heb je je tanden nog niet gepoetst.
...............................................................................

6. Leen, je hebt je *boekentas* nog niet genomen.
...............................................................................

7. Jan, heb je je boterhammen nu nog niet in je boekentas gestoken ?
...............................................................................

B. **Luister nu naar de cd en let goed op de intonatie.**
*[Now listen to the CD and pay attention to the intonation.]*

*CD 3(14)*

*TEKSTBOEK 5A*
*P. 187*

# Wat scheelt er ?

**5A**

**Kies het juiste woord en vul de juiste vorm in.**
*[Choose the right word and fill in the right form.]*

**1**

last / gevaarlijk / rust / attest / anders / verzorgen / zorgen / volledig

1. De dokter heeft Peter een .............................. voor zijn
   werkgever gegeven.
2. U kunt de .............................. brochure ook op het
   *internet* lezen.                                              *[Internet]*
3. Dat is een .............................. weg. Op die weg gebeuren
   heel veel ongevallen.
4. De *zieke* heeft veel .............................. nodig.          *[patient]*
5. Kan jij me met de auto naar huis brengen ?
   .............................. neem ik de bus wel.
6. Hij heeft heel veel .............................. van zijn rug. Soms
   kan hij zich bijna niet bewegen.
7. Ik moet nu boodschappen doen. Kan jij even voor de
   kinderen .............................. ?
8. Als je deze bloemen goed .............................., blijven ze
   zeker veertien dagen mooi.

**A. Vervolledig de conversaties.**
*[Complete the conversations.]*

**2**

1. – Wat ..................................... er ?
   – Ik ..................................... me ziek.

2. – Wat is uw ........................................... ?
   – De Graaf.
   – En uw ........................................... ?
   – Jeroen.
   – Hoe ........................... .............................. ....................... ?
   – J-E-R-O-E-N.

3. – Is Lisa hier niet ?
   – Nee, ze ligt in het ziekenhuis.
   – Wens haar veel ................................ .

4. – ............. ............. horen. Wat is het probleem ?

   – Ik ben mijn jas kwijt.

5. – Kan ik u even spreken, meneer ?

   – Ja, natuurlijk, mevrouw. ............. .................. ............. maar.

6. – Die vriendin van je, hoe ............. ............. ............... ............. ?
     Ik herinner me haar naam niet meer.

   – Leen. Leen Verberkel.

**B. Luister naar de cd en controleer wat je hebt ingevuld.**
*[Listen to the CD and check the words you have filled in.]*

*CD 3(16)*

## 3

**A. Zet de wensen om in een beleefd verzoek of bevel. Gebruik 'eens even'.**
*[Turn the wishes into polite requests or orders. Use 'eens even'.]*

1. Piet Smets wil dat meneer Jansen met de directeur praat.
   Piet Smets tot meneer Jansen:

   *"Praat u eens even met de directeur."*...............................................................

2. Piet Smets wil dat de directeur naar het rapport kijkt.
   Piet Smets tot de directeur:

   "................................................................................................."

**B. Zet de wensen om in een beleefd maar dringend verzoek. Gebruik 'alstublieft'.**
*[Turn the wishes into compelling requests. Use 'alstublieft'.]*

1. Een vrouw wil dat de man naast haar het raam dichtdoet.
   vrouw tot de man naast haar:

   "................................................................................................."

2. Een directeur wil dat zijn *secretaresse* een beetje opschiet.   *[secretary]*
   directeur tot de secretaresse:

   "................................................................. . Ik heb haast."

**C. Geef de toestemming of een beleefd advies. Gebruik 'maar'.**
*[Give the permission or make a polite suggestion. Use 'maar'.]*

1. De man zegt dat de vrouw een stoel mag nemen.
   man tot de vrouw:

   "................................................................................................."

2. De dokter vindt dat Piet Smets een week in bed moet blijven.
   dokter tot Piet Smets:

   "................................................................................................."

*TEKSTBOEK 5B*
*P. 189*

**Hoe kan je in de volgende situaties <u>niet</u> reageren ? Kruis aan.**
*[Tick the response which is <u>not</u> possible.]*

1. Iemand zegt: Je ziet er bleek uit.
   Reactie:                   a. Ik voel me moe.
                                      b. Ik heb het koud.
                                      c. Voorzichtig !

2. Iemand zegt: Wat scheelt er met je ?
   Reactie:                   a. Niets.
                                      b. Ik ben moe.
                                      c. Heel goed. Dank je.

3. Iemand zegt: Luister eens even !
   Reactie:                   a. Vertel het maar.
                                      b. Ik kan het je niet vertellen.
                                      c. Wat is er aan de hand ?

4. Iemand zegt: Ik heb zo'n hoofdpijn.
   Reactie:                   a. Laat maar horen.
                                      b. Ga maar even liggen.
                                      c. Ga toch naar een dokter.

5. Iemand zegt: Pas op !
   Reactie:                   a. Waarom ? Dat is toch niet gevaarlijk.
                                      b. Niet akkoord.
                                      c. Wat is er aan de hand ?

*TEKSTBOEK 5C*
*P. 190*

**Formuleer de volgende bevelen, verzoeken of adviezen met 'moeten'.**
*[Formulate the orders, requests or recommendations with 'moeten'.]*   **1**

*VOORBEELD:*

---

Wees heel voorzichtig. In de bergen kan het gevaarlijk zijn.
<u>Je moet heel voorzichtig zijn.</u> In de bergen kan het gevaarlijk zijn.

---

1. Ga nu even voor mij naar de apotheek.

   ...................................................................................

2. Maakt u zich toch niet zo druk.

   ...................................................................................

3. Verzorg je maar goed.

...............................................................................................

4. Wees niet bang. Het zal wel weer goed komen.

...............................................................................................

5. Zoekt u maar vlug een oplossing.

...............................................................................................

6. Wacht u even in de wachtzaal. De dokter is nog bezig.

...............................................................................................

**2** **De gecursiveerde woorden komen voor in 5B en in 5C. Kruis de juiste interpretatie aan.**
*[The words in italics appear in 5B and 5C. Tick the correct interpretation.]*

1. Ik heb **zo'n** hoofdpijn.
   a. Ik heb deze hoofdpijn.
   b. Ik heb heel veel hoofdpijn.

2. Hij is **bleek.**
   a. Hij heeft geen donker haar.
   b. Zijn gezicht ziet er wit uit.

3. Van Hirtum is een **huisarts.**
   a. Hij onderzoekt zijn patiënten alleen bij hem thuis.
   b. Hij is geen *specialist.*                                    *[specialist]*

4. Er zijn veel patiënten met **griep.**
   a. Deze *zieken* zijn verkouden, ze hebben koorts          *[patients]*
      en vaak ook *spierpijn.*                               *[muscular pain]*
   b. Deze zieken zijn alleen verkouden.

5. Hij **onderzoekt** de patiënt.
   a. Hij controleert het lichaam van de patiënt om te
      weten waarom hij ziek is.
   b. Hij stelt vragen aan de patiënt om te weten
      waarom hij ziek is.

6. Die arts heeft **spreekuur** van 17 uur tot 19 uur.
   a. Hij onderzoekt tussen 17 uur en 19 uur patiënten
      zonder afspraak bij hem thuis.
   b. Tussen 17 uur en 19 uur gaat die dokter met zijn
      patiënten in het ziekenhuis spreken.

7. Al de apotheken **sluiten** om 19 uur.
   a. Al de apotheken blijven open tot 19 uur.
   b. Al de apotheken zijn dicht tot 19 uur.

8. Hij is een **zelfstandige.**
   a. Hij is de directeur van een bedrijf.
   b. Hij heeft een eigen bedrijf of winkel.

TEKSTBOEK 6A
P. 192

# Dat mag absoluut niet !

**6A**

**1**

Lees de zinnen en zoek de ontbrekende woorden in de dialoog. De eerste letter is gegeven. Het aantal letters dat ontbreekt is aangegeven. 'ij' is één letter.
*[Read the sentences and look for the missing words in the dialogue. The first letter is given. The number of missing letters is indicated. 'ij' is one letter.]*

1. De koorts is weg, maar zijn hoofd . . . is nog niet v . . . . . .

2. Voor elke m . . . . . . moet hij medicijnen innemen.

3. Deze s . . . . . is tegen de h . . . . .

4. Als je nog moet rijden, kun je het best helemaal geen a . . . . . . drinken.

5. Van één k . . . . . . . . . . . . van dit d . . . . . . ga je niet *genezen*.   *[recover]*

6. Voor *aspirine* heb je geen v . . . . . . . . . . nodig.   *[aspirin]*

7. Als je een a . . . . . . . . . . moet nemen, mag je meestal geen alcohol drinken.

8. Veel kinderen kunnen geen p . . . . . i . . . . . . . Dan *schrijft* de arts een d . . . . . . *voor*.   *[prescribes]*

9. Omdat hij niet door zijn neus kan ademen, heeft hij in de a . . . . . . . n . . . . . . . . . . . gehaald.

**2**

Je moet je kinderen van 5 en 7 even alleen laten. Maak hen duidelijk wat verboden is. Gebruik het hulpwerkwoord 'mogen' met 'niet' of 'geen'.
*[You have to leave your children of 5 and 7 alone for a short time. Make clear to them what is forbidden. Use the auxiliary 'mogen' with 'niet' or 'geen'.]*

*VOORBEELD:*

Op straat fietsen is verboden.
*Jullie mogen niet op straat fietsen.*

1. Met vriendjes telefoneren is verboden.

   . . . . . . . . . . . . . . . . . . . . . . . . . . . . . . . . . . . . . . . . . . . . . . . . . . . .

2. Chocolade uit de kast halen is verboden.

   . . . . . . . . . . . . . . . . . . . . . . . . . . . . . . . . . . . . . . . . . . . . . . . . . . . .

3. Vriendjes binnenlaten is verboden.

.......................................................................................................................

4. In de tuin gaan voetballen is verboden.

.......................................................................................................................

5. De hele tijd naar de televisie kijken is verboden.

.......................................................................................................................

TEKSTBOEK 6B
P. 193

## 6B

**1**

**Kies het juiste werkwoord. Vul de juiste vorm in.**
*[Choose the appropriate verb. Fill in the correct form.]*

> voorschrijven / waarschuwen / uitrusten / wensen /
> hopen / opsturen / terugkrijgen

1. Als je vanavond niet kunt komen, wil je me dan .............................. ?

2. Als je hem nog ziet voor hij vertrekt, .................................
   hem dan een prettige reis.

3. Mag ik even je boek *lenen* ? Je .................................        *[borrow]*
   het morgen van mij ............................. .

4. De huisarts heeft mij drie *verschillende* medicijnen        *[different]*
   ................................. .

5. Kunt u mij die informatie *zo* snel *mogelijk*        *[as ... as possible]*
   ................................. ? Of u kunt mij ook *faxen*.        **FAX**
   Ik geef u mijn nummer.        **(03) 711 66 55**

6. Ik kan niet meer lopen. Zullen we even ................................. ?

7. – Hij zal het wel begrijpen, ................................... ik.

   – Ja, natuurlijk, zoveel verstand zal hij wel hebben.

**2**

**Kies de passende constructie en vul in.**
*[Find the appropriate construction and fill in.]*

> ik hoop / hoop ik / ik hoop het / hopelijk

1. Je komt vanavond toch niet te laat, ..................................... .

2. ............................. dat we goed weer zullen hebben op vakantie.

3. – ............................. komt hij niet te laat.

   – ........................................... ook.

TEKSTBOEK 7A
P. 195

# De sociale zekerheid.

**7A**

**Welke van de volgende uitspraken zijn correct ? Kruis aan.**
*[Tick the correct statements.]*

**1**

1. a. De Belgische vrouwen worden 76 jaar.
   b. De Belgische mannen worden ongeveer 76 jaar.
   c. De Belgische mannen worden ouder dan de Belgische vrouwen.

2. a. Elke Belg is verzekerd tegen werkloosheid.
   b. Elke Belgische werknemer is verzekerd tegen werkloosheid.
   c. Al de Belgische gezinnen met kinderen zijn verzekerd tegen werkloosheid.

3. a. Het geld voor de sociale verzekering van werknemers komt alleen van de werknemers en niet van de staat.
   b. Het geld voor de sociale verzekering van werknemers komt niet van de werkgevers maar van de staat.
   c. Het geld voor de sociale verzekering van werknemers komt van werknemers, werkgevers en de staat.

4. a. Een zelfstandige kan geen pensioen krijgen.
   b. Een zelfstandige kan geen financiële steun krijgen.
   c. Een zelfstandige kan geen steun krijgen als hij werkloos wordt.

5. a. Het O.C.M.W. helpt mensen die niet sociaal verzekerd zijn.
   b. Het O.C.M.W. geeft aan iedereen een leefloon.
   c. Het O.C.M.W. helpt iedereen zonder werk.

**Geef het corresponderende substantief met het bepaald artikel.**
*[Give the corresponding noun with the definite article.]*

**2**

 ALLE SUBSTANTIEVEN DIE EINDIGEN OP -ING ZIJN 'DE'-WOORDEN.
*[All nouns ending in -ing are 'de'-words.]*

1. verzorgen   *de verzorging* ...............   5. verzekeren   ...........................
2. leven   ...........................   6. ziek   ...........................
3. zeker   ...........................   7. kosten   ...........................
4. helpen   ...........................

**3** **Zoek het juiste woord en vul het in het rooster in.**
**[Find the right word and put it in the grid.]**

1. . . . mensen vallen uit de boot en krijgen geen kinderbijslag.

2. Hij werkt in een computerbedrijf en hij heeft een zeer hoog . . . .
   Hij verdient zeker 3000 euro per maand.

3. Ouders moeten niet alleen voor . . . maar ook voor hun kinderen
   zorgen.

4. Het was een . . . maaltijd: we hebben heel veel gerechten gegeten.

5. Hij heeft 10 jaar bij deze firma gewerkt, maar nu heeft zijn baas hem
   . . . en hij moet een nieuwe baan zoeken.

6. Deze . . . zit niet alleen in het parlement. Hij heeft ook een groot
   bedrijf.

7. Ik ken de . . . van zijn ontslag niet. Ik weet niet waarom hij ontslagen
   is.

8. Voor veel mensen is een auto . . . . Zonder auto kunnen ze niet naar
   hun werk.

9. Als je 65 jaar wordt, ga je met . . . .

10. Ik kan vanavond echt niet. Dat is echt niet . . . .

11. De financiële . . . aan werklozen is niet heel hoog.

12. Gezinnen met kinderen krijgen van de staat financiële steun.
    Die steun heet . . . .

13. Als je een auto hebt, moet je je tegen ongevallen verzekeren.
    Dat is . . . .

14. Een O.C.M.W. vind je in elke . . . .

15. Hij is werkloos, maar omdat zijn vrouw een winkel heeft, hebben ze
    toch nog een goed . . . .

16. Hij heeft nooit een baas gehad. Hij heeft zijn hele leven als . . .
    gewerkt.

[IJ = één letter]

| | | |
|---|---|---|
| 1. | S | . . . . . |
| 2. | . . O . | |
| 3. | . . C . . . . | |
| 4. | . I . . . . . . | |
| 5. | . . . . A . . | |
| 6. | . . L . . . | |
| 7. | . E . . . | |
| 8. | . . . . Z . . . . | |
| 9. | . E . . . . | |
| 10. | . . . . . K | |
| 11. | . . E . . | |
| 12. | . . . . R . | |
| 13. | . . . . . . H . | |
| 14. | . . . . E . . . | |
| 15. | I . . . . . | |
| 16. | . . . . . . D | |

*TEKSTBOEK 7B*
*P. 197*

## 7B

**Lees opnieuw de teksten in les 7 in het tekstboek. Doe je tekstboek dicht. Vul daarna de ontbrekende woorden hieronder in. De eerste letter is gegeven.**
*[Reread the texts in lesson 7 in your textbook. Close it. Then fill in the missing words below. The first letter is given.]*

De basis van de Belgische sociale z......................... is de solidariteit tussen alle Belgen. De actieve b......................... is dus solidair met de mensen die ziek of w......................... zijn, en niet kunnen werken. Elke werknemer staat automatisch een s......................... van zijn loon af. Maar ook de w......................... en de staat betalen voor de sociale zekerheid.

Het grootste probleem voor de Belgische sociale zekerheid in de 21e eeuw is de 'vergrijzing'. De Belgische bevolking wordt o......................... . Er zijn steeds meer mensen die met pensioen gaan. En een steeds kleinere groep van a......................... zal moeten blijven zorgen voor de sociale zekerheid van alle Belgen. De politici van alle grote politieke p......................... moeten daar oplossingen voor zoeken.

Enkele o......................... zijn er al. De Belgen moeten bijvoorbeeld langer gaan werken en gaan dus pas later met p.......................... .

Sommige mensen zijn arm en niet s......................... verzekerd. Daar kunnen veel r......................... voor zijn: ze zijn al heel lang ziek of ze zijn al heel lang werkloos. Voor hen bestaat er in elke gemeente een O.C.M.W. Dat geeft ze een l......................... . Dat is het noodzakelijke minimum om te kunnen l......................... in ons land.

**Lees de vragen, kijk opnieuw naar aflevering 7 van het dvd-programma en geef het correcte antwoord.**
*[Read the questions, watch again part 7 of the DVD programme and give the right answer.]*

DEEL 7

1. Wat vertelt Bert aan Els ?

.........................................................................................

2. Waarom gaat Peter naar dokter van Hirtum ?

.........................................................................................

3. Waarom gaat Paolo naar dokter van Hirtum ?

.........................................................................................

4. Waarom wil Paolo samen met Peter naar huis ?

.........................................................................................

5. Waarom denkt Bert dat Els hem misschien kan helpen ?

.........................................................................................

6. Wat denkt Els over Peter als hij samen met Paolo thuiskomt ?

.........................................................................................

**Luister naar de woorden op de cd. Elk woord wordt twee keer gezegd. Let goed op de beklemtoonde klank. Herhaal het woord en onderstreep dan de beklemtoonde klank.**
*[Listen to the words on the CD. Each word is said twice. Pay attention to the stressed sound. Repeat the word and afterwards underline the stressed sound.]*

CD 3(21)

| | |
|---|---|
| 1.  loonkosten | 16. neusdruppels |
| 2.  zekerheid | 17. catastrofe |
| 3.  welvaart | 18. organisatie |
| 4.  leven | 19. vreselijk |
| 5.  voorschrift | 20. verkouden |
| 6.  alcohol | 21. medicijn |
| 7.  waarschuwen | 22. maagpijn |
| 8.  hoesten | 23. rugpijn |
| 9.  spieren | 24. gehaast |
| 10. zelfstandige | 25. geschoren |
| 11. spuitje | 26. temperatuur |
| 12. onderzoeken | 27. invloed |
| 13. binnenroepen | 28. onmiddellijk |
| 14. rijstrook | 29. advies |
| 15. concurrentie | 30. voorbij |

**3**

**Geef voor elke tekening het juiste woord.**
*[Give the right word for each picture.]*

1.  In de zomer willen de kinderen elke dag een .......................... .

2.  Hij is gevallen en nu ligt hij met een gebroken .......................... in het ziekenhuis.

3.  Op veel autosnelwegen zijn er vier .......................... .

4.  Als ze geen zin heeft om de halve nacht wakker te liggen, neemt ze een .......................... . Dan kan ze goed slapen.

5.  Omdat ik geen .......................... had, heeft de apotheker mij die medicijnen niet willen geven.

6.  Als je geen vuile .......................... wilt hebben, moet je niet zonder schoenen buiten lopen.

7.  Een *trouwring* draagt men gewoonlijk aan de              *[wedding ring]* vierde .......................... van de linkerhand.

8.  Als de kinderen bij hun *grootmoeder* zijn, eten              *[grandmother]* ze de hele dag .......................... en dan hebben ze 's avonds natuurlijk geen honger.

9.  Met open .......................... zijn de kinderen naar de *verhalen* van hun *grootvader*              *[stories / grandfather]* aan het luisteren.

10. Kom vlug binnen. Je .......................... en je .......................... zien er blauw uit van de *kou*.     *[cold]*

11. Het heeft hard geregend. Er hangen nog .......................... op de ramen.

## A. Wat zijn de corresponderende substantieven van de onderstaande werkwoorden ? Geef ook het bepaald artikel. 8 substantieven hebben het bepaald artikel 'het', de rest heeft het bepaald artikel 'de'.
*[What are the corresponding nouns of the verbs below ? Give their definite article. 8 nouns take the definite article 'het', the others take 'de'.]*

| | WERKWOORD | SUBSTANTIEF | | WERKWOORD | SUBSTANTIEF |
|---|---|---|---|---|---|
| 1. | groeien | ...... ............... | 14. | beginnen | ...... ............... |
| 2. | stijgen | ...... ............... | 15. | rusten | ...... ............... |
| 3. | dalen | ...... ............... | 16. | dromen | ...... ............... |
| 4. | verzekeren | ...... ............... | 17. | groeten | ...... ............... |
| 5. | voorschrijven | ...... ............... | 18. | hoesten | ...... ............... |
| 6. | zich vergissen | ...... ............... | 19. | antwoorden | ...... ............... |
| 7. | interesseren | ...... ............... | 20. | helpen | ...... ............... |
| 8. | onderzoeken | ...... ............... | 21. | kiezen | ...... ............... |
| 9. | ontslaan | ...... ............... | 22. | leven | ...... ............... |
| 10. | eten | ...... ............... | 23. | sneeuwen | ...... ............... |
| 11. | ontbijten | ...... ............... | 24. | opereren | ...... ............... |
| 12. | regenen | ...... ............... | 25. | reizen | ...... ............... |
| 13. | afspreken | ...... ............... | | | |

## B. Deze werkwoorden heb je geleerd. De corresponderende substantieven krijgen het suffix -ing. Het bepaald artikel is 'de'. Geef de substantieven.
*[You have learnt these verbs. The corresponding nouns get the suffix -ing. The definite article is 'de'. Give the nouns.]*

| | WERKWOORD | SUBSTANTIEF | | WERKWOORD | SUBSTANTIEF |
|---|---|---|---|---|---|
| 1. | verzorgen | *de.... verzorging.* | 8. | ontmoeten | ...... ............... |
| 2. | waarschuwen | ...... ............... | 9. | uitnodigen | ...... ............... |
| 3. | verwachten | ...... ............... | 10. | veranderen | ...... ............... |
| 4. | zich vervelen | ...... ............... | 11. | beslissen | ...... ............... |
| 5. | wandelen | ...... ............... | 12. | bedoelen | ...... ............... |
| 6. | bestellen | ...... ............... | 13. | herinneren | ...... ............... |
| 7. | betalen | ...... ............... | | | |

**C. Deze substantieven heb je geleerd. Kan je nu van deze substantieven het corresponderende werkwoord vormen ?**
*[You have learnt these nouns. Can you now give the corresponding verb ?]*

| SUBSTANTIEF | WERKWOORD | SUBSTANTIEF | WERKWOORD |
|---|---|---|---|
| 1. de inlichting | .................... | 5. de regering | .................... |
| 2. de training | .................... | 6. de verwarming | .................... |
| 3. de herstructurering | .................... | 7. de opleiding | .................... |
| 4. de oplossing | .................... | 8. de vertraging | .................... |

**D. Deze werkwoorden heb je geleerd. De corresponderende substantieven zijn identiek aan de 'stam' van het werkwoord. Het bepaald artikel is 'de'. Vorm de substantieven.**
*[You have learnt these verbs. The corresponding nouns are identical to the root of the verb. The definite article is 'de'. Form the nouns.]*

| WERKWOORD | SUBSTANTIEF | WERKWOORD | SUBSTANTIEF |
|---|---|---|---|
| 1. vragen | de .................... | 5. wensen | de .................... |
| 2. willen | de .................... | 6. zorgen | de .................... |
| 3. rusten | de .................... | 7. vallen | de .................... |
| 4. hopen | de .................... | 8. lachen | de .................... |

**5** **Hoe reageer je ? Zoek een passende reactie in de tweede kolom.**
*[How do you react ? Find an appropriate response in the second column.]*

**A. Wat kan je zeggen ...**

1. als iemand je bedankt ?
2. als je veel ziekenwagens hoort ?
3. als je ziet dat je vriend een rode neus heeft ?
4. als een kind huilt ?
5. als een kind wil weglopen ?
6. als je ziet dat je vriend zijn arm heeft gebroken ?
7. als je hoort dat je vriend ziek is ?
8. als je vriend naar je huis komt omdat hij met je wil praten ?
9. als je vriend rode ogen heeft ?
10. als je vriend je zegt dat hij heel moe is ?

a. Wat scheelt er ? Heb je gehuild ?
b. Rust eens goed uit.
c. Ik hoop dat hij gauw beter wordt.
d. Graag gedaan.
e. Ga zitten. Doe je jas even uit.
f. Ben je verkouden ?
g. Wat is er gebeurd ?
h. Wat is er ? Heb je pijn ?
i. Blijf hier !
j. Ben je gevallen ?

## B. Wat kan je zeggen ...

1. als je koffie wil en je vriend zegt dat er geen koffie in huis is ?
2. als je boos bent omdat de kinderen heel hard aan het zingen zijn, terwijl je telefoneert ?
3. als je te laat op een afspraak komt ?
4. als je geen zin hebt om met je vriend naar de bioscoop te gaan ?
5. als je vriend je vraagt wat je wil drinken ?
6. als je niet akkoord gaat met wat je vriend zegt ?
7. als je vriend vraagt of het morgen mooi weer wordt ?
8. als je vriend na lange tijd bij je op bezoek komt ?
9. als je vriend je vraagt of de lessen van die professor altijd zo vervelend zijn ?
10. als je je vriend op straat ontmoet ?

a. Het spijt me.
b. Ik ben bang van wel.
c. Het doet me plezier dat je nog eens langskomt.
d. Hallo, hoe gaat het ermee ?
e. Dat zie je verkeerd, denk ik.
f. Dat maakt niet uit.
g. Ik blijf liever thuis.
h. Wees stil, verdomme !
i. Koffie, graag.
j. Ik geloof van wel.

*After this part you should be able to:*
- *Ask about someone's appearance.*
- *Describe what someone looks like.*
- *Ask how one feels. Ask what's wrong.*
- *Express pain and discomfort.*
- *Express compassion.*
- *Wish someone a good recovery.*
- *Indicate that you are about to say something.*
- *Ask for someone's attention.*
- *Invite or request someone to speak.*
- *Formulate a straight order, a friendly order or friendly request, a polite order or request, a compelling request.*
- *Advise someone or give someone the permission to do something.*
- *Forbid someone to do something.*
- *Ask someone to spell a word or a name. Spell a word or name yourself.*
- *Warn someone.*
- *Express a hope.*

- *Make a proper use of Dutch 'reflexive verbs'.*
- *Make a proper use of 'helemaal geen' and 'helemaal niet'.*
- *Form an imperative.*

- *Give some information on the Belgian welfare state and the problems of social security in Belgium.*

*If you have access to a Flemish newspaper, magazine or news website, scan some titles, or scan a small article. Can you understand some of it ? If you have access to a Dutch newsreport on the radio, on tv or on the Internet, try to determine what subjects are covered.*

# Uit eten.

**Lees de uitspraken, kijk opnieuw naar aflevering 8 van het dvd-programma en kruis de correcte uitspraken aan.**
*[Read the statements, watch part 8 of the DVD programme again and tick the correct statements.]*

*DEEL 8*

1. a. Bert heeft een nieuwe baan en gaat met Paolo naar Antwerpen.
   b. Paolo is beter en gaat met Bert naar Antwerpen.
   c. Peter is beter en gaat met Bert naar Antwerpen.

2. a. Bert wil naar Antwerpen om daar een nieuwe baan te zoeken.
   b. Paolo wil naar Antwerpen om daar een nieuw jasje te kopen.
   c. Paolo wil naar Antwerpen omdat hij daar nog nooit is geweest.

3. a. Bert zegt dat hij niet meer verliefd is op Els.
   b. Bert zegt dat hij niet meer verliefd is op Alison.
   c. Paolo zegt dat hij niet meer verliefd is op Els.

4. a. Peter wil dat Els met haar Italiaanse lessen stopt.
   b. Els zegt dat ze met haar Italiaanse lessen zal stoppen.
   c. Paolo wil dat Els met haar Italiaanse lessen begint.

5. a. Bert zegt dat Els zijn ontslag verschrikkelijk vindt.
   b. Bert zegt dat Els hem na zijn ontslag goed heeft geholpen.
   c. Bert zegt dat Els alleen in zijn fantasie heeft bestaan.

6. a. Jennifer zegt aan de presentator dat ze het beste voor haar zoon wil.
   b. Jennifer zegt aan de presentator dat ze de soaps beter vindt dan vroeger.
   c. Jennifer zegt aan de presentator dat ze de presentatie slecht vindt.

*TEKSTBOEK 1A*
*P. 200*

# Dat is veel gezonder !

## 1A

**1**

**Kies het juiste adjectief en vul de comparatief in.**
*[Choose the correct adjective and fill in the comparative.]*

> intelligent - ver - mager - ruim - lief

1. Dit nieuwe appartement van Jennifer is ..................................... dan het vorige. Hier heeft ze twee slaapkamers en een bureau.
2. Jennifer woont nu ..................................... van Marian sinds ze is verhuisd.
3. Jennifer vindt Brian ..................................... dan Fred.
4. Bert was vroeger ..................................... .
5. Bert is ..................................... dan Fred.

**2**

**Zoek van de onderstreepte woorden het antoniem en geef de comparatief.**
*[Find the opposite of the underlined words and give the comparative.]*

1. Hij komt <u>zelden</u>, maar hij wil in de *toekomst*    *[future]*
   <u>vaker</u>.................... komen.
2. De economische toestand is op dit ogenblik <u>slecht</u>, maar de regering verwacht dat hij snel ......................... wordt.
3. De groenten zijn in de zomer <u>goedkoop</u>, maar in de winter worden ze ............................... .
4. Deze les vind je misschien nog <u>gemakkelijk</u>, maar de volgende wordt ............................... .
5. Jij rijdt altijd veel te <u>snel</u>; je moet ............................... rijden.
6. Hij komt meestal <u>laat</u> thuis van zijn werk, maar hij heeft beloofd dat hij vanavond ............................... zal komen.
7. Ik drink <u>niet graag</u> bier; wijn drink ik ............................... .

**3**

**Kies tussen de volgende adjectieven en vul de comparatief in.**
*[Choose among the following adjectives and fill in the comparative.]*

> vuil - zwaar - wijs - arm - gezond - dikwijls - donker - mager - dun

1. Hij eet niet veel; hij is ..................................... geworden.
2. Het is niet meer zo licht buiten; het is al ............................... geworden.
3. Hij doet geen gekke dingen meer; hij is ........................... geworden.

4. Hij leeft nu ...................................... : hij rookt niet meer.

5. Hij heeft niet meer zoveel geld: hij is ..................................... geworden.

6. Schoon is het daar nooit geweest, maar nu is het er nog
   ................................... dan vroeger.

7. Nu hij alles alleen moet doen, is zijn leven veel ...................................
   geworden.

8. In de zomer is er niet veel nieuws. Dan zijn de kranten altijd
   ...................................... .

9. Ik ben blij dat je me nog eens bent komen bezoeken. Dat moet je
   ...................................... doen.

## Kies voor de gecursiveerde woorden het juiste synoniem en geef de comparatief.
*[Choose the correct synonym for the words in italics and give the comparative.]*

**4**

| knap (2X) - koud - boos - *traag* | *[slow]* |
| --- | --- |

1. Ik rijd altijd *langzaam*, maar als het regent, rij ik nog ........................ .

2. Hij is heel *intelligent*, maar ik geloof dat zijn broer nog
   .......................... is.

3. Het is al de hele week nogal *fris* en het wordt nog ..........................,
   zeggen ze.

4. Zijn eerste vriendin was *mooi*, maar zijn nieuwe vriendin vind ik nog
   .......................... .

5. Hij loopt de jongste dagen al *kwaad* rond, maar als je hem dat vertelt,
   wordt hij nog .......................... .

## Geef een logische ordening aan de volgende groepen van woorden.
*[Put the following groups of words in a logical order.]*

**5**

VOORBEELD:

---

kast / keuken / mes / lade
 1. mes   2. lade   3. kast   4. keuken
of: 1. keuken   2. kast   3. lade   4. mes

---

1. bureau - verdieping - kamer - huis

   ..........................................................................................

2. verdieping - bed - straat - gebouw - stad - slaapkamer - appartement

   ..........................................................................................

3. ruzie - geluk - moeilijkheden - uit elkaar

   ..........................................................................................

**6**

**Welke reactie is <u>niet</u> mogelijk ? Kruis aan.**
*[Tick off the response which is impossible.]*

1. Als hij dat rapport leest, krijg ik zeker moeilijkheden.
   Reactie:  a. Hopelijk niet.
             b. Dan moet je dat maar hopen, zou ik zeggen.
             c. Hoe bedoel je ?

2. Dat kan ik niet alleen.
   Reactie:  a. Zo moeilijk is het toch ook niet, zou ik zeggen.
             b. Dat valt dan mee, mag ik zeggen.
             c. Je bent toch zelfstandig genoeg, zou ik denken.

3. We hebben elkaar al lang niet gezien.
   Reactie:  a. Ja, het is lang geleden.
             b. Ja, we hebben elkaar een beetje uit het oog verloren.
             c. Ja, eindelijk.

4. Ik rook niet meer.
   Reactie:  a. Dat is gezonder, zou ik zeggen.
             b. Eindelijk !
             c. Ja, graag.

TEKSTBOEK 1B
P. 202

## 1B

**1**

**Deze titels kon je in de krant lezen. Vul de juiste vorm van de comparatief in.**
*[These headlines appeared in the newspaper. Fill in the correct form of the comparative.]*

VOORBEELD:

| |
|---|
| *Zomerfestival* van de (goed) ...betere... film in Gent.          *[summerfestival]* |

1. (Groot) ..................................winst voor bedrijven, maar niet
   (weinig) .................................. werklozen.

2. (Gezond) .................................. en (sterk) .......................
   tanden met *Colgate*!

3. (Jong) .................................. professoren vinden lesgeven
   weer belangrijk.

4. (Oud) .................................. bevolking niet zo vaak meer
   naar de dokter.

5. (Klein) .................................. privé-ziekenhuizen werken
   (efficiënt) .................................. .          *[efficiently]*

6. (Oud) .................................. werkloze geen kans meer op een baan.

7. *TV-reclame* wordt *aanzienlijk*        *[advertising / considerably]*
   (goedkoop) ................................. .

8. (Veel) .............................. diploma's leiden niet
   (snel) ............................... tot een baan.

9. Bedrijven willen (goedkoop) ................................ personeel.

**Ook dit vreemde berichtje kon je in een krant lezen. Vul de juiste vorm van de comparatief in.**
*[This strange report was found in a newspaper too. Fill in the correct form of the comparative.]*

2

Het loon van een (dik) ........................... vrouw ligt
gemiddeld 20% (laag) ........................... dan dat van
haar *(slank)* ........................... zussen. Magere       *[slim]*
mannen verdienen 26% (weinig) .......................
dan hun (dik) ....................... *mannelijke*      *[male*
*geslachtsgenoten.* Maar mannen van magere vrouwen    *companions]*
verdienen 45% (veel) ........................... dan die van
(dik) ........................... dames.

**Welk woord of welke woorden uit de tweede kolom kan je associëren met de woorden uit de eerste kolom ?**
*[With which word or words from the second column can you associate the words of the first column ?]*

3

1. intelligent      a. geld
2. school          b. personeel
3. kostuum        c. diploma
4. winst           d. verstand
5. bedrijf          e. kleren

**4**

**Zoek een passend werkwoord en vul de juiste vorm in.**
*[Find a suitable verb and fill in the appropriate form.]*

> helpen - blijven - aantrekken - vertellen - houden - vechten -
> maken - solliciteren - vertrouwen - klinken - verliezen

1. Zijn stem ...................................... zo zacht dat je
   hem bijna niet hoort.

2. Hij heeft me niet ..................................... wat er is
   gebeurd. Ik denk dat hij mij nog niet
   ...................................... .

3. Bert wil niet meer naar een baan als manager
   ...................................... .

4. Het bedrijf heeft dit jaar wel minder winst
   ......................................, maar niemand wordt
   ontslagen. Al het personeel kan *aan het werk*        *[be kept employed]*
   ...................................... .

5. ................................ toch een kostuum
   ...................................... als je gaat solliciteren !
   Zo zie je er toch niet als een manager uit !

6. Hij heeft zijn hele leven voor zijn *idealen*        *[ideals]*
   ..............................., maar nu heeft hij een beetje
   de moed .......................... .

7. ................................ moed ! Er komen wel betere
   tijden !

8. Hij was nogal *depressief,* maar zijn vrienden hebben        *[depressed]*
   hem goed ..................................... .

*TEKSTBOEK 2A*
*P. 204*

# Dat is jouw schuld !

**A. Zoek de juiste reactie in de tweede kolom.**
*[Look for the appropriate response in the second column.]*

1. Hij ziet er de jongste tijd niet goed uit.

2. Je bent wéér te laat, hè.

3. Dat lieg je.

4. Wat kan ik nu doen ?

5. Heeft Jan vanmorgen gebeld ?

6. Kan je niet wat vroeger komen ?

7. Vind je zijn plannen niet een beetje te mooi ?

a. Ja. Of beter, hij heeft kort na de middag getelefoneerd.

b. Ja. Of nee, toch niet. Ik heb nog een andere afspraak.

c. Ik maak me ook een beetje ongerust over hem.

d. Ja, misschien wel. Hij stelt de dingen altijd een beetje mooier voor.

e. Ik kan je niet helpen. Dit probleem zal je zelf moeten oplossen.

f. Maar nee ! Wat ik zeg, is echt waar.

g. Dat is mijn schuld niet. De bus heeft weer vertraging gehad.

**B. Luister naar de cd en controleer je antwoorden.**
*[Listen to the CD and check your anwers.]*

CD 3(25)

TEKSTBOEK 2B
P. 205

**Lees de dialoog van les 2B opnieuw en kruis de correcte uitspraken aan.**
*[Read the dialogue of lesson 2B again and tick off the correct statements.]*

**1**

1. a. Jennifer wil niet weer naar Europa.
   b. Jennifer wil weer naar Europa.
   c. Jennifer wil niet naar Europa.

2. a. Jennifer denkt dat de vader van Bert hem niet zal helpen.
   b. Jennifer denkt dat de vader van Bert hem wil helpen.
   c. Jennifer denkt dat de vader van Bert hem kan helpen.

3. a. Brian weet zeker dat Bert de hulp van zijn vader nodig heeft.
   b. Brian weet niet zeker of Bert hulp nodig heeft.
   c. Brian weet zeker dat Bert niet de hulp van Jennifer nodig heeft.

## 2

**A. Lees de onderstaande teksten over Jan en Lisa.**
*[Read the following texts on Jan and Lisa.]*

Jan is nu bijna dertig. Hij is 1,85 meter lang en hij weegt 100 kilo. Hij is blond en hij heeft heldere, blauwe ogen. Hij draagt meestal donkere kleren; zo ziet hij er een beetje slanker uit, vindt hij. Hij is een vriendelijke man met een stille, zachte stem. Hij heeft nu een interessante baan in Parijs en hij heeft het heel druk. Maar dat vindt hij niet erg. Hij verdient heel goed: bijna 3000 euro netto per maand. Maar net omdat hij in Parijs woont, heeft hij natuurlijk veel kosten. Hij huurt een nogal groot appartement met drie kamers en dat is heel duur in Parijs. Hij heeft ook een grote auto gekocht, want hij gaat vaak in het weekend terug naar België en dan is zo'n snelle en comfortabele auto wel beter. Jan leeft heel gezond. Hij rookt niet en hij is heel sportief. Hij voetbalt heel graag, maar dat kan hij nu nog zelden doen. Wel loopt hij nog elke avond enkele kilometers in het park. Als het regent en als hij lang binnen moet blijven, wordt hij *zenuwachtig* en voelt hij zich een beetje ongelukkig.     *[nervous]*

Lisa is de vriendin van Jan. Zij is 24. Zij is nogal klein. Zij heeft bruin haar en bruine ogen. Ze *draagt* graag     *[wears]*
moderne kleren in *felle kleuren*. Ze houdt vooral van     *[bright colours]*
rood en geel. Haar baan in Leuven is niet erg interessant en ze verdient ook niet veel. Daarom woont ze nog altijd op een kamer in een studentenhuis en rijdt ze met een kleine *tweedehandsauto*. Haar grote     *[second hand car]*
*hobby* is zingen. Ze heeft een volle en heldere stem,     *[hobby]*
en twee keer per week zingt ze in een *koor*. Ze leest ook     *[choir]*
graag. 's Avonds zit ze meestal rustig in de sofa met een goed boek, een glas wijn en een sigaretje. Lisa houdt niet echt van sport. Alleen skiën vindt ze wel leuk. Maar nu heeft ze haar been gebroken. Ze is bang dat ze in de toekomst ook niet meer zal kunnen skiën.

**B. Vergelijk nu Jan met Lisa. Formuleer op verschillende manieren. Volg het voorbeeld.**
*[Compare Jan and Lisa. Formulate in different ways. Follow the example.]*

VOORBEELD:

---

hun lengte *[length]*
Jan is langer (groter) dan Lisa; Lisa is kleiner dan hij. (of: Lisa is niet zo (even) groot als hij.)

---

1. hun leeftijd:
   Lisa is ...............................................................

2. hun *gewicht*:                                    *[weight]*
   Jan is ...............................................................

3. hun haar:
   Lisa heeft ...........................................................

4. hun ogen:
   Jan heeft ............................................................

5. hun stem:
   Lisa heeft ...........................................................

6. hun baan:
   Jan heeft een .......................................................

7. hun loon:
   Lisa verdient .......................................................

8. de kleur van hun kleren:
   Jan draagt ..........................................................

9. hun auto:
   Lisa heeft ...........................................................

10. hoe ze wonen:
    Jan woont ..........................................................

11. hoe sportief ze zijn:
    Jan is ..............................................................

*TEKSTBOEK 3A*
*P. 207*

# Wat een toestand !

## 3A

**1** **Lees de dialogen en antwoord met een bijzin.**
*[Read the dialogues and answer with a subclause.]*

VOORBEELD:

Wat vraagt Paolo aan Bert ?
Hoe het met hem gaat.

1. Waarom zegt Bert dat het met hem vandaag nog slechter gaat dan gisteren ?

   ..................................................................................................

2. Wat vindt Bert het ergst ?

   ..................................................................................................

3. Waarom heeft hij de vorige nacht niet kunnen slapen ?

   ..................................................................................................

4. Wat is voor Paolo het ergst ?

   ..................................................................................................

5. Waarom wil Bert het liefst slapen ?

   ..................................................................................................

**2** **Vervolledig het antwoord en gebruik de superlatief van het onderstreepte woord.**
*[Complete the response using the superlative of the underlined word.]*

VOORBEELD:

– Vanaf midden november wordt het al <u>kouder.</u>
– Ja, maar in januari is het meestal het koudst.

1. – Al je kinderen zijn nogal <u>*praktisch*</u>.                    *[practical]*
   – Ja, maar van al de kinderen is Jan ................................. .

2. – Kinderen doen wel vaker <u>moeilijk</u>.
   – Ja, maar als ze moe worden, zijn ze wel ...................... .

3. – Ik kom heel <u>weinig</u> in Brugge.

   – Ik ook. Van de oude Vlaamse steden ken ik Brugge ....................... .

4. – Zie je je zus nog <u>dikwijls</u> ?

   – Nee, niet zo dikwijls. Mijn oudste broer zie ik ............................. .

5. – Is de K.U.Leuven een <u>oude</u> universiteit ?

   – Van al de Vlaamse universiteiten is de K.U.Leuven ........................ .

6. – Waar vind je <u>gemakkelijk</u> een parkeerplaats in Leuven ?

   – Je vindt ................................... een parkeerplaats in de
   parkeergarage bij het station.

**Geef van het adjectief tussen haakjes de superlatief en vul ook de ontbrekende artikels 'de' of 'het' in.**
*[Put the adjective between brackets in the superlative and fill in the missing articles 'de' or 'het'.]*

1. In de supermarkt op de hoek vind je (laag) prijzen.

2. Vorig jaar hebben we (nat) lente maar ook (droog)
   en (warm) zomer van de jongste tien jaar gehad.

3. In Leuven vind je (veel) cafés op en rond de Oude Markt.

4. Voor (interessant) baan was er natuurlijk het (hoog)
   aantal kandidaten.

5. De lente is (goed) seizoen *om* Spanje *te* bezoeken.          *[to]*

1. ........................................................................

2. ........................................................................

3. ........................................................................

4. ........................................................................

5. ........................................................................

**4** Vergelijk. Maak een zin met een comparatief en een zin met een
superlatief.
*[Compare. Make a sentence with a comparative and a sentence with a
superlative.]*

VOORBEELD:

Greet  Kaat

Greet staat vroeger op dan Kaat.
Kaat slaapt het langst.

1.

......................................

......................................

2. Café Cent.
Bier € 1,50
Wijn € 2
Vers Sinaas-
appelsap € 2,50

......................................

......................................

3. Het weer morgen.

......................................

......................................

4. EVA ANNA

......................................

......................................

*TEKSTBOEK 3B*
*P. 209*

## 3B

**1** Vul in: 'die' of 'dat'.
*[Fill in: 'die' or 'dat'.]*

1. De groenten .............. je bij de kruidenier in onze
straat kan kopen, zijn niet altijd heel vers.

2. Neem even het tijdschrift .............. daar op de tafel ligt !

3. Ken jij die man .............. daar op de voorste rij zit ?

4. Het papier .............. je moet *invullen,* is voor de          *[fill in]*
huisvestingsdienst.

**Maak van de twee zinnen één logische zin. Het eerste woord is gegeven. Let goed op de zinsstructuur.**
*[Combine the two sentences into one logical sentence. The first word is given. Pay attention to the sentence structure.]*

**2**

VOORBEELD:

---

Het geld is van mij. Het ligt daar op de tafel.
Het geld <u>dat daar op de tafel ligt, is van mij</u>...........................................................................

---

1. Jan woont natuurlijk verder dan Karel. Jan werkt in Parijs.
2. De schoenen zijn al *kapot*. Ik heb ze vorige maand gekocht.
3. Dat huis daar is van een collega. Het heeft drie verdiepingen.
4. Ik ken die man. Hij komt net binnen.
5. Ik vind die vrouw heel arrogant. We hebben haar gisteravond* bij Karel ontmoet.

1. Jan, ........................................................................................
   ........................................................................................

2. De schoenen ............................................................................
   ........................................................................................

3. Dat huis daar, ..........................................................................
   ........................................................................................

4. Die man ...................................................................................
   ........................................................................................

5. De vrouw .................................................................................
   ........................................................................................

\* ook: gisterenavond

*TEKSTBOEK 3C*
*P. 210*

**Formuleer het doel van de genoemde acties met een 'om te + inf.'-constructie.**
*[Express the purpose of the actions below with an 'om te + inf.'-construction.]*

VOORBEELD:

– Waarom wil Jan een week vakantie nemen ?
– Omdat hij een beetje wil uitrusten. Hij is de jongste tijd heel moe.
  *Om een beetje uit te rusten.* Hij is de jongste tijd heel moe.

1. – Waarom trek je nu die dikke trui aan ?
   – Omdat ik het een beetje warmer wil hebben. Het is hier koud.

   .........................................................................................

2. – Waarom wil je nu naar de supermarkt ?
   – Omdat ik appels wil kopen. Er zijn geen appels meer in huis.

   .........................................................................................

3. – Waarom heeft Jan getelefoneerd ?
   – Omdat hij met mij een datum voor een etentje
     *wilde* afspreken.                                              *[wanted]*

   .........................................................................................

4. – Waarom moet je nu naar het ziekenhuis ?
   – Omdat ik Ria nog eens wil bezoeken. Ze ligt daar zo helemaal alleen.

   .........................................................................................

5. – Waarom heb je dat rapport nodig ?
   – Omdat ik de bedrijfsresultaten wil bekijken.

   .........................................................................................

6. – Waarom loop je nu opeens zo snel ?
   – Omdat ik op tijd wil komen. De trein vertrekt over vijf minuten.

   .........................................................................................

7. – Waarom wil je nu alles opnieuw tellen ?
   – Omdat ik me zeker niet wil vergissen. Er mogen absoluut geen
     fouten blijven staan.

   .........................................................................................

8. – Waarom heb je meer tijd nodig ?
   – Omdat ik nog even wil nadenken. Ik weet nog niet wat ik wil doen.

   .........................................................................................

9. – Waarom organiseert Lisa vanavond een feestje ?
   – Omdat ze de *verjaardag* van Jan wil vieren. Hij is        *[birthday]*
     dertig geworden.

   .........................................................................................

10. – Waarom wil hij van baan veranderen ?
    – Omdat hij meer wil verdienen. Hij vindt zijn loon veel te laag.

    .........................................................................................

TEKSTBOEK 4A
P. 212

# Naar Antwerpen !

**4A**

**1**

Lees de dialogen opnieuw. Zijn de volgende uitspraken waar of niet waar ? Onderstreep.
*[Read the dialogues again. Are the following statements true or false ? Underline.]*

1. Paolo heeft het boek over Antwerpen gezocht, maar hij heeft het niet kunnen vinden.  waar / niet waar
2. Bert weet precies waar het boek over de geschiedenis van Antwerpen ligt.  waar / niet waar
3. De Meir is een belangrijke winkelstraat in Antwerpen.  waar / niet waar
4. Els staat op het perron bij een man in een bruin kostuum.  waar / niet waar
5. In de dialogen staan namen van herenkleren en van dameskleren.  waar / niet waar
6. Paolo heeft een nieuw hemd nodig.  waar / niet waar
7. Alleen Bert wil in Antwerpen winkelen.  waar / niet waar
8. Bert kan zijn ontslag nog altijd niet vergeten.  waar / niet waar
9. Paolo wil alleen de toeristische attracties zien.  waar / niet waar
10. Bert praat de hele reis.  waar / niet waar

**2**

Vervolledig de conversaties. Gebruik het juiste vraagwoord.
*[Complete the conversations. Use the appropriate question word.]*

VOORBEELD:

---

- Hij maakt zich zorgen over zijn gezondheid.
- Waarover? ...............
- Over zijn gezondheid.

---

1. - Els komt meteen. Ze is nog op Peter aan het wachten.
   - ................................. ?
   - Op Peter, haar vriend.

2. - Schrijf die datum in je agenda. Dan vergeet je hem niet.
   - ................................. ?
   - In je agenda.
   - Ik heb mijn agenda niet hier. Ik schrijf hem wel op mijn hand.
   - ................................. ?
   - Zo, op mijn linkerhand.
   - Jij bent gek !

3. – Ik wil vanavond op de televisie naar die oude actiefilm met Sean Connery kijken. Je weet wel ... .

   – ................................. ?

   – Met Sean Connery.

   – Ik weet niet welke film je bedoelt.

   – Toch wel. We hebben hem twee jaar geleden samen in Antwerpen gezien.

   – ................................. ?

   – In de Metropolis in Antwerpen. Herinner je je dat niet meer ?

*TEKSTBOEK 4B*
*P. 214*

## 4 B

**1**

**Kruis de juiste interpretatie aan.**
*[Tick off the correct interpretation.]*

1. 'Antwerpen heeft veel gezichten.' betekent:
   a. Antwerpen is een stad met veel vreemdelingen.
   b. Antwerpen is een stad van *tegenstellingen*.          *[contradictions]*
   c. In Antwerpen wonen en werken heel veel mensen.

2. 'Antwerpen heeft een gastvrije traditie.' betekent:
   a. Wie Antwerpen bezoekt of daar gaat wonen, kan daar alles doen wat hij wil.
   b. Veel mensen bezoeken Antwerpen.
   c. Wie Antwerpen bezoekt of daar gaat wonen, is er heel welkom.

**2**

**Zijn de volgende uitspraken waar of niet waar ? Onderstreep.**
*[Are the following statements true or false ? Underline.]*

1. Antwerpen is al vijf eeuwen het belangrijkste financiële centrum van Europa.                    waar / niet waar
2. De O.-L.-Vrouwekathedraal ligt in de oude binnenstad.                                            waar / niet waar
3. In Antwerpen heeft elke nationaliteit zijn eigen kerk of tempel.                                 waar / niet waar
4. De oude binnenstad van Antwerpen is heel rustig.  waar / niet waar
5. De Vlaaikensgang is een oud en smal straatje in de oude binnenstad.                              waar / niet waar
6. Conscience is één van de beroemde drukkers uit de zestiende eeuw.                                waar / niet waar

*TEKSTBOEK 5A*
*P. 216*

# Nieuwe kleren !

**5A**

A. Op de cd hoor je de namen van enkele mensen gespeld. Schrijf hun namen op.
*[On the CD you hear the names of some people spelled. Write down their names.]*

**1**

*CD 3(31)*

1. Joris Aalvoet ........................
2. ........................................
3. ........................................
4. ........................................
5. ........................................
6. ........................................
7. ........................................
8. ........................................

B. Al deze mensen hebben nieuwe kleren nodig. Kan je vinden wat ze gaan kopen ? In elke naam zitten 1 of meer kledingstukken verborgen. (Je hebt niet altijd al de letters nodig).
*[These people need new clothes. Can you find what they are going to buy ? Every name hides 1 or more pieces of clothing. (You don't always need every letter.)]*

1. sjaal, vest, jas ........................
2. ........................................
3. ........................................
4. ........................................
5. ........................................
6. ........................................
7. ........................................
8. ........................................

CD 3(32)

**2**

A. **Dictee. Luister naar de zin. Druk op de pauzeknop. Schrijf de zin op. Ga verder.**

B. **Kijk naar de tekening en kruis de zinnen aan die kloppen met de tekening.**

*[A. Dictation. Listen to the sentence. Pause the CD. Write the sentence down. Go on.]*

*[B. Look at the picture and tick the statements which correspond with the picture.]*

(ZIE OOK: DEEL 4, 3A)

colbert = jasje

### DE KLEERKAST VAN MENEER DEVRIES

1. ....................................................................................................
   ....................................................................................................

2. ....................................................................................................
   ....................................................................................................

3. ....................................................................................................
   ....................................................................................................

4. ....................................................................................................
   ....................................................................................................

5. ................................................................................ *plank  [shelf]*
   ....................................................................................................

6. ....................................................................................................
   ....................................................................................................

7. ....................................................................................................
   ....................................................................................................

8. ....................................................................................................
   ....................................................................................................

9. ....................................................................................................
   ....................................................................................................

10. ....................................................................................

   *Achteraan*..................................................................... *[At the back]*

## C. Corrigeer nu de uitspraken die niet kloppen.
*[C. Now correct the wrong statements.]*

..............................................................................................

..............................................................................................

..............................................................................................

..............................................................................................

..............................................................................................

..............................................................................................

..............................................................................................

..............................................................................................

..............................................................................................

..............................................................................................

..............................................................................................

*TEKSTBOEK 5B*
*P. 217*

**5 B**

## Zeg anders. Kies het juiste hulpwerkwoord.
*[Formulate in a different way. Choose the appropriate auxiliary.]*

**1**

| moet / wil / kan / zal |
|---|

1. Het is tijd om op te staan.

    Je .................... nu opstaan.

2. Ik sta voor alles alleen.

    Ik ......................... alles alleen doen.

3. Ik heb geen tijd om te rusten.

    Ik .................... nu niet rusten.

4. Dan toch maar die broek met mijn bruine trui.

    Ik .................... toch maar die broek met mijn bruine trui aantrekken.

5. Ik heb zin om eens rustig te gaan winkelen.

    Ik .................... eens rustig gaan winkelen.

6. En vandaag al de *rekeningen* in orde brengen !

    Vandaag .................... je al de rekeningen in orde brengen.

**2**

**Wat kan ongeveer hetzelfde betekenen ? Zoek in de tweede kolom.**
*[What means more or less the same ? Look for it in the second column.]*

1. een heel slechte toestand
2. weer
3. problemen maken
4. missen
5. binnenkort
6. in orde brengen
7. niet meer zo jong
8. kapot

a. gauw
b. niet hebben
c. regelen
d. ouder
e. opnieuw
f. met gaten
g. ramp
h. moeilijk doen

TEKSTBOEK 5C
P. 217

## 5C

**1**

**A. Vervolledig de conversatie.**
   *[Complete the conversation.]*

| | |
|---|---|
| klant | Mevrouw, kunt u me even ............................................. ? |
| verkoopster | ................... ...................... ..................... maar, meneer. |
| klant | Ik zoek een overhemd. |
| verkoopster | ................................. kleur ? |
| klant | Wit. |
| verkoopster | ................... ........................... heeft u ? |
| klant | ................... ..................... ..................... ..................... precies, 40 denk ik. |
| verkoopster | Dan moet u toch even ............................................. . |
| (...) | |
| verkoopster | En ? ................................. het ? |
| klant | Nee, ..................... ........................ te groot. |
| verkoopster | Een ogenblik. Ik geef u een ..................................... maat. |
| klant | Ja, dit is beter. Dit hemd ..................................... perfect. Is dit een ..................................... hemd ? |
| verkoopster | Nee, meneer, dit is geen katoen, maar het is een ..................... van uitstekende ............................... . Zeer sterk. En heel goedkoop, meneer. ........................... goedkoop ! Het kost maar 18,60 euro. |
| klant | Oké, ik ........................................... het. |

CD 3(35)

**B. Luister naar de cd en controleer wat je hebt ingevuld.**
   *[Listen to the CD and check the words you have filled in.]*

**Vul van de materialen tussen haakjes het adjectief in.**
*[Give the correct adjective of the materials between brackets.]*

1. Een (nylon) ....................... regenjas vind ik heel praktisch.

2. Deze (*zilver*) ......................... messen en vorken      *[silver]*
   *gebruiken* we niet elke dag.      *[use]*

3. Ik draag liever een (katoen) ........................ dan
   een (zijde) ....................... bloes.

4. Een (leer) ....................... tas is heel duur, maar zo'n
   (plastic) .......................... tas wil ik niet.

5. Dit (*goud*) .......................... horloge heeft Lisa van Jan      *[gold]*
   gekregen.

6. Die (wol) ....................... muts is veel te warm.


**Lees de onderstaande zinnen. Zoek een passend woord in dialoog 1 of 2 in het tekstboek en vul in.**
*[Read the sentences below. Look for an appropriate word in dialogue 1 or 2 of the textbook and fill in.]*

1. Een jeansbroek kan je lang dragen, want jeans is een sterke
   ............................... .

2. Als je heel ver wilt wandelen, kun je het best comfortabele
   schoenen ........................ .

3. – Is dit een dure trui ?

   – Kijkt u zelf maar, mevrouw. Het ...............................
   hangt *eraan*.      *[on it]*

4. In de bioscoop zit hij niet graag op de voorste rijen. Hij
   zoekt altijd een plaats helemaal ................................... .

5. Karel .............................. ............ met zijn grote bril. Je
   herkent hem onmiddellijk tussen de andere mensen.

6. Ik heb niet echt iets nodig, maar ik wil wel even in deze
   winkel ................................. .


**Lees de onderstaande zinnen. Zoek een passend woord in dialoog 3 of 4 van het tekstboek en vul in.**
*[Read the sentences below. Look for an appropriate word in dialogue 3 or 4 of the textbook and fill in.]*

Het jasje zit goed.    =    Het jasje past goed.
Het jasje staat u goed.    =    Het jasje past goed en u bent
                                     mooi met dit jasje.

1. In de zomer draag ik liever hemden met korte dan met
   lange ............................. .

2. Hij koopt altijd heel moderne kleren. Hij kleedt zich graag
   zeer ............................. en elegant.

3. Als je weet welke ............................ je hebt, *hoef*      *[needn't]*
   je het overhemd *niet* te passen.

4. Deze jurk is heel elegant. Kijk maar in de
   ..........................., dan zie je het zelf.

5. Vind jij dat deze das .......................... mijn
   lichtblauwe hemd ........................... ?

6. Die jurk ........................... me wel goed, maar ik vind
   dat hij niet lang genoeg is.

7. .............................. deze schoenen goed of wil je een
   grotere maat ?

8. Een roze hemd met bloemen is ...............................
   dan een gewoon wit hemd.

---

**5**      **Welke variant voor de onderstaande woorden vind je in de dialogen ?**
*[Which variant of the words below is used in the dialogues ?]*

| | |
|---|---|
| 1. heel, erg | a. eenvoudig |
| 2. simpel | b. leuk |
| 3. prima | c. opvallend |
| 4. niet gewoon | d. bijzonder |
| 5. mooi | e. uitstekend |

---

**6**      **Ga niet akkoord. Volg het voorbeeld.**
*[Disagree. Follow the example.]*

VOORBEELD:

---

Dit zijn nu eens mooie schoenen !

Maar nee, ik vind dit helemaal geen mooie schoenen. ...............

---

1. Dat is nu eens een leuk hemd !

   ........................................................................................

2. Dat is nu eens een vriendelijke man !

   ........................................................................................

3. Het zijn heel knappe jongens.

   ........................................................................................

4. Het is wel een lief meisje, hè !

   ........................................................................................

5. Dit is toch goede kwaliteit.

   ........................................................................................

6. Ria en Miet zijn toch duidelijk heel zelfstandige studentes.

   ........................................................................................

TEKSTBOEK 6A
P. 221

# Eet smakelijk !

## A. Vervolledig de conversaties.
*[Complete the conversations.]*

**1**

1. man     Goedenavond.

ober    Goedenavond, mevrouw, meneer. Zal ik uw jassen

.......................... ?

man     Dank u. We hebben een tafel .......................... twee

....................................... .

ober    En de .......................... is ?

man     Deckers.

2. ober    .......................... u een .............................. ?

man     ......................... .......................... een porto, ............... .

vrouw   Even kijken. Voor mij een sherry, alstublieft.

3. man     Laten we drinken .......................... onze vakantie !

vrouw   .......................... ons. .......................... !

man     .............................. !

4. man     ......................... ik de kaart, alstublieft ?

ober    Jazeker, meneer. Alstublieft.

man     ......................... .......................... keuze, zeg !

vrouw   En alles ......................... .......................... even lekker uit.

Wat .......................... we ? Vlees of ......................... ?

man     Ik zou graag een goed stuk vlees hebben. En jij ?

vrouw   De vis lijkt ook lekker. Ik .......................... misschien

liever vis willen.

5. ober    Heeft u al ............................... ?

vrouw   Ja, .......................... mij gebakken *tong* en        *[sole]*

.......................... mijn man een kalfslapje.

6. ober      Alstublieft, een kalfslapje voor meneer en tong voor

            mevrouw. ........................................... !

man      Dank u.

vrouw    Dat ...................... ........................... lekker ............... .

man        ............................ smakelijk !

vrouw    Smakelijk ............................. !

**B. Luister naar de cd en controleer wat je hebt ingevuld.**
*[Listen to the CD and check the words you have filled in.]*

CD 3(37)

---

**2**

**Lees de onderstaande zinnen. Zoek het juiste woord en vul in.**
*[Read the sentences below. Find the appropriate word and fill in.]*

> wij tweeën = met ons tweeën = met z'n tweeën     *[the two of us]*
> wij drieën = met ons drieën = met z'n drieën     *[the three of us]*

1. Als ............................ kan je kiezen tussen sherry en porto.

2. In een druk restaurant kan je het best ...................... .

3. Nemen we het gerecht van de dag, of wil je eerst nog even de
............................. zien ?

4. Raf en Karen zijn dit jaar zonder de kinderen op reis geweest. Met z'n
.......................... hebben ze een maand lang door Amerika gereisd.

5. Ik vind ............................ op tafel wel romantisch, maar ik zie niet
genoeg. Ik kan niet lezen wat er op de kaart staat.

6. Hij hoopt nog altijd op een volledige .........................., maar zijn
vrouw weet dat hij nooit meer helemaal beter wordt.

---

**3**

**Vul in: 'wat' of 'wat een'.**
*[Fill in: 'wat' or 'wat een'.]*

(ZIE OOK: DEEL 4, 1A EN DEEL 8, 4A)

1. Ik wil ...................... lekkers.

2. Ober, ik zou graag nog ...................... brood hebben.

3. Hé, ...................... lekker brood !

4. ...................... dure kleren koop jij toch altijd.

5. ...................... duur, die jurk !

6. Heb je een nieuwe baan ? ...................... leuk!

7. Ik wil je ......................... vertellen.

8. ......................... keuze. Ik weet niet wat ik moet kiezen.

*TEKSTBOEK 6B*
*P. 222*

**A. Vervolledig de conversaties.**
  *[Complete the conversations.]*

1

1. ober    Heeft het ......................... ?

   Els     Jazeker. Het was bijzonder ........................ . Dank u.

   ober    Wenst u nog een dessert ?

   Els     ......................, dank u. ........................ mij geen dessert,
           maar wel nog een koffie, ...................... . En jij, Peter ?

   Peter   Eh, ik weet het niet.

   Els     Neem jij maar een dessert als je zin ...................... .

   Peter   Oké dan. ...................... mij ijs met chocolade.

2. klant   Ober, kunnen we de rekening hebben ?

   ober    ......................, meneer. Een ...................... .

**B. Luister naar de cd en controleer wat je hebt ingevuld.**
  *[Listen to the CD and check the words you have filled in.]*

*CD 3(39)*

**Lees de zinnen. Zoek de juiste woorden in de dialogen van les 6B en vul in.**
*[Read the sentences. Look for the appropriate words in the dialogues of
lesson 6B and fill in.]*

2

1. In de meeste Belgische restaurants zijn btw en ........................
   ........................... . Gewoonlijk geeft men in een restaurant
   geen *fooien*.                                             *[tips]*

2. ........................ je dat nu ? Wil je echt weer verhuizen ?
   Ik kan het bijna niet geloven.

3. Dat droomhuis van hem bestaat alleen in zijn ................. .
   De ........................ is dat hij nog altijd op een
   tweekamerappartement woont.

4. Hij leert niet zo goed op school. Daarom krijgt hij nu elke
   avond ............................ van een oude leraar.

5. Heb je de *tweemaandelijkse* ........................ voor de        *[bimonthly]*
   telefoon al gezien ? Zoveel hebben we nog nooit moeten
   betalen.

**3** **Vul in: 'zou' en 'zouden'. Zet een kruisje voor de zinnen die een 'wens' uitdrukken.**
*[Fill in: 'zou' or 'zouden'. Tick the sentences expressing a wish.]*

❑   1.   Ik ......................... heel lang vakantie willen nemen om een heel verre reis te maken.

❑   2.   ........................ je morgen niet wat vroeger opstaan ?

❑   3.   ......................... we vanavond niet beter vroeg gaan slapen ?

❑   4.   ...................... Karel en Rie vandaag weer te laat komen ?

❑   5.   Hij ........................ wel een groter huis willen.

❑   6.   ...................... ze al terug thuis zijn ?

❑   7.   ........................ jullie Anna ook uitnodigen ?

❑   8.   Hij ....................... liever in een huis in de stad gaan wonen.

❑   9.   ...................... je wel alleen naar huis gaan ?

❑   10.  Hij ....................... voor haar de sterren uit de hemel *plukken.* *[pick]*

TEKSTBOEK 7A
P. 226

# De Belgische economie.

**7A**

**Slechts 1 van de uitspraken van elk nummer is correct. Kruis aan.**
*[Only one statement of each number is correct. Tick the correct statement.]*

1.  a. Er is nu in België minder ruimte voor landbouw dan in de negentiende eeuw.
    b. Er is nu in België even veel ruimte voor landbouw als in de negentiende eeuw.
    c. Er is nu in België meer ruimte voor landbouw dan in de negentiende eeuw.

2.  a. In Wallonië zijn de landbouwbedrijven zeer divers.
    b. In het zuiden van Vlaanderen vind je alleen bossen en weiden.
    c. De landbouwbedrijven in België worden steeds groter.

3.  a. Te veel mest zorgt voor vervuiling van het drinkwater.
    b. In Europa hebben alleen Belgische landbouwers grote problemen.
    c. De strenge milieunormen zorgen voor ecologische problemen.

4.  a. De industriële centra rond Charleroi en Luik zijn nu economisch zeer belangrijk voor België.
    b. De regio's Luik en Charleroi zijn armer dan vroeger.
    c. De provincie Waals-Brabant is armer dan vroeger.

5.  a. De Vlaamse industriële centra zijn ouder dan de Waalse.
    b. De Waalse industriële centra zijn minder oud dan de Vlaamse.
    c. De Waalse industriële centra zijn ouder dan de Vlaamse.

6.  a. Bedrijven in België zijn niet concurrentieel, want ze zijn niet flexibel.
    b. KMO's vind je alleen in de buurt van de havens.
    c. KMO's zijn belangrijk voor de Vlaamse economie.

7.  a. België telt drie belangrijke havens en vijf grote luchthavens.
    b. De luchthavens van Deurne, Oostende, Luik en Charleroi zijn niet zo belangrijk als die van Zaventem.
    c. België heeft maar drie havens: Antwerpen, Zeebrugge en Gent.

8.  a. Al de exportlanden voor België liggen in Europa.
    b. De belangrijkste exportlanden voor België liggen over zee.
    c. De belangrijkste exportlanden voor België liggen in Europa.

*TEKSTBOEK 7B*
*P. 229*

**Lees opnieuw de tekst 'De sociaal-economische instellingen' en vul dan in de onderstaande tekst de ontbrekende woorden in.**
*[Read again the text 'De sociaal-economische instellingen' and then fill in the missing words in the text below.]*

Het sociaal ........................ in België is vrij ........................ . In België gaan weinig ........................ door ........................ verloren. De belangrijkste reden is de automatische indexkoppeling: ........................ het ........................ duurder wordt, ........................ de lonen.

In België hebben vakbonden een politieke ........................ . Zo zijn er een grote katholieke, een grote ........................ en een grote ........................ vakbond. Bijna 60% van de ........................ is ........................ van een vakbond. Daarom zijn vakbonden ook politiek heel ........................ .

**Lees de vragen, kijk opnieuw naar aflevering 8 van het dvd-programma en geef het correcte antwoord.**
*[Read the questions, watch again part 8 of the DVD programme and give the right answer.]*

**1**

*DEEL 8*

1. Welke *raad* geeft Paolo aan Bert als die hem bezoekt ?     *[advice]*

........................................................................

2. Waarom wil Els niet uitgaan maar wel in een restaurant gaan eten ?

........................................................................

3. Wat hebben Bert en Paolo in Antwerpen gekocht ?

........................................................................

4. Waarom wil Els stoppen met haar privélessen Italiaans ?

........................................................................

5. Wat vertelt Bert aan Paolo over Els ?

........................................................................

6. Wat vertelt Bert aan Paolo over Alison ?

........................................................................

7. Welke belangrijke vraag stelt de presentator aan Jennifer ?

........................................................................

**Geef voor elke tekening het juiste woord.**
*[Give the right word for each picture.]*

**2**

1. Brengt een gebroken ........................... echt zeven jaar ongeluk ?

2. In de zomer draagt hij altijd een ........................... , nooit een lange broek.

3. Vind jij dat je bij een kostuum een ........................... moet dragen ?

4. Amerikaanse studenten herken je aan hun ........................... .

5. Op het *trouwfeest* moeten al de dames     *[wedding]*
een ........................... dragen.

6. Hij komt altijd naar de les op de ............................. .

7. Ik heb een pizza met ............................. en
   ............................. besteld.

8. Er zit een gat in je ............................. .

9. Mag ik even het ............................. en de ............................. ?

10. Zou je geen ............................. nemen en gaan zitten ?
    Dat praat gemakkelijker.

**3**

**Luister naar de woorden op de cd. Elk woord wordt twee keer gezegd. Let goed op de beklemtoonde klank. Herhaal het woord en onderstreep dan de beklemtoonde klank.**
*[Listen to the words on the CD. Each word is said twice. Pay attention to the stressed sound. Repeat the word and afterwards underline the stressed sound.]*

CD 3(40)

| | | | |
|---|---|---|---|
| 1. | solliciteren | 11. | landbouw |
| 2. | voorbijgaan | 12. | rekening |
| 3. | opvallen | 13. | stadhuis |
| 4. | opvallend | 14. | bestemming |
| 5. | overhemd | 15. | modieus |
| 6. | binnenkort | 16. | enthousiast |
| 7. | toestand | 17. | professor |
| 8. | ongerust | 18. | waarschijnlijk |
| 9. | fantasie | 19. | uitgebreid |
| 10. | aperitief | 20. | vertrouwen |

**Hoe reageer je ? Zoek een passende reactie in de tweede kolom.**
*[How do you react ? Find an appropriate response in the second column.]*

## A. Wat kan je zeggen ...

1. als je van je vriend hoort dat hij heel erg ongelukkig is ?
2. als je vriend boos is omdat je hem al heel lang niet meer hebt bezocht ?
3. als je vrienden lachen omdat je niet hard genoeg kan lopen ?
4. als alles wat je doet tegenvalt ?
5. als je kind je zegt dat het achteraan in de zaal niets kan zien ?
6. als je vriend je vraagt hoe je zijn nieuwe kostuum vindt ?

a. Ga dan op de voorste rij zitten.
b. Wat een toestand !
c. Het staat je wel goed.
d. Het is echt mijn schuld niet. Ik heb het heel druk gehad.
e. Kop op ! Alles komt wel in orde.
f. Jullie hebben ook langere benen.

## B. Wat kan je zeggen ...

1. als je iets niet alleen kan doen ?
2. als je ziet dat iemand al zijn boodschappen heeft laten vallen ?
3. als je vriend je zijn moeder voorstelt ?
4. als je je vriend in het ziekenhuis bezoekt ?
5. als je vanavond met je vriend wilt uitgaan ?
6. als iemand je zijn adres geeft, maar je hebt de naam van de straat niet goed verstaan ?
7. als je niet begrijpt wat je vriend aan het zeggen is ?
8. als je baas je vrouw nog niet kent ?
9. als je het niet erg vindt dat je vandaag heel laat moet werken ?
10. als iemand je uitnodigt, maar je weet niet waar hij woont ?

a. Kunt u dat even spellen, alstublieft ?
b. Dat kan me niet schelen.
c. Hoe bedoel je ?
d. Mag ik u mijn vrouw voorstellen ?
e. Wat is uw adres ?
f. Aangenaam.
g. Zal ik u even helpen ?
h. Kunt u mij even helpen, alstublieft ?
i. Word maar snel weer beter.
j. Zullen we een pintje gaan drinken ?

**5** Kies het juiste werkwoord en vul het juiste participium in.
*[Choose the appropriate verb and fill in the correct past participle.]*

VOORBEELD:

---

tellen - vertellen
  a. Ik heb geteld hoeveel geld er in jouw portemonnee zit.
  b. Hij heeft me verteld dat zijn vrouw in het ziekenhuis ligt.

---

staan - ontstaan - verstaan

1. a. De jazzmuziek is in Amerika ................................. .

  b. De bus was te laat en ik heb een kwartier in de regen

    ............................. .

  c. Kan je dat nog eens zeggen ? Ik heb je niet ................................. .

geloven - beloven

2. a. Hij heeft me ................................. dat hij komt.

  b. Hij vertelt altijd vreemde dingen. Ik heb hem nooit

    ............................. .

vergeten - eten

3. a. We hebben heel lekker ............................. .

  b. Ik ben ............................. hoe dat heet.

zoeken - bezoeken

4. a. Waar was je ? Ik heb je overal ................................. .

  b. In Brugge hebben we al de musea ................................. .

herkennen - kennen

5. a. Dat was Piet. Ik heb zijn auto ............................. .

  b. Mijn buurman is dood, maar ik heb hem niet echt goed

    ............................. .

**6** Geef voor het onderstreepte werkwoord het corresponderende adjectief. Volg het voorbeeld.
*[Give for each of the underlined verbs the corresponding adjective. Follow the example.]*

VOORBEELD:

---

  Een jasje dat opvalt is een opvallend jasje.
  Een trui die opvalt is een opvallende trui.

---

1. Een mes dat goed snijdt is een goed ............................. mes.
2. Resultaten die tegenvallen zijn ................................. resultaten.

3. Bladeren die in de herfst van de bomen <u>vallen</u>,
   zijn ............................ bladeren.

4. Muziek die mooi <u>klinkt</u>, is mooi ............................ muziek.

5. De zin die op deze zin <u>volgt</u>, is de ............................ zin.


**Vul in de volgende zinnen de juiste prepositie in. Soms zijn 2
verschillende preposities mogelijk.**
*[Fill in the correct preposition in the sentences below. There are
sometimes 2 possibilities.]*

**7**

| aan / op / in / uit / van / naar / om / tegen / over / voor / met |
| --- |

1.  Woont Fred nog ................ de kust ?

2.  Ik heb lang ................ dit probleem nagedacht, maar ik zie ook geen
    oplossing.

3.  ................ het einde van vorige maand is hij ziek geworden.

4.  Zijn vader is leraar ................ beroep.

5.  Heb je Jan al ................ je ouders voorgesteld ?

6.  Een moeder staat altijd ................ haar kinderen klaar.

7.  Ik heb hem een brief geschreven, maar ik wacht nog altijd ................
    antwoord.

8.  Hij is ................ een veel oudere vrouw getrouwd.

9.  Hoe laat is het ................ jouw horloge ? Dat van mij is kapot.

10. Ik zou graag meer informatie hebben ................ de cijfers van dat
    rapport.

11. Er zit nu een andere vrouw ................ de kassa.

12. Hij heeft geen interesse ................ klassieke muziek.

13. Gaan we ................ de auto of ................ de trein ................ zee ?

14. Hij is ................ zoek ................ een kamer in Brussel.

15. ................ negen uur 's avonds valt hij al ................ slaap.

16. Erwten ................ blik smaken niet zo lekker als verse erwten.

17. ................ 7 uur moet alles klaar zijn.

18. Hoelang ga je dit jaar ................ vakantie ?

*After this part you should be able to:*

- *Compare things and persons.*
- *Make clear that something said is also your conviction.*
- *Encourage people.*
- *Correct yourself when speaking.*
- *Formulate an accusation.*
- *Express the purpose of an action.*
- *Name the clothes you and other people are wearing.*
- *Ask questions and make statements about clothes.*
- *Go shopping for clothes.*
- *Formulate a toast.*
- *Wish someone an enjoyable meal.*
- *Express surprise.*
- *Express a wish or preference with 'zou'.*

- *Construct comparatives and superlatives.*
- *Identify people and things or give additional information using a simple relative clause.*
- *Ask for a complement introduced by a preposition.*
- *Form adjectives indicating materials.*

- *Give some information on the Belgian economy and the social-economic organizations in Belgium.*

# Solliciteren voor een nieuwe baan.

**Lees de uitspraken, kijk opnieuw naar aflevering 9 van het dvd-programma en kruis de correcte uitspraken aan.**
*[Read the statements, watch again part 9 of the DVD programme and tick the correct statements.]*

*DEEL 9*

1. a. Paolo denkt dat de kruidenier een man zoekt.
   b. Elly denkt dat Paolo komt solliciteren.
   c. Els lacht omdat Paolo zegt dat de kruidenier een man zoekt.

2. a. Elly zegt dat ze een buitenlander als manager wil.
   b. Elly zegt dat ze een manager wil die de Belgische markt goed kent.
   c. Elly zegt dat ze een vriendelijke en charmante manager wil.

3. a. Els vindt dat Bert nu voor een baan in een supermarkt moet solliciteren.
   b. Els vindt dat Bert nu bij drie verschillende firma's moet solliciteren.
   c. Els vindt dat Bert niet voor een baan in een kleine supermarkt moet solliciteren.

4. a. Elly is jarenlang elke dag in Rome geweest en ze kent Rome heel goed.
   b. Elly is jarenlang elke dag in Bangkok geweest, maar ze kent Bangkok niet heel goed.
   c. Elly is jarenlang elke dag in Rome geweest, maar ze kent Rome niet heel goed.

5. a. Peter zegt aan Paolo dat hij Italiaans gaat studeren.
   b. Paolo zegt aan Peter dat Bert als manager in een supermarkt gaat werken.
   c. Paolo zegt aan Peter en Els dat hij Elly over Bert heeft verteld.

6. a. Als Bert in de winkel van Elly een snoepje gaat kopen, ontmoet hij er Peter, Paolo en Els.
   b. Als Bert uit de winkel van Elly komt, ontmoet hij Peter, Paolo en Els.
   c. Als Els, Paolo en Peter in de winkel van Elly inkopen gaan doen, ontmoeten ze er Bert.

*TEKSTBOEK 1
P. 232*

# Ik maakte me zorgen !

**1**

**1**

**Geef het imperfectum enkelvoud van de volgende werkwoorden.**
*[Give the singular form of the simple past of the verbs below.]*

1. babbelen ........................... 5. dromen ...........................
2. missen ........................... 6. rusten ...........................
3. waaien ........................... 7. parkeren ...........................
4. kammen ........................... 8. reizen ...........................

**2**

**Geef van de infinitief tussen haakjes het imperfectum in de juiste vorm.**
*[Give the correct past form of the infinitive in brackets.]*

1. (leiden) Zij ........................... een rustig leven
*te midden van* haar kleinkinderen. *[amidst]*

2. (bakken) In de winter ........................... ik vaak
*pannenkoeken* voor de kinderen. *[pancakes]*

3. (vertrouwen) Wij ........................... hem niet helemaal.

4. (koken) Hij ........................... nooit zelf.

5. (praten) Grootvader ........................... graag over vroeger.

6. (gooien) Hij was zo boos dat hij alle borden en glazen op de
grond ........................... .

7. (controleren) De douane ........................... al onze papieren.

8. (beloven) De bankdirecteur ........................... ons een
goedkope *lening*. *[loan]*

**3**

**Schrijf de onderstaande tekst in het imperfectum.**
*[Write the text below in the past tense.]*

 SCHEIDBARE WERKWOORDEN WORDEN GESCHEIDEN IN EEN
HOOFDZIN, MAAR NIET IN EEN BIJZIN.
*[Separable verbs are separated in a main clause, but not in a
subclause.]*

Gisteren heb ik mijn vriend getelefoneerd en hem over mijn collega
Saskia gesproken. Hij (zich herinneren) haar nog heel goed. Hij
(vertellen) mij dat hij haar vroeger wel vaker (ontmoeten). Zij
(uitnodigen) hem in die tijd af en toe. Toen ik hem dus (opbellen) en
(vertellen) over het ongeval, (voorstellen) hij meteen dat we haar samen
in het ziekenhuis zouden gaan bezoeken.

...........................................................................................

...........................................................................................

...........................................................................................

...........................................................................................

...........................................................................................

...........................................................................................

...........................................................................................

...........................................................................................

...........................................................................................

...........................................................................................

...........................................................................................

...........................................................................................

**Vervolledig de antwoorden. Zoek in de dialogen een antoniem van de onderstreepte woorden en gebruik het in de juiste vorm.**
*[Complete the answers. Find an opposite of the underlined words in the dialogues and use it in its correct form.]*

**4**

1. – Heeft hij een <u>gemakkelijk</u> leven gehad ?
   – Nee, zijn leven was ........................... .

2. – Is hij <u>geslaagd</u> ?
   – Nee, hij is ........................... .

3. – Hebben jullie ook een beetje <u>rust</u> gehad *tijdens* jullie      *[during]*
   vakantie ?
   – Nee, eigenlijk niet. We hadden altijd ..........................,
   want we wilden zoveel mogelijk bezoeken.

4. – Heeft je grootmoeder dan geen <u>geluk</u> gekend ?
   – Nee, ze heeft in haar leven veel ........................... gehad.

5. – Wat is het precieze <u>vertrekuur</u> van *vlucht* US 987      *[flight]*
   Washington - Brussel ?
   – Dat weet ik niet. Ik ken alleen het ...........................uur.

**Vul in: 'toen' of 'dan'.**
*[Fill in: 'toen' or 'dan'.]*

**5**

1. Peter werkt tot 17 uur. .............. reist hij naar huis.

2. .............. Paolo belde, was Els niet thuis.

3. Bert was gisteren bij Els. Zij heeft hem .............. gezegd wat hij moet doen.

4. Als je goed studeert, .............. zul je zeker slagen!

5. Ik woonde vroeger in een klein dorp. .............. wilde ik graag in een stad wonen.

*TEKSTBOEK 2A*
*P. 235*

# Dat hoeft niet.

## 2A

**1**

A. **Vervolledig de dialogen.**
   *[Complete the dialogues.]*

1. – Moet ik Jan niet eerst bellen om te zeggen dat we komen ?
   – Nee, dat is ............................ ............................... . Ik weet zeker
   dat hij het leuk zal vinden.

2. – Mag ik even telefoneren ? Ik wil een taxi bellen.
   – Dat ............................ ............................... . Ik breng je wel naar
   het station.

3. – Zal ik de huisbaas bellen dat de *kraan* van het
   warme water kapot is ?
   – Nee, je ......................... ........................... ...........................
   ............................... doen. Ik *weet toevallig* dat     *[happen to know]*
   hij de hele week op reis is.

4. – Is het echt ............................... dat ik vandaag naar de bank ga ?
   – Nee, je mag ook morgen gaan.

5. – Wilt u ook een reisverzekering nemen ?
   – Hoe duur is dat ?
   – Ongeveer vijftig euro.
   – Nee, dat is te duur. Dan ............................... ik
   ............................... reisverzekering.

6. – Hoeveel is het ?
   – U ............................ niet ............................ betalen.
   Het *is gratis*.                                        *[for free]*

7. – Wil je die radio wat zachter zetten ?
   – Ja, natuurlijk.
   – Zo *stil* ............................... nu ook niet. Nu horen we     *[quiet]*
   niks meer.

B. **Luister naar de cd en controleer wat je hebt ingevuld.**
   *[Listen to the CD and check what you have filled in.]*

CD 4(3)

**Kies tussen 'alleen', 'maar', 'niets', 'nooit', 'geen', 'zelden' of 'pas' en vul elk woord 1 keer in.**
*[Choose among 'alleen', 'maar', 'niets', 'nooit', 'geen', 'zelden' or 'pas' and fill in each word once.]*

**2**

1. Ik hoef .................... om zeven uur bij Els te zijn. We kunnen nog rustig eerst een pintje drinken.

2. We hoefden ................... te betalen. Alles was *gratis*.　　*[for free]*

3. Hij hoefde .................... auto te hebben. Hij woonde op twee minuten lopen van zijn werk.

4. Hij hoefde .................... zelf naar de bank te gaan of boodschappen te doen. Dat deed zijn vriendin altijd.

5. Ik hoefde .................... de trein te nemen, want meestal kon ik met een collega meerijden.

6. Je hoeft *jaarlijks* .................... 25 euro te betalen en je hebt een goede verzekering tegen alle *risico's*.　　*[yearly]*　*[risks]*

7. Kom vanavond eens langs. Dan kunnen we even praten. Je hoeft .................... te zeggen hoe laat je komt.

**Vul een passend woord in uit les 2A.**
*[Fill in an appropriate word from lesson 2A.]*

**3**

1. Hij is ............................. . Hij rijdt met zijn vrachtwagen elke week naar Rusland.

2. Kleine kinderen mogen niet ............................. in de auto zitten.

3. Leg uw jas maar op de ............................. . Er zit toch niemand achteraan.

4. Laat kinderen nooit alleen op straat lopen. Ze kennen de ............................. van de weg nog niet.

5. 's Morgens ga ik liever niet met de auto naar Brussel. Ik haat die lange ............................. .

6. De koers van de dollar is een beetje gestegen. Die van de euro is dus een beetje ............................. .

7. Op zondag hebben we geen ............................. . Dan nemen we al de tijd om rustig te ontbijten.

**4** Zoek in les 2A een antoniem van de onderstreepte woorden en vul in.
*[Look in lesson 2A for an opposite of the underlined words and fill in.]*

1. Wil je <u>graag</u> meegaan of ......................... .......................... ?
2. Nemen we de <u>hoofdweg</u> of een ......................... ...................... ?
3. Er is hier meestal <u>weinig verkeer</u>. Je hebt hier zelden ........................ .
4. Dat is onze tuin. <u>Vooraan</u> is er gras, en ........................ staan er enkele appelbomen.

**5** Zoek logische samenstellingen. Kies woorden waarmee je het gegeven eerste deel kan combineren.
*[Combine words from the box with the first words below to build logical compounds in Dutch.]*

| |
|---|
| vriendin - moeder - datum - cheque - vader - kind - dochter - directeur - zoon - hal - plaats - dag - geld (X2) - kantoor (X2) - uur - film - droom - liefde - koers - loket - ouders - kaart |

NEDERLANDSE SAMENSTELLINGEN WORDEN ALTIJD IN 1 WOORD GESCHREVEN.
*[Dutch compounds are written in 1 word.]*

HET BEPAALD ARTIKEL VAN EEN SAMENSTELLING IS HETZELFDE ALS DAT VAN HET LAATSTE DEEL.
*[The definite article of a compound is the same as that of the second part.]*

1. de groot*moeder*..............
2. de groot.......................
3. de groot.......................
4. het klein......................
5. de klein.......................
6. de klein.......................
7. het klein......................
8. de vertrek.....................
9. de vertrek.....................
10. de vertrek.....................
11. de vertrek.....................
12. het vertrek.....................

13. het wissel......................
14. het wissel......................
15. de wissel......................
16. de jeugd.......................
17. de jeugd.......................
18. de jeugd.......................
19. de jeugd.......................
20. de bank.........................
21. de bank.........................
22. het bank.........................
23. het bank.........................
24. de bank.........................

TEKSTBOEK 2B
P. 237

**Hoe staat het in de dialogen van les 2B ? Formuleer de onderstreepte delen met woorden uit de dialogen.**
*[How is it said in the dialogues of lesson 2B ? Formulate the underlined parts with words from the dialogues.]*

1. <u>Elke keer dat hij zijn haar heeft gewassen</u>, liggen er wel honderd haren in de douche.

   ..................................................................................................

2. Ik kom zo bij je. Als je nog even <u>wilt wachten</u>, zal ik je graag helpen.

   ..................................................................................................

3. Deze crème <u>geeft zeer goede resultaten</u>.

   ..................................................................................................

4. Dit is <u>een shampoo die zorgt dat je haren gezond worden</u>.

   ..................................................................................................

5. – Hoeveel vraagt hij voor zijn auto ?
   – Dat weet ik niet precies. Maar voor minder dan 4000 euro <u>doet</u> hij hem niet <u>weg</u>.

   ..................................................................................................

6. Je mag mijn paraplu <u>nemen</u> als je die van jou hebt vergeten. Ik heb hem nu niet nodig.

   ..................................................................................................

7. Van <u>elke</u> reis die ik heb gemaakt, heb ik ook foto's.

   ..................................................................................................

**Zoek het gepaste woord en vul de juiste vorm in.**
*[Find the appropriate word and fill in the correct form.]*

1. Snijden doe je met een mes, maar ........................ doe
   je met een *schaar*.                                              *[scissors]*

2. ..................... eerst je haar voor je naar buiten gaat. Als je
   met nat haar buiten loopt, word je weer verkouden.

3. Je haar was je met ........................ , niet met gewone *zeep*.

4. Een ....................... is honderd keer minder lang dan een meter.

5. Ze heeft nu een ander ........................ . Vroeger had ze lang
   haar en nu heeft ze heel kort haar.

6. Zij draagt altijd heel ....................... kleren. Met een gewone
   rok en trui zal je haar nooit zien.

**3** Vul 'wat voor een' in als dat kan, anders: 'wat voor'.
[*Fill in 'wat voor een' when possible. If not: 'wat voor'.*]

1. ......................... melk is dit : magere of volle ?

2. Ik weet niet ........................ kast hij wil kopen.

3. ......................... mensen willen nu naar zo'n domme film gaan kijken ?

4. Ik wil hem een boek als cadeau geven. Weet jij ....................... boeken
   hij graag leest ?

5. Ik weet wel over wie je praat, maar .......................... man hij is, weet
   ik niet. Ik ken hem niet echt.

**4** Kies 'zo'n', 'zulk' of 'zulke' en vul in.
[*Choose 'zo'n', 'zulk' or 'zulke' and fill in.*]

1. – Dit is een mooi zijden hemd.
   – Ik wil ook ................. hemd.

2. – .................... bier is heel lekker.
   – Oké, dan probeer ik het ook eens.

3. – Ik vind mijn schoenen niet echt gemakkelijk.
   – Waarom draag je ook ..................... hoge schoenen ?

4. – Als ik te veel koffie drink, kan ik 's nachts niet slapen.
   – Waarom zet je dan altijd ................... sterke koffie ?

5. – Sommige klanten worden al boos als ze vijf minuten moeten wachten.
   – Wat wil je ? ..................... klanten zonder geduld heb je altijd.

6. – Luister je graag naar jazzmuziek ?
   – Ja, .................. muziek hoor ik graag.

7. – Elly gaat trouwen.
   – Ja, van ................... nieuws schrik je wel even, hè.

8. – Hij loopt bijzonder snel.
   – Klopt. Ik zal de vijfhonderd meter nooit in ................... tijd kunnen
   lopen.

TEKSTBOEK 3A
P. 241

# In Parijs ging Elly dansen !

**3A**

Zoek logische samenstellingen. Kies het tweede deel van de samenstelling uit de volgende woorden. Geef van elke samenstelling ook het bepaald artikel.

*[Find the logical compounds. Choose the second part of the compound among the following words. Give also the definite article with every compound.]*

> dief / kapper (2X) / formulier / slot (2X) / bureau / man (2X) /
> fiets (3X) / agent / auto (2X) / onderzoek / diefstal

politie    *de.. politieman* .............    aangifte    ...... ..............................

...... ..............................

...... ..............................    deur    ...... ..............................

...... ..............................

...... ..............................    auto    ...... ..............................

...... ..............................

...... ..............................

heren    ...... ..............................    dames    ...... ..............................

...... ..............................    ...... ..............................

sport    ...... ..............................

...... ..............................

...... ..............................

Welk substantief associeer je met de onderstaande werkwoorden ?
*[Which noun do you associate with the verbs below ?]*

1. stelen
2. onderzoeken
3. invullen
4. opstellen
5. doen
6. knippen
7. sluiten

a. de aangifte
b. het formulier
c. de kapper
d. de politie
e. het slot
f. de dief
g. het proces-verbaal

**3**

### A. Zoek welke zinnen bij elkaar horen.
*[Find the sentences that belong together.]*

1. Excuseer, ik heb u onderbroken.
2. Er is zeker iets aan de hand.
3. Alle deuren zijn op slot.
4. Parijs ken ik niet.
5. Er moet hier snel iets veranderen.
6. Moment ! Wil je dat nog eens zeggen ?
7. Wat moet ik met zo'n groot huis ?

a. Zo kan het niet langer.
b. Ik begrijp niet goed wat je bedoelt.
c. Ik ben helemaal alleen.
d. Vertelt u maar verder.
e. We kunnen vertrekken.
f. Maar wat er precies scheelt, weet ik niet.
g. Ben jij er ooit geweest ?

CD 4(6)

### B. Controleer nu je antwoorden op de cd.
*[Now check your answers on the CD.]*

**4**

In het onderstaande rooster zitten 26 imperfecta verborgen. Welke ? Wat is de infinitief ? Slechts 2 ervan zijn regelmatig. (Lees van links naar rechts en van boven naar onder.)
*[26 past tenses are hiding in the grid below. Can you find them ? What is the corresponding infinitive ? Only two of them are regular. (Read from left to right and from top to bottom.)]*

| g | e | n | a | z | e | n | b | r | a | k | e | n |
|---|---|---|---|---|---|---|---|---|---|---|---|---|
| o | g | k | s | a | x | t | r | o | k | o | l | x |
| t | a | w | t | g | d | x | a | l | a | z | e | n |
| e | f | a | a | i | r | s | c | h | r | e | e | f |
| n | a | m | l | n | o | t | h | k | o | n | f | d |
| h | i | n | g | g | e | a | t | k | e | n | d | e |
| m | o | c | h | t | g | k | e | k | e | n | e | e |
| x | k | l | i | e | p | e | n | x | v | o | n | d |

1. *genazen - genezen*
2. ................................
3. ................................
4. ................................
5. ................................
6. ................................
7. ................................
8. ................................
9. ................................
10. ................................
11. ................................
12. ................................
13. ................................
14. ................................
15. ................................
16. ................................

| | |
|---|---|
| 17. ............................................. | 22. ............................................. |
| 18. ............................................. | 23. ............................................. |
| 19. ............................................. | 24. ............................................. |
| 20. ............................................. | 25. ............................................. |
| 21. ............................................. | 26. ............................................. |

**Zet de werkwoorden in het imperfectum en maak van de twee zinnen één. Volg het voorbeeld.**
*[Put the verbs in the past tense and combine the sentences. Follow the example.]*

**5**

(ZIE OOK : STRUCTUUR BIJZIN-HOOFDZIN DEEL 5, 2A)

*VOORBEELD:*

Hij zoekt zijn autosleutels. Hij vindt ook zijn agenda terug.
Toen hij zijn autosleutels zocht, vond hij ook zijn agenda terug. ...............................

1. Ik doe de kast open. Het kopje valt op de grond.
   Toen ......................................................................................................
   ............................................................................................................

2. De huurprijzen van appartementen vallen niet mee. Zij zoekt een kamer.
   Omdat ...................................................................................................
   ............................................................................................................

3. De winter is al bijna voorbij. Ik koop nog een dure winterjas.
   Toen ......................................................................................................
   ............................................................................................................

4. Ik moet het vlees snijden. Ik snijd in mijn vinger.
   Toen ......................................................................................................
   ............................................................................................................

5. Joris geneest niet snel genoeg. Ze brengen hem naar het ziekenhuis.
   Omdat ...................................................................................................
   ............................................................................................................

6. Sam is om 17 uur klaar. Hij gaat naar huis.
   Toen ......................................................................................................
   ............................................................................................................

TEKSTBOEK 3B
P. 244

**1** **Wat betekent het onderstreepte deel precies ? Kruis aan.**
*[Tick the exact meaning of the underlined part.]*

1. Heb je dat <u>werkelijk</u> gedaan ?
   a. zeker
   b. echt
   c. ooit

2. Die kapper vind ik <u>het einde</u>.
   a. bijzonder slecht
   b. vrij goed
   c. fantastisch

3. <u>Ik hoef voor niemand te buigen</u>.
   a. Ik doe precies wat ik zelf wil.
   b. Als iemand mij iets vraagt, doe ik het niet.
   c. Ik heb niemand nodig.

4. Elly ging <u>weleens</u> dansen.
   a. vaak
   b. soms
   c. één keer

5. Parijs is <u>nog wat anders</u>.
   a. niet anders
   b. veel beter
   c. ook anders

6. Zij heeft <u>zowat</u> de hele wereld gezien.
   a. ongeveer
   b. op die manier
   c. zeker

7. – Ken je Leuven goed ?
   – Ja. <u>Ik heb daar namelijk gewoond</u>.
   a. Ik heb daar wel gewoond.
   b. Omdat ik daar heb gewoond.
   c. Ik heb daar ooit gewoond.

**2** **Geef voor elke tekening het juiste woord.**
*[Give the right word for each picture.]*

1. Vrouwen rijden op een ..............................,

   mannen op een .............................. .

2. Ik wil wel een ............................. of

een ............................. als huisdier maar

geen *vogel* en zeker geen ................................ .

3. Deze ............................. kan ik niet meer gebruiken.
Ze hebben in het water gelegen.

4. Je moet niet te veel ............................. gebruiken.
Dat is niet goed voor je gezicht.

5. De ............................. stelde een proces-verbaal op.

6. De ............................. van het warme water is kapot.
Nu kunnen we alleen een koude ................................ nemen.

7. Het ............................. ? Op de gang, de derde deur links.

8. Bij deze ............................. hoef je geen afpraak te maken.

9. Ze gaan elk weekend ............................. in die grote
discotheek.

**Formuleer het onderstreepte zoals in de dialogen.**
*[How are the underlined parts formulated in the dialogues ?]*   **3**

1. Ik ken <u>al de luchthavens</u>.

.......................................................................................

2. Leuven ? Dat moet <u>heel anders dan Parijs zijn</u> !

.......................................................................................

3. Ik wil nu <u>een prettig leven hebben</u>.

.......................................................................................

4. Ik <u>denk nog dikwijls aan die goede tijd in Parijs terug</u>.

.......................................................................................

5. <u>Is</u> dat hotel <u>comfortabel genoeg</u> ?

.......................................................................................

**4** **Spreek over gewoonten uit het verleden. Zet de werkwoorden in het imperfectum en maak van de twee zinnen één.**
*[Talk about past habits. Put the verbs in the past tense and combine the sentences.]*

> ALS IN DE BIJZIN HET IMPERFECTUM WORDT GEBRUIKT, BETEKENT DE LINK 'ALS': 'TELKENS ALS'.
> *[In a subclause in the past, the linking-word 'als' means 'every time that, whenever'.]*

1. We komen 's avonds thuis. We drinken altijd eerst een aperitief.

   Als .........................................................................................................

   .............................................................................................................

2. Zijn moeder werkt 's nachts. Hij loopt vaak 's avonds heel laat nog op straat rond.

   Omdat .....................................................................................................

   .............................................................................................................

3. We komen binnen. We zetten altijd eerst koffie.

   Als .........................................................................................................

   .............................................................................................................

4. Hij steekt de straat over. Hij kijkt altijd eerst goed naar links en naar rechts.

   Als .........................................................................................................

   .............................................................................................................

5. Lisa gaat naar Parijs. Zij neemt altijd voor Jan een cadeautje mee.

   Als .........................................................................................................

   .............................................................................................................

*TEKSTBOEK 4A*
*P. 247*

# Een baan voor Bert ?

**Zet al de werkwoorden van dit verhaal in het imperfectum.**
*[Put all the verbs of this story in the past tense.]*

Op gewone zondagen (laten 1) ... Joris nooit de wekker aflopen. Maar die
zondag (zijn 2) ... niet gewoon. Die zondag (vertrekken 3) ... hij. Toen de
wekker dus (aflopen 4) ..., (springen 5) ... hij meteen uit bed. Hij (nemen 6)
... snel een douche en hij (zich aankleden 7) ... .

.......................................................................................................
.......................................................................................................
.......................................................................................................
.......................................................................................................
.......................................................................................................

Toen (opendoen 8) ... hij de koelkast, (nemen 9) ... de fles melk en
(leegdrinken 10) ... ze.* Voor een boterham (hebben 11) ...      *de melk (V)
hij geen tijd. Hij (controleren 12) ... nog *gauw* even of al        *[quickly]*
de ramen op slot (zijn 13) ..., (*afzetten* 14) ... de radio en        *[turn out]*
(lopen 15) ... naar de gang. Daar (klaarstaan 16) ... zijn koffer al van de
vorige dag.

.......................................................................................................
.......................................................................................................
.......................................................................................................
.......................................................................................................
.......................................................................................................

Hij (kijken 17) ... nog even in de koffer - hij (mogen 18) ... absoluut niets vergeten - en (dichtdoen 19) ... ... hem. Hij (aantrekken 20) ... ... zijn regenjas, (pakken 21) ... zijn paraplu en (gaan 22) ... naar buiten.

.......................................................................................................................

.......................................................................................................................

.......................................................................................................................

.......................................................................................................................

.......................................................................................................................

Hij (sluiten 23) ... de *voordeur* en (zich haasten 24) ...        *[front door]* toen naar zijn wagen. Hij (uitrijden 25) ... langzaam door de stille straten de stad. Hij (oversteken 26) ... het eerste grote kruispunt gemakkelijk. Toen hij bij het tweede kruispunt (aankomen 27) ..., (staan 28) ... het licht op rood. Hij (stoppen 29) ... en (wachten 30) ... tot het licht weer groen (worden 31) ...

.......................................................................................................................

.......................................................................................................................

.......................................................................................................................

.......................................................................................................................

.......................................................................................................................

.......................................................................................................................

.......................................................................................................................

Hij (kijken 32) ... in de *achteruitkijkspiegel* en        *[rearview mirror]* (denken 33) ... even dat hij in de auto achter hem zijn buurman (herkennen 34) ... Hij (willen 35) ... nu snel weg uit de stad. Aan zijn vrouw, die in het ziekenhuis (liggen 36) ..., (kunnen 37) ... hij nu niet denken. Misschien (houden 38) ... hij nog van haar, misschien niet. Nog langer aan haar denken (helpen 39) ... niet. Hij (moeten 40) ... weg. Dit (zijn 41) ... het enige dat hij absoluut zeker (weten 42) ... .

.......................................................................................................................

.......................................................................................................................

.......................................................................................................................

.......................................................................................................................

.......................................................................................................................

.......................................................................................................................

.......................................................................................................................

**Perfectum of imperfectum? Welke zin is correct ?**
*[Present perfect or simple past? Which sentence is correct ?]*

1. a. Vertel eens. Wat heb je gisteren gedaan ?
   b. Vertel eens. Wat deed je gisteren ?

2. a. Vroeger ben ik altijd om zeven uur opgestaan.
   b. Vroeger stond ik altijd om zeven uur op.

3. a. Bezocht jij die kerk al eens ?
   b. Heb jij die kerk al eens bezocht ?

4. a. Je ziet er zo moe uit. Sliep je slecht ?
   b. Je ziet er zo moe uit. Heb je slecht geslapen ?

5. a. Gisteren was het mooi weer. Ik ging wandelen, kwam voorbij die
      supermarkt en zag die vacature.
   b. Gisteren is het mooi weer geweest. Ik ben gaan wandelen, ben
      voorbij die supermarkt gekomen en heb die vacature gezien.

**Kies nu zelf tussen perfectum en imperfectum en vul in.**
*[Choose between the present perfect and the simple past and fill in.]*

1. – Wanneer gaat Lisa skiën ?
   – Ze (gaan skiën) deze winter toch al.
   ................................................................................................
   – Hoezo ? Vroeger (gaan skiën) ze toch nooit vóór nieuwjaar.
   ................................................................................................

2. – Kan je hem verstaan ?
   – Nee, niet goed. Hij spreekt niet erg duidelijk. Ik (kunnen verstaan)
     hem nog nooit goed.
   ................................................................................................
   – Toen hij klein (zijn) , (zijn) zijn moeder ook de enige die hem (verstaan).
   ................................................................................................
   ................................................................................................

3. – Is Jennifer weer in Amerika ?
   – Ja, (denken) je misschien dat ze in België zou blijven ?
   ................................................................................................
   – Ja, ik weet niet waarom, maar ik (denk) altijd dat ze bij Bert zou blijven.
   ................................................................................................

4. – Wanneer (thuiskomen) Paolo gisteren ?
   ................................................................................................

– Heel laat. Hij (uitgaan) vorige week ook enkele keren laat.

..............................................................................................................

– Dat (doen) hij vroeger nooit.

..............................................................................................................

TEKSTBOEK 4B
P. 248

# 4B

**1**

**Zoek het juiste werkwoord en vul de juiste vorm in.**
*[Find the appropriate verb and fill in the correct form.]*

> besluiten / trouwen / oefenen / waarschuwen /
> zich afvragen / langskomen / onthouden

1. Weet je wat ik heb gehoord ? Karel en Mia ........................... over een maand.

2. Ik heb Lisa gisterenavond gezien. Ze is even bij me ......................... .

3. Wil jij mijn baas ................................. dat ik morgen wat later kom ?

4. Als ik deze *sonate* goed wil spelen, zal ik nog veel moeten     *[sonata]*
   ........................... .

5. Zijn voornaam is Yusef. Maar, wat is zijn achternaam ook alweer ?
   Die kan ik nooit ................................... .

6. Ik ....................................... of Lisa al uit het ziekenhuis is.

7. De regering heeft ............................... aan de *slachtoffers*     *[victims]*
   van de ramp financiële hulp te geven.

**2**

**Formuleer wat in de onderstreepte delen wordt gezegd met woorden uit de dialogen van les 4B.**
*[Formulate what is said in the underlined parts with words from the dialogues of lesson 4B.]*

1. Kleine kinderen <u>hebben</u> elke dag <u>duizend vragen</u>.

   Ze zijn heel ......................... .

2. Hij woont hier in de buurt. Het is <u>helemaal niet ver</u>.

   Hij woont hier in de buurt. Het is ......................... .

3. Ik hoor wel wat je zegt, maar ik weet niet wat je <u>werkelijk</u> bedoelt.

   Ik hoor wel wat je zegt, maar ik weet niet wat je
   ........................... bedoelt.

4. Ik kan echt niet komen. _In elk geval_, de volgende dagen  [anyhow]
   toch niet.

   Ik kan echt niet komen. .......................... de volgende
   dagen toch niet.

5. Ik heb in <u>meer dan één</u> winkel naar dat product gevraagd,
   maar ik vind het nergens.

   Ik heb in .......................... winkels naar dat product
   gevraagd, maar ik vind het nergens.

---

**Verwijs in je antwoord ook naar de genoemde persoon met een correct
pronomen object. Let erop dat het op de juiste plaats in de zin komt te
staan.**
_[Refer in your response also to the person mentioned using a correct
pronoun object. See to it that you put it in its correct place in the
sentence.]_

(ZIE OOK : PRONOMEN OBJECT DEEL 2, 2B)

**3**

VOORBEELD:

---

– Heeft Els aan jou verteld dat Peter Italiaans gaat leren ?
– Ja, ze heeft het verteld.
– <u>Ja, ze heeft het me verteld.</u>

---

1. – Vraag eens aan Paolo of hij je niet een beetje met Italiaans wil
     helpen.
   – Ik heb dat al gevraagd.

   – .........................................................................................

2. – Heb je aan Lisa beloofd dat je zou langskomen ?
   – Nee, ik heb dat niet beloofd.

   – .........................................................................................

3. – Wil je alsjeblieft niet aan mijn broers vertellen wat ik je zopas heb
     gezegd ?
   – Natuurlijk niet. Ik vertel het zeker niet.

   – .........................................................................................

4. – Heeft hij jullie misschien gezegd voor wie die brief was ?
   – Nee, hij heeft het niet gezegd.

   – .........................................................................................

5. – Heb ik aan jou al verteld dat Karel en Mia uit elkaar gaan ?
   – Nee, dat heb je nog niet verteld.

   – .........................................................................................

TEKSTBOEK 5A
P. 251

# Bert heeft een snoepje gekocht.

## 5A

**1** **Kruis de correcte uitspraken aan.**
*[Tick the correct statements.]*

1. a. De politie stelde alleen vragen die belangrijk zijn om de dief te vinden.
   b. De politie kent nu de dief door de vragen die ze aan Els stelde.
   c. De politie stelde ook vragen die niet belangrijk zijn om de dief te vinden.

2. a. Els moest minder dan tien formulieren invullen.
   b. Els moest zeker niet minder dan 10 formulieren invullen.
   c. Els moest meer dan tien formulieren invullen.

3. a. Rogiers zei dat hij de dienst marketing in de toekomst niet meer nodig had.
   b. Rogiers zei dat hij Bert in de toekomst niet meer nodig had.
   c. Rogiers zei dat hij Bert die ochtend niet meer nodig had.

4. a. Bert sprak die ochtend eerst met Rogiers en ging daarna op straat wandelen.
   b. Sinds Bert die ochtend met Rogiers sprak, is hij werkloos.
   c. Rogiers heeft Bert die ochtend op straat ontslagen.

5. a. Karel hoort van Bert dat Elly beter betaalt dan Rogiers.
   b. Karel hoort van Bert dat de zaak van Elly financieel gezonder is dan die van Rogiers.
   c. Karel hoort van Bert dat Elly vriendelijker is dan Rogiers.

6. a. Bert is geschrokken van de slechte administratie van de zaak van Elly.
   b. Bert is geschrokken dat Elly haar zaak een bedrijf noemt.
   c. Karel is geschrokken dat Bert Elly zo charmant vindt.

**2** **Kruis aan wat klopt.**
*[Tick off what is correct.]*

❑ 1. Als je een boek doorkijkt, lees je elke zin.
❑ 2. Als je een contract ondertekent, zet je je naam onder dat contract.
❑ 3. Als je van mijn diensten gebruik maakt, werk ik voor jou.
❑ 4. Als je hoop hebt, denk je dat de dingen nog slechter worden.
❑ 5. Als je iets doet dat tegen de wet is, dan is dat niet legaal.
❑ 6. Als je iets niet voor mogelijk houdt, dan geloof je dat niet.
❑ 7. Als je iemand opvangt, help je hem met zijn problemen.

**Wanneer gebeurde het precies ? Volg het voorbeeld.**
*[When exactly did it happen ? Follow the example.]*

**3**

VOORBEELD:

---

De dieven (binnenkomen) toen hij ...

*De dieven kwamen binnen toen hij zijn geld aan het tellen was.*

---

1. De telefoon (gaan) toen ze ...

.........................................................................................

2. De bom (vallen) toen de kinderen buiten ...

.........................................................................................

3. Het (beginnen) te regenen toen hij ...

.........................................................................................

4. De wekker (aflopen) toen hij nog ...

.........................................................................................

5. Hij (breken) zijn voet toen hij ...

.........................................................................................

TEKSTBOEK 5B
P. 253

---

**5B**

**Zoek het antoniem en vul in.**
*[Find the opposite and fill in.]*

**1**

| gewoon - nog - triest - later - winnen |
|---|

1. eerder .................................
2. verliezen .................................
3. niet langer .................................
4. grappig .................................
5. bijzonder .................................

**2** **Zoek wat ongeveer hetzelfde betekent en vul in.**
*[Find what means more or less the same.]*

> vroeger - speciaal - station - vreemd

1. zender .................................
2. gek .................................
3. bijzonder .................................
4. eerder .................................

**3** **Zoek het ontbrekende woord en vul in.**
*[Find the missing word and fill in.]*

1. Het nieuws uit de regio is ..................................... nieuws.
2. Nieuws uit het buitenland is ..................................... nieuws.
3. Ik heb hem gisteren ..................................... op straat ontmoet.
   Ik wist helemaal niet dat hij weer in Leuven woont.
4. Als je honger hebt dan eet je; drinken doe je als
   je ................................. hebt.
5. Als er plots iets gebeurt en je hebt het helemaal niet
   verwacht, dan ................................. je.
6. De VRT - de Vlaamse Radio en Televisie - is een
   ............................. omroep.
7. Als je op een zender veel *reclame* ziet, dan is het zeker     *[advertising]*
   een ............................. zender.
8. 'De Rode Duivels',* de Belgische nationale voetbal*ploeg*,          *[team]*
   hebben tegen Ierland met 2-0 ............................. .
9. Kinderen houden van ............................., maar die
   zoete dingen zijn heel slecht voor hun tanden.

\* *[=The Red Devils]*

**4** **Wees zuinig met woorden. Zeg het in één zin. Volg het voorbeeld.**
*[Be economical. Say it in one sentence. Follow the example.]*

VOORBEELD:

> Ik zag Bert. Hij liep die winkel binnen.
> *Ik zag Bert die winkel binnenlopen.*...............................................................

1. Ze hoorde hem. Hij was in de badkamer aan het zingen.
   Ze ...................................................................................

2. Hij reed met de auto van zijn vader. Ik zag hem gisteren.

   Ik ........................................................................................

3. Ik zag zijn paraplu. Hij hing aan de kapstok.

   Ik ........................................................................................

4. Zij hoorde elke nacht zijn hond. Dan *blafte* hij.          *[barked]*

   Zij ........................................................................................

5. Ze voelde druppels. Ze vielen op haar gezicht.

   Ze ........................................................................................

**Zeg het in één zin. Nu staan de werkwoorden 'zien' en 'horen' in het perfectum. Volg het voorbeeld.**
*[Say it in one sentence. Now the verbs 'zien' and 'horen' are in the present perfect. Follow the example.]*

(ZIE OOK: DEEL 6, 5A)

*VOORBEELD:*

---

Ik heb Bert gezien. Hij liep die winkel binnen.
Ik heb Bert die winkel zien binnenlopen.

---

1. Ik heb hem gehoord. Hij speelde een sonate van Mozart.

   Ik ........................................................................................

2. Ik heb de fiets van Els gezien. Hij stond voor de deur.

   Ik ........................................................................................

3. Hij heeft ons gehoord. Wij waren ruzie aan het maken.

   Hij ........................................................................................

4. Ik heb de buren gezien. Zij gingen hun huis binnen.

   Ik ........................................................................................

**5**

*TEKSTBOEK 6A*
*P. 255*

# Lees je ook de krant ?

## 6A

**1** **Zoek het juiste woord en vul in.**
*[Find the appropriate word and fill the gaps.]*

1. Als je een ................................... koopt, betaal je in één keer voor alle concerten van één seizoen.

2. Op www.acco.be vind je interessante boeken. Kende je die ..................................... al?

3. Als je geen tickets meer kan kopen, is de zaal ................................ .

4. Iemand die veel van muziek houdt, is een ................................... .

5. Als je de avond leuk vond, heb je een ..................................... avond gehad.

6. Het seizoen dat binnenkort begint, is het ................................... seizoen.

7. Iemand die een abonnement koopt, is een ..................................... .

8. Op het ................................. staan werken van Beethoven en Mozart.

9. Als je de man naar wie je schrijft niet persoonlijk kent, *spreek* je hem in een brief *aan* met "................................ *[address]* ..........................................".

10. In een formele brief aan een minister schrijf je niet "Met vriendelijke ..................................", maar "...................................".

**2** **Hoe wordt het in de brief gezegd ?**
*[How is it said in the letter ?]*

1. We willen ook u de kans geven om het Brussels Beethoven Ensemble te leren kennen.

   ....................................................................................................

2. Met een abonnement bent u zeker van een uitstekende plaats in de zaal.

   ....................................................................................................

3. Wij geven u graag de mogelijkheid om een abonnement te kopen.

   ....................................................................................................

4. Wij hopen dat u één van onze abonnees wordt.

   ....................................................................................................

5. In deze envelop vindt u het nieuwe programma.

...................................................................................

6. Deze keer brengt het orkest vooral muziek van Mendelsohn, Schubert, Strauss en Schönberg.

...................................................................................

*TEKSTBOEK 6B*
*P. 256*

## 6 B

**Kruis de correcte uitspraken aan.**
*[Tick the correct statements.]*

**1**

❑ 1. Vanavond is er voetbal op Canvas.
❑ 2. Nederlanders lezen meer boeken dan Vlamingen.
❑ 3. Het aantal boekenlezers in Nederland is ongeveer de helft van het aantal boekenlezers in Suriname.
❑ 4. Humo is een populair dagblad.
❑ 5. 46% van de Vlamingen is een dagelijkse krantenlezer.
❑ 6. Wie zijn hele leven veel leest, kan als hij oud is beter dingen onthouden.
❑ 7. De papierprijzen zijn niet hoger geworden.

**Wat kan ongeveer hetzelfde betekenen ?**
*[What's more or less the same ?]*

**2**

1. het tijdschrift
2. het artikel
3. pas
4. 7 dagen per week
5. de statistieken

a. dagelijks
b. niet vroeger dan
c. de cijfers
d. het blad
e. de tekst

**Zoek de mogelijke samenstellingen. Geef ook het bepaald artikel.**
*[Find the possible compounds. Give also the definite article.]*

**3**

| prijs | mand | 1. ...... ................................... |
| televisie | lezer | 2. ...... ................................... |
| dag | stijging | 3. ...... ................................... |
| kranten | blad | 4. ...... ................................... |
| | | 5. ...... ................................... |

**4** **Vervolledig deze brief met de juiste woorden.**
*[Complete this letter. Use the right words.]*

G......................... heer

Sinds 2001 maakt onze *theatergroep* Fast Forward    *[theatre company]*
elk jaar met veel s......................... een theaterproductie
voor studenten Nederlands.

Wij willen dat mensen die nog niet veel Nederlands kennen
een plezierige avond hebben, en met onze cultuur
k......................... . Heel vaak begrijpen ze op straat nog niet
zoveel, omdat de mensen bijvoorbeeld dialect spreken, of
omdat ze nog niet veel woorden kennen. Daarom gebruiken
we in onze voorstellingen alleen de belangrijkste woorden
uit het Nederlands.

Wij hebben het g......................... u hierbij onze nieuwe
brochure aan te b......................... . U leest in deze brochure
alles over onze nieuwe plannen. Meer informatie vindt u op
onze website: www.fast-forward.be

Bent u of uw school g......................... in onze producties?
Neemt u dan zo snel mogelijk contact op met ons.

Met vriendelijke g......................... .

Emanuela Reuling.

**5** **Maak nu met de onderstaande woorden logische Nederlandse samenstellingen en geef het bepaald artikel. Het bepaald artikel is dat van het tweede deel van de samenstelling.**
*[Form logical Dutch compounds with the words below and give the definite article. The definite article is that of the second part of the compound.]*

> documentaire / artikel / stijging / programma / tekening /
> prijs (2X) / abonnement / mand (2X) / blad (3X)

1. ...... pen.........................

2. ...... televisie.........................
   ...... televisie.........................
   ...... televisie.........................

3. ...... papier.........................
   ...... papier.........................

4. ...... prijs.........................

5. ...... kranten.........................
   ...... kranten.........................
   ...... kranten.........................
   ...... kranten.........................

6. ...... week.........................

7. ...... dag.........................

TEKSTBOEK 7
P. 259

# Vrije tijd.

7

**Er is telkens één uitspraak die <u>niet</u> klopt volgens de tekst. Kruis de foute uitspraken aan.**
*[One statement of each number is <u>false</u>. Tick the false statements.]*

1

1. a. Omdat de Vlamingen nu langer leven, hoeven ze per jaar minder te werken.
   b. Omdat de Vlamingen meer vakantiedagen hebben, hoeven ze per jaar minder te werken.
   c. Omdat de Vlamingen nu minder uren per week werken, hebben ze meer vrije tijd.

2. a. In hun vrije tijd zijn de Vlamingen niet altijd actief.
   b. In Vlaanderen luisteren de mensen vrij vaak naar muziek.
   c. In Vlaanderen verzamelt bijna iedereen postzegels, platen of prentbriefkaarten.

3. a. Vroeger waren dorpscafés belangrijke ontmoetingsplaatsen.
   b. Gemeentelijke culturele centra zijn belangrijke ontmoetingsplaatsen.
   c. Alle verenigingen komen nu samen in de kantine van de gemeentelijke sportzaal.

4. a. De jeugdbeweging is in Vlaanderen niet meer zo populair.
   b. Muziekfestivals en pretparken zijn enorm populair.
   c. De jaarlijkse kermis is niet meer zo populair.

5. a. 'Uitgaan' betekent voor veel Vlamingen naar een discotheek gaan.
   b. 'Uitgaan' betekent voor veel Vlamingen bij de buren op bezoek gaan.
   c. 'Uitgaan' betekent voor veel Vlamingen naar een restaurant gaan.

6. a. Verre landen zijn voor veel Vlamingen populaire vakantiebestemmingen.
   b. Landen met een zonnig klimaat zijn voor veel Vlamingen populaire weekendbestemmingen.
   c. De kust en de Ardennen zijn voor veel Vlamingen populaire weekendbestemmingen.

**2** Geef een synoniem voor de onderstreepte woorden. De eerste letter is gegeven.
*[Give a synonym for the underlined words. The first letter is given.]*

1. In de zomer is het hier gemiddeld <u>zo'n</u> 20 graden Celsius.     o.............................

2. Ilse en Johan zijn verliefd; ze vormen sinds vorige maand een <u>paar</u>.     k.............................

3. Veel Vlamingen zijn lid van een culturele, hobby- of sport<u>club</u>.     v.............................

4. Bert houdt van voetbal. Hij gaat in het weekend soms naar een <u>match</u> kijken.     w.............................

5. Paolo kan <u>vrij</u> goed tekenen.     t.............................

6. Hoe <u>vaak</u> lees jij een boek?     d.............................

7. Knack? Neen, dat <u>blad</u> ken ik nog niet.     t.............................

8. Els probeert <u>elke dag</u> de krant te lezen.     d.............................

9. Ik wil graag alle <u>continenten</u> bezoeken.     w.............................

10. Het haar van mijn oma is <u>tamelijk</u> grijs geworden.     n.............................

11. In Vlaanderen heeft <u>elk dorp of elke stad</u> een cultureel centrum.     elke g.....................

**3** Zoek het juiste woord en vul de juiste vorm in.
*[Find the appropriate word and fill in the correct form.]*

> achteruitgaan - tekenen - kaarten - quiz - schaken - verzamelen -
> pretpark - stamcafé - plaatselijk - populair - dagtaak -
> hobby - plaat - wekelijks - minstens - jaarlijks

1. Het café waar je een vaste bezoeker bent, is je ............................... .

2. In de ................................. was hij de beste. Hij wist op zowat alle vragen een antwoord.

3. Zo rond zeven uur 's avonds zijn de meeste Vlamingen klaar met hun ................................. . Dan kunnen ze gaan zitten en velen kijken dan televisie.

4. De ................................. kermis in Leuven duurt drie weken. En elk jaar is er ook op de eerste maandag van september de traditionele jaarmarkt.

5. Dat televisieprogramma heeft zeer hoge *kijkcijfers*.     *[ratings]*
   Vooral bij de jeugd is het enorm ................................. .

6. Hij verveelt zich vaak in zijn vrije tijd. Hij leest niet graag, hij gaat nooit uit en hij heeft geen enkele ................................. .

7. De regen was zeer ................................. . Hier regende het en een kilometer verder bleef alles droog.

8. Nu koop je muziek via het internet of je koopt een cd,
   vroeger kochten de mensen ..................................... .

9. Culturele tijdschriften *verschijnen* maandelijks of                    [appear]
   tweemaandelijks, maar televisiebladen verschijnen
   ..................................... .

10. Gewone mensen vinden ..................................... een
    spel voor *intellectuelen*. Zij houden meer van                        [intellectuals]
    ..................................... .

11. Hij kan zeer goed bomen en bloemen ...........................,
    maar zijn portretten vind ik niet zo goed.

12. In zijn jeugd ..................................... hij de postzegels van al
    de Europese landen.

13. Zijn gezondheid ..................................... de jongste weken
    sterk ..................................... . Ik ben bang dat hij niet
    lang meer zal leven.

14. Er zaten ..................................... 50 mensen in het café.
    Misschien wel meer. Zeker niet minder.

15. In het weekend of in de zomervakantie gaan veel gezinnen
    plezier maken in een ..................................... .

**1** **Kijk opnieuw naar aflevering 9 van het dvd-programma.**
*[Watch again part 9 of the DVD programme.]*

*DEEL 9*

Vertel kort wat er in deze aflevering van de soap is
gebeurd. Vertel iets over elk *personage.*    *[character]*

.......................................................................................................................

.......................................................................................................................

.......................................................................................................................

.......................................................................................................................

.......................................................................................................................

.......................................................................................................................

.......................................................................................................................

.......................................................................................................................

.......................................................................................................................

**2** **Vul het juiste woord in. In de zinnen a. en b. moet je hetzelfde woord
gebruiken, maar soms is de vorm van het woord in de twee zinnen niet
identiek.**
*[Fill in the right word. The same word has to be used in the sentences a.
and b., but sometimes the form of the word is not identical in the two
sentences.]*

1.  a. Joris heeft een mooi huis op zijn blad ............................ .

    b. Hij wil het contract niet ............................ voor hij met
    zijn vrouw heeft gepraat.

2.  a. De ............................ controleerde de identiteit van de
    vreemdelingen in de zaal.

    b. Je kan de weg ook altijd aan een ............................ vragen.

3.  a. – Heb je van de film ............................ ?

    – Nee, ik hou niet van *actiefilms.*    *[action films]*

    b. Hij is al over de negentig, maar hij ............................
    nog altijd een goede gezondheid.

4.  a. Filip en Katrien ............................ volgende zaterdag
    om 11 uur in de kerk van het dorp.

    b. Hij heeft geen werk, geen huis en geen geld. Aan
    ............................ en kinderen denkt hij dus nog niet.

5. a. Hij heeft nog nooit iets ............................ . Alles wat
      hij heeft, heeft hij zelf verdiend.

   b. Toen hij vanmorgen thuiskwam, was zijn huis leeg.
      Dieven hebben vannacht al zijn *meubels*          [furniture]
      ........................... .

6. a. Toen de *bisschop* voorbijkwam, ............................          [bishop]
      de mensen het hoofd.

   b. Japanners ........................... als ze *afscheid nemen*, [say goodbye]
      Vlamingen geven een hand.

7. a. De chauffeur bracht met zijn ............................ tien
      *ton* rijst naar Griekenland.                    [tons]

   b. In het weekend is het verkeer rustiger. Dan zijn er geen
      ........................... op de weg.

8. a. Ik heb drie kinderen en mijn zus vier. Mijn moeder
      heeft dus zeven ............................... .

   b. In Vlaanderen zorgen veel grootouders voor hun
      ............................ omdat de ouders *allebei* gaan werken.  [both]

9. a. "Wat kan ik je .......................... ?" vroeg hij me. "Een
      kopje koffie of een glas bier ?"

   b. Omdat hij te laat was voor de trein, ........................... ik
      hem een lift naar huis ......................... .

10. a. We hebben besloten toch niet naar Italië te gaan. We gaan
       nu een weekje naar Praag ......................... .........................
       ........................... naar Firenze.

    b. Vandaag eten we rijst ......................... .........................
       ........................... aardappelen.

A. **Deze werkwoorden heb je geleerd. De corresponderende substantieven**      **3**
   **krijgen het suffix -ing. Het bepaald artikel is 'de'. Geef de substantieven.**
   **[You have learnt these verbs. The corresponding nouns get the suffix**
   **-ing. The definite article is 'de'. Give the nouns.]**

| WERKWOORD | SUBSTANTIEF | WERKWOORD | SUBSTANTIEF |
|---|---|---|---|
| 1. aanbieden | ...... ................... | 4. buigen | ...... ................... |
| 2. oefenen | ...... ................... | 5. onderbreken | ...... ................... |
| 3. ondertekenen | ...... ................... | 6. kennismaken | ...... ................... |

**B. Van deze werkwoorden zijn de corresponderende substantieven identiek aan de 'stam'. Vorm de substantieven.**
*[Of these verbs the corresponding substantives are identical to the root. Form the nouns.]*

| WERKWOORD | SUBSTANTIEF | WERKWOORD | SUBSTANTIEF |
|-----------|-------------|-----------|-------------|
| 1. verkopen | .de... .................. | 5. werken | ...... .................. |
| 2. gebruiken | .het. .................. | 6. dansen | .de... .................. |
| 3. vragen | ...... .................. | 7. kaarten | ...... .................. |
| 4. wensen | ...... .................. | 8. schrikken | .de... .................. |

**C. Het prefix 'on' betekent 'niet'. Vorm het adjectief.**
*[The prefix 'on' means 'not'. Form the adjective.]*

1. niet gelukkig   = ongelukkig.........   5. niet bepaald   = ....................
2. niet gevaarlijk   = ....................   6. niet populair   = ....................
3. niet comfortabel   = ....................   7. niet bekend   = ....................
4. niet getrouwd   = ....................   8. niet belangrijk   = ....................

**D. Vorm adjectieven. Volg het voorbeeld.**
*[Form the adjectives. Follow the example.]*

1. Wie verdriet heeft, is verdrietig..........................
2. Wie haast heeft, is ................................. .
3. Wie geduld heeft, is ................................. .
4. Wie honger heeft, is ................................. .
5. Wie geluk kent, is ................................. .

**4** **Vervolledig de vragen. Gebruik correcte vraagwoorden.**
*[Complete the questions using correct question words.]*

1. – ....................... ........................ komt de trein aan ?
   – Om vier uur.
2. – ....................... woont Jan al in Parijs ?
   – Al een jaar.
3. – ....................... ........................ is ze nu aan het praten ?
   – Met Jan.
4. – ....................... ........................ ........................ auto wil je kopen ?
   – Een kleine die niet te duur is.
   – En ....................... ........................ auto rij je nu ?
   – Met de auto van mijn vader.
5. – ....................... ........................ heeft Jan van de week gebeld ?

– Twee keer.

6. – ........................ ga je niet in Brussel wonen ?

   – Omdat ik Brussel te druk en te duur vind.

7. – ........................ ............................ is het vandaag ?

   – De zevenentwintigste, denk ik.

8. – ........................ heb je met Jan afgesproken ?

   – Komende maandag.

## Kies de juiste prepositie en vul in.
### [Choose the correct preposition and fill in.]

**5**

| aan / in / met / op / over / tegen |
| --- |

1. Als jullie ................ tafel willen komen, kunnen we eten.

2. ................ vrijdag gaat zij altijd naar de markt om groenten te kopen.

3. ................ dit uur van de dag is de kans ................ files vrij klein.

4. Als je je deur niet ................ slot doet als je weggaat, dan is de kans groot dat je dieven ................ bezoek krijgt.

5. Er bestaat nog altijd geen goed medicijn ................ ongelukkig zijn.

6. Ik heb gisteren ................ Van Kamp gesproken.

7. Laten we nu zwijgen ................ wat er is gebeurd. Dat kunnen we toch niet meer veranderen.

8. Het bedrijf zal ................ een herstructurering van alle diensten beginnen. Dat liet de directeur gisteren .................... een brief .................... al het personeel weten.

9. Zij weet al wat er is gebeurd, maar hij niet. Ik heb nog niets .................... hem kunnen zeggen.

## Welke substantieven kunnen bij de volgende adjectieven voorkomen ?
### [Which nouns may appear together with the following adjectives ?]

**6**

| voorbeeld - cijfers - tijd - vrouw - stem - resultaat - verdriet - ongeval |
| --- |

1. een mooi    ........................   3. een lieve   ........................

   een mooi    ........................      een lieve   ........................

   mooie       ........................   4. een zachte  ........................

   een mooie   ........................      een zachte  ........................

   een mooie   ........................   5. een groot   ........................

   een mooie   ........................      een groot   ........................

2. een harde   ........................      een groot   ........................

   een harde   ........................      een groot   ........................

   een harde   ........................   6. een trotse  ........................

   harde       ........................      een trotse  ........................

**7**

**Lees de tekst en vul de ontbrekende woorden in.**
*[Read the text and fill in the missing words.]*

Het leven van de gemiddelde Belg

1. De gemiddelde Belg is een man. Hij ................... Jean, is 40 jaar
   ................... en zal nog 36 jaar leven. Als hij in Brussel ...................,
   zal hij nog enkele maanden ouder worden ................... als hij in
   Vlaanderen of Wallonië woont.

2. Jean is 1,76 meter ................... en ................... 79 kilo. Hij is dikker
   dan 10 jaar geleden. Dat komt misschien ................... hij zoveel van
   frieten en pasta ................... en per jaar 96 liter bier ................... en
   2 kilogram chips eet. Maar ................... dag staan ook brood, vlees,
   aardappelen en groenten op zijn menu. Tomaten, sla en wortelen zijn
   zijn favoriete ................... en van alle soorten ................... eet Jean
   het vaakst appelen, bananen en sinaasappelen.

3. Jean staat om tien voor halfacht................... . Hij drinkt 2
   ................... koffie en ................... daarna gemiddeld 10 uur
   ................... week in de file om naar het werk te gaan. De vuile lucht
   van al die auto's en vrachtwagens zal zijn ................... 13 maanden
   korter maken. Op zijn werk neemt hij zijn ...................pauze tussen
   tien voor halfeen en twee uur en 's avonds rijdt hij ................... in de
   file naar huis.

4. Daar woont Jean met zijn twee kinderen, zijn ................... en zijn
   hond of kat. Zijn vrouw heeft hij leren kennen ................... hij 26
   ................... en 5 maanden oud was. Maar de kans is groot dat hij
   ................... 8 maanden van ................... zal scheiden.

5. Jean .................... bruto gemiddeld 32.400 euro per jaar. Bijna 45% van zijn loon heeft hij nodig .................... te kunnen eten en .................... voor de auto, bus of trein te betalen. 30% heeft hij .................... om te wonen. Met de rest .................... hij kleren en schoenen, en betaalt hij zijn reizen, de dokter, de apotheker, de kapper ...

*After this lesson you should be able to:*

– *Ask dispensation to be released from doing something.*
– *Express in different ways that something is not necessary.*
– *Interrupt someone in a direct and more polite way. React when you are interrupted by someone.*
– *Give a chronological account of what happened in the past.*
– *Talk about habits, recurrent events and situations from the past.*
– *Talk about actions in progress in the past.*
– *Refer to an earlier statement with 'het' or 'dat'.*
– *Know how to address someone and which closing formula to use in formal and informal Dutch letters.*

– *Form the simple past tense of regular verbs and of the irregular verbs you have already met in this course.*
– *Know when to use 'hoeven te' versus 'moeten'.*
– *Make a correct use of 'wat voor', 'wat voor een', 'zulk(e)', 'zo'n'.*
– *Build sentences with 'zien', 'horen' and 'voelen' as auxiliaries.*

– *Give some information about the press in Flanders.*
– *Give some information about how people in Belgium and Flanders spend their time off and their holidays. Give similar information about your own people.*

# En hoe ging het verder ?

**Lees de vragen, kijk opnieuw naar aflevering 10 van het dvd-programma en kruis de correcte uitspraken aan.**
*[Read the questions, watch again part 10 of the DVD programme and tick off the correct statements.]*

*DEEL 10*

1. a. Wat Elly eigenlijk aan Paolo wilde zeggen, is dat Bert de man is die ze nodig heeft.
   b. Wat Elly eigenlijk aan Paolo wilde zeggen, is dat Bert de manager is die ze nodig heeft.
   c. Wat Bert eigenlijk aan Paolo wilde zeggen, is dat het uitstekend met hem gaat.

2. a. Jennifer zegt aan Elly dat het geen goede beslissing was naar België te komen.
   b. Jennifer zegt aan Elly dat Bert haar niet heeft verteld wat er bij zijn vorige firma gebeurd is.
   c. Jennifer zegt aan Elly dat ze niet begrijpt wat er op de vorige firma van Bert gebeurd is.

3. a. Peter wil om kwart over drie naar de winkel van Elly om een snoepje te kopen.
   b. Peter wil om kwart over drie naar de winkel van Elly om Bert en Elly aan het werk te zien.
   c. Peter wil om kwart over drie naar de winkel van Elly om met Elly te kunnen lachen.

4. a. Elly begrijpt uit de woorden van Jennifer dat ze niet helemaal normaal is.
   b. Elly begrijpt uit de woorden van Jennifer dat ze niet van sherry houdt.
   c. Elly begrijpt uit de woorden van Jennifer dat het leven van een moeder niet gemakkelijk is.

5. a. Jennifer zegt dat Bert zijn tijd aan het verliezen is omdat ze vindt dat hij een betere baan kan vinden.
   b. Jennifer zegt dat Bert zijn tijd aan het verliezen is omdat ze weet dat hij liever aan de universiteit werkt.
   c. Jennifer zegt dat Bert zijn tijd aan het verliezen is omdat hij in de winkel van Elly niet langer een 'marketingmanager' is.

6. a. Op het einde begrijpt Jennifer dat Bert Elly de ideale vrouw vindt.
   b. Op het einde begrijpt Jennifer dat ze Bert zijn eigen keuzes moet laten maken.
   c. Op het einde begrijpt Jennifer dat Bert nu de ideale baan heeft.

*TEKSTBOEK 1A*
*P. 264*

# Bert ziet het wel zitten.

## 1A

**1**

**A. Vervolledig de onderstaande conversatie met één van de volgende groepen van woorden.**
*[Complete the conversation below with one of the following groups of words.]*

> heb het over - het er naar haar zin - het te druk -
> niet - wel zitten - met één oor

Tim     Excuseer, vroeg je iets ? Ik was even *verstrooid.*    *[absent-minded]*

Pol     Ja, je was weer maar ......................... aan het luisteren. Ik zei dus dat Ria onze hulp nodig heeft.

Tim     Welke Ria ? Ik ken twee Ria's: Ria Verbiest of Ria Hermans ?

Pol     Ik ........................ Ria Hermans.

Tim     Oh, die Ria. Ze is pas verhuisd, ...................... ? Vindt ze haar nieuwe huis leuk ?

Pol     Ja, ze heeft ........................... . Maar ze heeft onze hulp nodig. Ze vraagt of wij misschien samen nog een paar kasten naar boven kunnen dragen ?

Tim     Ja, ik wil best helpen. Maar wanneer ?

Pol     Morgen misschien ?

Tim     Nee, morgen kan ik echt niet, want dan werk ik de hele dag en 's avonds heb ik ook nog twee afspraken.

Pol     Dus morgen heb je ....................... .

Tim     Ja, inderdaad, maar overmorgen misschien. Dan kan ik wel.

Pol     Ja, dat is goed. Overmorgen kan Ria dus op ons rekenen ? Dat beloof je ?

Tim     Ja, overmorgen kom ik.

Pol     En daarna gaan we samen uit eten. Kan dat voor jou ?

Tim     Ja, dat zie ik ........................... .

**B. Luister naar de cd en controleer je antwoorden.**
*[Listen to the CD and check your answers.]*

*CD 4(14)*

**Wat kan de volgende zin zijn ? Zoek in kolom 2. Soms is er meer dan 1 mogelijkheid.**
*[Look in column 2 for the sentence which may follow. There may be more than one possibility.]*

1. Alles komt in orde.
2. Ik zal nooit op tijd klaar zijn.
3. Al dagenlang heb ik tot laat in de nacht gewerkt.
4. We moeten elke dag vroeg opstaan.
5. Luister nu toch even.
6. Het was er mooi, zonnig en warm.
7. Hij regelt alles.

a. Kortom, het was schitterend.
b. Je hoeft zelf niets te doen.
c. Ik heb het tegen jou.
d. Ik heb het vreselijk druk.
e. Behalve op zondag, natuurlijk.
f. Ik zie het echt niet zitten.

**Zeg de onderstreepte delen anders. Gebruik woorden uit de dialogen van les 1A.**
*[Rephrase the underlined parts, using words from the dialogues of lesson 1A.]*

1. Wil jij dit even in orde brengen ?

   Wil jij dit even ...................................................... ?

2. Ik wil alles voor je doen, alleen dat niet.

   Ik wil alles voor je doen, ...................................................... .

3. Ik weet niet hoe ik van de maand de huur van mijn kamer moet betalen. Ik heb geen geld meer. In één woord: een catastrofe.

   ................................................... : een catastrofe.

4. Natuurlijk kan je niets vinden. Er is niet de minste orde in deze kamer.

   Deze kamer is een ...................................................... .

TEKSTBOEK 1B
P. 265

**1B**

**Wat kan de volgende zin zijn ? Zoek in kolom 2.**
*[Look in column 2 for the sentence which may follow.]*

1. Wat hij vertelt, kan helemaal niet.
2. Deze melodie klinkt bekend.
3. *Anonieme* brieven lees ik niet.
4. Dat is onzin.

a. Die scheur ik meteen in stukken.
b. Daar zit geen enkele logica in.
c. Dat is complete onzin.   *[anonymous]*
d. Waar heb ik die nog gehoord ?

**2**

Met welke werkwoorden kan je de volgende substantieven combineren ?
Zet de letters van de mogelijke werkwoorden naast de substantieven.
*[With which verbs can you combine the substantives below ? Put the
letters of the possible verbs after the substantives.]*

| | | |
|---|---|---|
| 1. een bal | ..... | a. betalen |
| 2. de brief | ..... | b. brengen |
| 3. een streep | ..... | c. vertellen |
| 4. een fout | ..... | d. scheuren |
| 5. aandacht | ..... | e. gooien |
| 6. in orde | ..... | f. trekken |
| 7. onzin | ..... | g. maken |
| 8. een rekening | ..... | h. schrijven |
| 9. plannen | ..... | |

**3**

Met welke werkwoorden kan je de woorden uit kolom 1 combineren ? Zet
de letters van de mogelijke werkwoorden naast de woorden uit kolom 1.
*[With which verbs can you combine the words below ? Put the letters of
the possible verbs after the words.]*

| | | |
|---|---|---|
| 1. bekend | ..... | a. meeluisteren |
| 2. compleet | ..... | b. klinken |
| 3. met een half oor | ..... | c. vergeten |
| 4. interessant | ..... | d. vinden |
| 5. aardig | ..... | e. maken |

**4**

Zeg het anders. Volg het voorbeeld.
*[Say in a different way. Follow the example.]*

VOORBEELD:

| | |
|---|---|
| de vriendin van Bert | Berts vriendin ................................ |
| | Bert zijn vriendin ............................. |

1. de broer van Anna    ................................................
   ................................................

2. de zus van Jos    ................................................
   ................................................

3. de vriendin van mama    ................................................
   ................................................

4. de opa van Jeroen    ................................................
   ................................................

5. het huis van Els    ................................................
   ................................................

6. het appartement van mijn ouders    ................................................
   ................................................

## A. Zeg het in één zin. Volg het voorbeeld.
*[Say it in one sentence. Follow the example.]*

VOORBEELD :

Elly staat in de winkel. Ze praat met een klant.
Elly staat in de winkel met een klant te praten.

1. Paolo en Peter zitten in de sofa. Zij kijken naar het voetbal.

   ...................................................................................................

2. Moeder staat in de keuken. Ze wast af.

   ...................................................................................................

3. Zij liepen daar op straat. Ze zongen.

   ...................................................................................................

4. De handdoeken hangen buiten. Ze drogen nog.

   ...................................................................................................

5. De baby lag in de armen van zijn grootmoeder. Hij sliep.

   ...................................................................................................

## B. Zet nu de zinnen 1, 2 en 5 in het perfectum.
*[Now put sentences 1, 2 and 5 in the present perfect tense.]*

VOORBEELD:

Elly heeft in de winkel met een klant staan (te) praten.

1. ...................................................................................................
2. ...................................................................................................
5. ...................................................................................................

**6**

Antwoord op de vraag. Gebruik 'staan', 'zitten' of 'lopen'. Volg het voorbeeld.
*[Respond using 'staan', 'zitten' or 'lopen'. Follow the example.]*

VOORBEELD:

---

Wanneer heeft hij haar gezien, zei hij ? (in de Diestsestraat, met een vriendin praten)

Toen ze in de Diestsestraat met een vriendin stond te praten.

---

1. Wanneer heeft hij Lisa ontmoet, zei hij ? (in de stad, wandelen)

   Toen ze ........................................................................................

2. Wanneer heeft ze Jan ontmoet, zei ze ? (in een muziekwinkel, een cd beluisteren)

   Toen hij ........................................................................................

3. Waarom kon ze niet met ons meekomen, zei ze ? (nog studeren)

   Omdat ze ........................................................................................

4. Wanneer heeft hij van het ongeval gehoord, zei hij ? (de volgende avond, naar het nieuws kijken)

   Toen hij ........................................................................................

5. Wanneer heeft Jan haar gebeld, zei ze ? (eten)

   Terwijl ze ........................................................................................

6. Wat vroeg die man je ? (op de bus wachten)

   Hoelang we al ........................................................................................

TEKSTBOEK 2A
P. 268

# Rare mensen, die Vlamingen !

**2A**

**Vul in de onderstaande zinnen een passend woord uit de dialoog van les 2A in. Hetzelfde woord past in de twee zinnen van één nummer, maar soms verschilt de vorm.**
*[Fill the gaps with an appropriate word from the dialogue in lesson 2a. The same word fits in the two sentences of one number, but sometimes the form is different.]*

**1**

1. a. Alles is dicht. Ik heb alle ramen en deuren .......................... .

   b. Hij is zeer .......................... : hij zegt nooit wat hij denkt of voelt.

2. a. Ik vind het .......................... dat hij niet gekomen is.
      Dat zijn we niet van hem gewoon.

   b. Hij doet soms een beetje .........................., maar
      hij is daarom nog niet gek.

3. a. Aan zijn .......................... hoor je dat hij
      *Franstalig* is.                                    *[French-speaking]*

   b. In 'aankomen' ligt het .......................... op de aa.

4. a. Hoe kan je nu .......................... geloven ? Het
      kleinste kind weet dat dat niet kan.

   b. .......................... doms heb ik nog nooit gehoord.

5. a. Voor de kinderen gaan slapen, moet ik hen altijd een
      .......................... vertellen.

   b. De .......................... die ze over die vrouw vertellen,
      zijn niet waar.

6. a. Joris heeft pas een eigen winkel en daarom volgt hij nu een
      .......................... boekhouding.

   b. De .......................... geschiedenis begint bij de vroegste tijden.

7. a. Ik heb maar met een half oor meegeluisterd. Ik herinner me niet
      .......................... wat hij gezegd heeft.

   b. Twee pintjes ? Dat is .......................... vier euro. Alstublieft.

**2** Vervang in de onderstaande zinnen de 'men'-vormen door de onpersoonlijke 'ze'-vorm of de onpersoonlijke 'je'-vorm.
*[Replace in the sentences below the 'men'-forms by the impersonal 'ze'-form or the impersonal 'je'-form.]*

1. Men mag hier niet parkeren.

   ...................................................................................................................

2. Weet jij hoe men dat in het Nederlands zegt ?

   ...................................................................................................................

3. Men weet nooit wat er morgen kan gebeuren.

   ...................................................................................................................

4. Men denkt tegenwoordig dat alles kan.

   ...................................................................................................................

5. Men zegt dat het vanaf morgen beter weer wordt.

   ...................................................................................................................

6. Op de huisvestingsdienst geeft men informatie over al de kamers die voor studenten te huur zijn.

   ...................................................................................................................

**3** Zinsstructuur: varieer de woordvolgorde in deze zinnen. Het eerste woord is telkens gegeven.
*[Sentence structure: make variations of these sentences. Each time the first word is given.]*

1. Paolo belt Els na de middag op.

   Paolo ..........................................................................................................

   Na.................................................................................................................

2. Bert had zijn vrienden voor een etentje bij hem thuis uitgenodigd.

   Bert .............................................................................................................

   Voor .............................................................................................................

3. Peter dacht dat Els niet meer van hem hield.

   Peter ............................................................................................................

   Dat ..............................................................................................................

4. Jennifer kwam om acht uur op de luchthaven aan.

   Jennifer ........................................................................................................

   Om ...............................................................................................................

**Zet de prepositiegroepen rechts van de eindgroep. In totaal zijn er van deze zinnen 13 variaties mogelijk. Schrijf ze neer.**
*[Shift the prepositional groups to the right of the ending thus making in all 13 variations of the sentences below. Write them down.]*

 DE PREPOSITIEGROEP VAN VASTE UITDRUKKINGEN KAN NIET RECHTS VAN DE EINDGROEP STAAN.
*[The prepositional group of idiomatic phrases must not be put to the right of the ending.]*

VOORBEELD:
Hij heeft het er gehad ~~naar zijn zin~~.
Hij heeft het er naar zijn zin gehad.

1. Hij is nog nooit bij mij aan huis gekomen.
2. Hij is op zijn vijfenvijftigste al met pensioen gegaan.
3. Je kan nooit aan zijn gezicht zien hoe hij over iets denkt. Hij laat zich niet zo gemakkelijk kennen.
4. Hij was bang dat het niet meer binnen de week in orde zou komen.
5. Hij heeft op deze vraag niet willen antwoorden.
6. Ik haat het om op een zaterdag met de auto boodschappen te moeten doen.
7. We konden niet op tijd komen, want we waren *pas* na zeven     *[only]* uur vertrokken.
8. Hij heeft nooit gedacht dat hij zijn hele leven bij dezelfde firma zou werken.
9. Hij had zijn auto niet op slot gedaan en iemand had binnen de twee minuten zijn laptop gestolen.
10. Het gebeurde dikwijls dat hij boven zijn boeken in slaap viel.

...............................................................................................

...............................................................................................

...............................................................................................

...............................................................................................

...............................................................................................

...............................................................................................

...............................................................................................

...............................................................................................

...............................................................................................

...............................................................................................

...............................................................................................

...............................................................................................

...............................................................................................

...............................................................................................

TEKSTBOEK 2B
P. 270

**1** Lees opnieuw de tekst 'De Vlamingen en het Nederlands' en geef het antwoord op de volgende vragen.
*[Read again the text 'De Vlamingen en het Nederlands' and answer the questions below.]*

1. Waarom hebben buitenlanders in Vlaanderen het moeilijk om Nederlands te leren ?

   ................................................................................................................

   ................................................................................................................

2. In de tekst noemt men drie redenen waarom de Vlamingen gemakkelijk voorrang geven aan de taal van de ander. Geef twee van die redenen.

   ................................................................................................................

   ................................................................................................................

3. Waarom spreken Vlamingen zo goed vreemde talen ?

   ................................................................................................................

   ................................................................................................................

**2** Wat betekent ongeveer hetzelfde ? Zoek bij elkaar.
*[Combine the sentences which mean more or less the same.]*

| | |
|---|---|
| 1. Doe niet zo moeilijk. | a. Dit moeten we eerst oplossen. |
| 2. Hier moet je voorrang geven. | b. Hij voelt zich hier niet thuis. |
| 3. Iedereen weet dat. | c. Het is niet omdat hij dat |
| 4. Heeft hij uitgelegd waarom ? | altijd doet dat jij dat ook |
| 5. We hebben goede resultaten. | moet gaan doen. |
| 6. Dit probleem krijgt voorrang. | d. Je moet eens met hem praten. |
| 7. Doe toch je best. | e. Probeer toch een beetje harder. |
| 8. Je moet die gewoonte niet | f. Wees een beetje soepel. |
| overnemen. | g. Heeft hij een verklaring gegeven ? |
| 9. Spreek hem eens aan. | h. Het is ons aardig gelukt. |
| 10. Hij kan zich hier niet | i. Dat is bekend. |
| aanpassen. | j. Hier moet je wachten op de |
| | auto's die van rechts komen. |

**Vervolledig de uitleg of argumentatie met gepaste bindwoorden uit het kader 'argumenten opsommen'.**
*[Complete the explanation or argumentation with appropriate linking words from the window 'argumenten opsommen'.]*

**3**

- Kom je morgen niet met me mee naar Brussel ?
- Nee, morgen kan ik niet met je mee ! In .................................... (1) heb ik al andere plannen voor morgen en ................................ (2) is het morgen woensdag en dan hebben de kinderen een halve dag vrij op school.

- Hoe gaat het met Anna ?
- Ze maakt het niet zo goed. Zij heeft .................................... (3) grote financiële zorgen, maar ook met haar gezondheid gaat het de jongste tijd niet zo best. En .................................... (4) is er natuurlijk ook nog altijd haar oude vader die bij haar in huis woont en ook voor de nodige problemen zorgt.

**Lees de volgende uitspraken. Zeg of je akkoord gaat of niet (zie ook: deel 4, les 6) en geef minstens twee argumenten op een gestructureerde manier.**
*[Read the statements below. Say whether you agree or not (see also: deel 4, les 6) and build up your argumentation in a structured way. Give at least two arguments.]*

**4**

1. Als je in een ander land gaat wonen, moet je de taal van dat land leren.

.........................................................................................

.........................................................................................

.........................................................................................

.........................................................................................

2. Vlamingen moeten altijd Nederlands spreken tegen buitenlanders.

.........................................................................................

.........................................................................................

.........................................................................................

.........................................................................................

*TEKSTBOEK 3A*
*P. 272*

# Het is moeilijk om een goede moeder te zijn !

## 3A

**1** **Voeg aan de gecursiveerde woorden een -e, -n of -en toe waar dat nodig is.**
*[Add -e, -n or -en to the words in italics if necessary.]*

1. *Sommig*..... zeggen dit en *ander*..... dat. Ik weet echt niet meer wie ik moet geloven.
2. Ik heb *veel*..... boeken en ik ben zeker dat *enkel*..... je heel erg zullen interesseren.
3. De *meest*..... werklozen in Vlaanderen kunnen nog goed leven, maar *enkel*..... hebben het financieel toch heel moeilijk.
4. Hij heeft al *verschillend*..... keren naar haar gevraagd.
5. *Weinig*..... spreken zo goed Nederlands als hij.
6. Van de *honderd*..... euro die ik hem *geleend* heb, heb ik niets    *[lent]* teruggekregen.
7. De *weinig*..... keren dat ik daar ben geweest, was het altijd bijzonder gezellig.
8. Ik heb al *verschillend*..... vrienden van hem ontmoet, en de *meest*..... vind ik heel sympathiek.
9. Ze zijn met *zovel*..... gekomen dat de hele zaal vol zat.

**2** **Welke uitspraken kloppen ? Kruis aan.**
*[Tick off the correct statements.]*

☐ 1. Jennifer vindt dat haar zoon nogal gesloten is.
☐ 2. Jennifer weet precies waarom Bert werkloos geworden is.
☐ 3. Jennifer vindt dat er hier te veel werklozen zijn.
☐ 4. Elly gelooft niet dat de zoon van Jennifer werkloos geworden is.
☐ 5. Elly vindt het verschrikkelijk als je de moeder van een zoon bent die niet normaal is.
☐ 6. Elly vindt het vreemd dat ze iemand die carrière aan het maken is, plots ontslaan.
☐ 7. Elly vertelt Bert dat de zoon van de vrouw in de winkel gek is.
☐ 8. Elly kent de reden van de hoge werkloosheid de jongste tijd.
☐ 9. Elly denkt dat iedereen die echt een baan wil ook een baan kan vinden.

**Kies het juiste woord en vul in.**
*[Fill each gap with the appropriate word.]*

**3**

---

meteen - zoveel - pas - zolang - plotseling - daarnet - zoals

---

1. Er moet ........................... mogelijk werk voor de middag klaar zijn, want ik heb vandaag een vrije namiddag.

2. ........................... wij op reis zijn, zorgen de buren voor onze hond.

3. Ik heb ........................... telefoon van de directeur gekregen. Hij vraagt of je even naar zijn kantoor wil komen.

4. Ze waren samen heel leuk aan het spelen en toen begon één van de kinderen ........................... heel hard te huilen.

5. Toen de bel ging en mijn ouders binnenkwamen, zijn mijn vrienden ........................... vertrokken.

6. Hij heeft laat gewerkt. Hij is ........................... na zeven uur gestopt met werken.

7. Waarom kan je niet even wachten ........................... de anderen ? Jij hebt helemaal geen geduld !

*TEKSTBOEK 3B*
*P. 275*

---

**3B**

**Geef het bevel door zoals in het voorbeeld.**
*[Pass the order as in the example.]*

**1**

VOORBEELD:

---

Hij moet wat minder roken. Zeg hem dat.
Zeg hem wat minder te roken.................................................

---

1. Hij moet het toch proberen. Zeg hem dat.
   Zeg hem ............................................................................

2. Hij zou even moeten komen helpen. Vraag het hem eens.
   Vraag hem eens ..................................................................

3. Hij mag zijn sleutels niet vergeten. Zeg je het hem ?
   Zeg je hem .........................................................................

4. Hij mag hier logeren als hij dat wil. Je mag het hem zeggen.
   Je mag hem zeggen .............................................................

5. Jij mag niet weglopen ! Beloof je mij dat ?
   Beloof je mij ......................................................................

**2** **Transformeer de onderstaande zinnen. Volg het voorbeeld.**
*[Transform the sentences below. Follow the example.]*

VOORBEELD:

---

Ze kan de kleine letters niet lezen. Haar ogen zijn te slecht.
a. Haar ogen zijn te slecht om de kleine letters te lezen.
b. Haar ogen zijn niet goed genoeg om de kleine letters te lezen.

---

1. Ik wil die jas niet dragen. Hij is te lelijk.
   a. Ik vind ........................................................................
   b. Ik vind ........................................................................
2. Hij wil het boek niet helemaal lezen. Het is te vervelend.
   a. Hij vindt ......................................................................
   b. Hij vindt ......................................................................
3. De kinderen spelen niet buiten. Het is nu te koud.
   a. Het is ..........................................................................
   b. Het is ..........................................................................
4. We nemen de auto niet. De bioscoop ligt te dicht bij ons huis.
   a. De bioscoop ligt ...........................................................
   b. De bioscoop ligt ...........................................................
5. Jan gaat niet naar school. Hij is nog te jong.
   a. Jan is ...........................................................................
   b. Jan is ...........................................................................

**3** **Vul 'te' in als dat nodig is.**
*[Fill in 'te' if necessary.]*

1. Hij heeft hard gewerkt om op tijd klaar ... zijn.
2. Ik wil je best ... helpen. Je hoeft het alleen maar ... vragen.
3. Toen hij de baby hoorde ... huilen ging hij meteen ... kijken.
4. Het is niet erg interessant altijd hetzelfde ... moeten ... horen.
5. Hij is nog maar zestien en dat is niet oud genoeg om met de auto ... rijden.
6. Hij heeft me gevraagd morgen ... komen.
7. Je moet eens ... proberen een beetje minder ... roken.
8. Het is niet ... geloven hoe moeilijk het tegenwoordig is een goede baan ... vinden.
9. Ik beloof altijd op tijd ... zullen komen, maar toch kom ik altijd te laat.
10. Ik heb besloten minder ... roken en meer fruit ... eten.
11. Ik denk niet naar het feest van Jan ... gaan.
12. Wat iedereen gelooft, hoeft daarom nog niet waar ... zijn.
13. Hij zei nooit ... zullen roken. Ik hoor het hem nog altijd ... zeggen. Maar nu rookt hij meer dan een pakje sigaretten per dag.
14. De jaren lijken voorbij ... vliegen. Zo snel gaat de tijd.
15. Je hoeft je niet verplicht ... voelen: je mag ook rustig nee zeggen.
16. Je mag niet vergeten het licht uit ... doen als je vertrekt.
17. Het lijkt me bijzonder moeilijk ... zijn in een ander land ... gaan ... wonen en je weer ... moeten ... aanpassen.

TEKSTBOEK 4A
P. 277

# Gewoonten.

**4A**

**Er is telkens maar één zin waarin al de werkwoorden op de juiste plaats staan. Kruis die correcte zin aan.**
*[There is each time only one sentence in which all verbs occur in a correct position. Tick off that correct sentence.]*

(ZIE OOK: DEEL 1, 7B; DEEL 2, 5B; DEEL 3, 4B; DEEL 5, 1B; DEEL 5, 2A; DEEL 6, 1A; DEEL 6, 5A; DEEL 6, 6B; DEEL 9, 5A)

1.  a. Omdat het weer was goed, heb ik de kinderen de hele dag buiten laten spelen.
    b. Omdat het weer goed was, heb ik de kinderen de hele dag buiten spelen laten.
    c. Omdat het weer goed was, heb ik de kinderen de hele dag buiten laten spelen.

2.  a. De zon scheen en hebben de kinderen de hele dag buiten gespeeld.
    b. De zon scheen en de kinderen hebben de hele dag buiten gespeeld.
    c. De zon scheen en de kinderen de hele dag buiten hebben gespeeld.

3.  a. Als de kinderen een hele dag hebben in de tuin kunnen spelen, zijn ze 's avonds moe.
    b. Als de kinderen een hele dag in de tuin kunnen hebben spelen, ze zijn 's avonds moe.
    c. Als de kinderen een hele dag in de tuin hebben kunnen spelen, zijn ze 's avonds moe.

4.  a. We waren nog aan het kaarten, toen de match begon.
    b. Toen de match begon, we waren nog aan het kaarten.
    c. Toen we waren nog aan het kaarten, begon de match.

5.  a. Het is op kerstavond te sneeuwen beginnen.
    b. Het is beginnen op kerstavond te sneeuwen.
    c. Het is beginnen te sneeuwen op kerstavond.

6.  a. Waarom ik me toen vergist van datum heb, weet ik niet.
    b. Ik weet niet waarom ik me toen heb vergist van datum.
    c. Waarom ik me toen van datum heb vergist, ik weet niet.

7.  a. De man die ik gisteravond ontmoet heb, heeft me een heel vreemd verhaal verteld.
    b. De man die ik heb gisteravond ontmoet, heeft me verteld een heel vreemd verhaal.
    c. De man die ik gisteravond heb ontmoet, heeft verteld me een heel vreemd verhaal.

TEKSTBOEK 4B
P. 278

**1** **Hoe zijn deze mensen familie van elkaar ? Kijk naar de stamboom en vul in.**
*[How are these people related ? Look at the genealogical tree and fill the gaps.]*

♂KAREL VERTOMMEN X RIA VERELST♀

♂PAUL VERTOMMEN X GREET JANSEN♀      ♀ANNA VERTOMMEN X FILIP KLEIN♂

♂JAN VERTOMMEN    JORIS VERTOMMEN♂      ♀ KRISTIEN KLEIN    MICHIEL KLEIN♂

1. Karel en Ria zijn de ......................................................... van Michiel en Kristien.
2. Joris is de ................................. van Karel.
3. Anna is de ................................. van Jan.
4. Kristien is de ............................... van Joris.
5. Filip is de ............................... van Kristien.
6. Joris is de ............................... van Filip.
7. Jan en Joris zijn ................................. van Michiel Klein.
8. Anna is ................................. met Filip.
9. Karel en Ria hebben vier ................................. .
10. Kristien is de ................................. van Greet.

**2** **Zet de onderstaande zinnen in het imperfectum.**
*[Turn the sentences below into the simple past.]*

⚠ Onregelmatige werkwoorden !

1. Margaret komt uit New York en woont al twee jaar in Leuven.
..............................................................................................

2. Ze heeft verre familie in Vlaanderen.
..............................................................................................

3. John vindt dat de Vlamingen die hij kent nogal vreemd doen.
..............................................................................................

4. Margaret neemt de trein van zeven uur.
..............................................................................................

5. De tante van Margaret verwacht haar rond acht uur.
..............................................................................................

**Formuleer anders en gebruik van het onderstreepte woord het corresponderende werkwoord.**
*[Rephrase using the corresponding verb of the underlined word.]*

**3**

VOORBEELD:

Heb je van Jan <u>telefoon</u> gekregen ?
*Heeft Jan je getelefoneerd ?*

1. Hoe was haar <u>reactie</u> ?

   .......................................................................................

2. Heeft Paolo ook een <u>uitnodiging</u> van Lisa gekregen ?

   .......................................................................................

3. Hoelang heeft jouw <u>studie</u> geduurd ?

   .......................................................................................

4. Waarom heb je haar een <u>duw</u> gegeven ?

   .......................................................................................

**Vul in de zinnen a. en b. van elk nummer hetzelfde woord in. Soms verschilt de vorm.**
*[Fill the gaps. The same word has to be used in the sentences a. and b. of each number, but the form may be different.]*

**4**

1. a. Ik hou niet van ............................... reizen. Ik ga altijd
      op vakantie naar de Belgische kust.

   b. Mijn oude buurman is nog ................................... familie
      van mij. Hij is een neef van mijn grootmoeder.

2. a. – Kom jij vaak te laat ?
      – Nee, dat is zeker niet mijn ........................................ .

   b. In Italië hebben de mensen de ......................................
      's avonds pas tussen acht en negen te eten.

3. a. Ik heb twee keer ..............................., maar hij
      deed de deur niet open.

   b. Je hoeft niet ............................... te ................................... .
      De *voordeur* is altijd open.                        *[front door]*

4. a. Die deur gaat niet zo gemakkelijk open. Je moet er
      hard tegen ............................... .

   b. Het sneeuwde en we hebben de auto de berg op
      moeten ................................... .

5. a. Mag ik je pen even gebruiken ? Je ...............................
      ze zo meteen ................................... .

   b. Heb je het boek dat je hem hebt *geleend* al                *[lent]*
      ........................................ ?

**Geef van elke zin twee alternatieven. Volg het voorbeeld.**
*[Give two alternatives of each sentence. Follow the example.]*

VOORBEELD:

---

Ik heb <u>voor vanavond</u> het dessert klaargemaakt.
a. <u>Voor vanavond heb ik het dessert klaargemaakt.</u>
b. <u>Ik heb het dessert klaargemaakt voor vanavond.</u>

---

1. Hij heeft <u>voor zijn zoon</u> een kleine auto gekocht.
   a. .........................................................................................
   b. .........................................................................................

2. Hij heeft het ook <u>aan zijn vriendin</u> verteld.
   a. .........................................................................................
   b. .........................................................................................

3. Hij kwam nooit <u>voor negen uur</u> thuis.
   a. .........................................................................................
   b. .........................................................................................

4. Hij ging <u>op zondag</u> altijd bij zijn grootmoeder eten.
   a. .........................................................................................
   b. .........................................................................................

*TEKSTBOEK 5A*
*P. 280*

# Leven in Vlaanderen.

**5A**

Geef voor de onderstaande omschrijvingen het juiste woord. Alle letters
zijn gegeven. Zet ze op de juiste plaats.
*[Give the right word for the following descriptions. All letters of the
word are given. Spell the word correctly.]*

**1**

[IJ = één letter]

1.  Daar maak je je handen mee droog.  A D D E H N O K

    h.a.n.d.d.o.e.k......................

2.  Dat ben je in België als je 18 bent.  A E L N O S S V W

    ....................................

3.  Dat is iets niet willen doen.  E E E G I N R W

    ....................................

4.  Dat zijn kinderen als ze iets doen wat  O S T T U
    niet mag.
    ....................................

5.  Dat zijn kleren als je ze hebt gewassen.  C H O O N S

    ....................................

6.  Dat ben je als je een eigen inkomen  A D E F G I L N S T Z
    hebt.
    ....................................

7.  Dat heb je als het juist is wat je denkt.  E G IJ L K

    ....................................

8.  Dat is er als heel veel mensen op één  D E K R T U
    plaats samen zijn.
    ....................................

9.  Dat moet je doen als je bijvoorbeeld  E G I N N P R S
    op straat aan de andere kant van een  ....................................
    grote *plas* wilt komen.                    *[puddle]*

10. Dat heb je als je zelf geld verdient.  E I K M N N O

    ....................................

11. Die zijn voor iedereen gelijk in België.  C E E H N R T

    ....................................

12. Dat ben je als je iets zo kan zeggen dat  A A D I L M O P T
    iedereen tevreden is.                       ....................................

13. Dat is een kind als het geen meisje is.     E E G J J N O T

.......................................

14. Dat ben je als je vier talen spreekt.     A E G I I L R T V

.......................................

**2**   **Welk woord uit de tweede kolom heeft ongeveer dezelfde betekenis ?**
*[Which word from the second column has more or less the same meaning ?]*

1. niet lief                        a. excuseren
2. niet juist                       b. oefenen
3. geen kind meer                   c. schoon
4. niet vuil                        d. weigeren
5. niet willen aannemen             e. herinneren
6. verontschuldigen                 f. verkeerd
7. trainen                          g. volwassen
8. terugdenken                      h. stout

**3**   **Hoe kan het verder ? Kruis aan wat <u>niet</u> mogelijk is.**
*[How may the statement be continued ? Tick off what is <u>impossible</u>.]*

1. Ik wil nu een beetje rusten.
   a. Met al die drukte ben ik moe.
   b. Tenminste, als je dat niet erg vindt.
   c. Ik ben nog lang niet moe.

2. Breng je me naar het station ?
   a. Als je tijd hebt tenminste.
   b. Anders neem ik wel een taxi.
   c. Dat is mijn recht.

3. Dat mag je niet weigeren.
   a. Tenminste als je je baan wilt verliezen.
   b. En ik ben zeker dat je dat ook niet durft.
   c. Dat zou heel dom zijn.

4. Dat mag toch !
   a. Ik heb toch niets verkeerds gedaan !
   b. En daarbij, dat is heel stout !
   c. Dat is mijn goed recht !

**4**   **Bouw correcte zinnen. Zet geen enkel deel rechts van de eindgroep.**
*[Build correct sentences. Don't put any part to the right of the ending.]*

WOORDEN DIE WERKWOORDEN, ADJECTIEVEN OF DE HELE
ZIN SPECIFICEREN ZOALS 'ALTIJD, NOOIT, SOMS, OOK, RUSTIG,
NOG ...' HEBBEN MEESTAL DEZELFDE PLAATS IN DE ZIN ALS
'NIET' OF 'GEEN'.
*[Modifiers of verbs, or adjectives or of the complete sentence as
'altijd, nooit, soms, ook, rustig, nog ...' mostly take the same place in
the sentence as 'niet' or 'geen'.]*

| Hij spreekt Nederlands. | Ik zie die man. | Dat is goed. |
| Hij spreekt **geen** Nederlands. | Ik zie die man **niet**. | Dat is **niet** goed. |
| Hij spreekt **ook** Nederlands. | Ik zie die man **soms**. | Dat is **nooit** goed. |

1. Hij vertrekt
   a. elke morgen
   b. om kwart voor negen
   c. naar Brussel
   Hij vertrekt ................................................................................

2. Hij is
   a. aangekomen
   b. in Italië
   c. de vijfde oktober
   Hij is ................................................................................

3. Zij geeft
   a. hem
   b. altijd
   c. met nieuwjaar
   d. enkele nieuwe cd's
   Zij geeft ................................................................................

4. Hij heeft
   a. een nieuw huis
   b. er
   c. gebouwd
   d. in 2007
   Hij heeft ................................................................................

5. Bert zal
   a. aan de boekhouding
   b. voortwerken
   c. vanmiddag
   d. rustig
   Bert ................................................................................

6. Hij heeft
   a. dat
   b. gevraagd
   c. mij
   d. ook
   Hij heeft ................................................................................

7. Ik heb
   a. vorige week
   b. ontmoet
   c. bij de kapper in de Bondgenotenlaan
   d. haar
   e. nog
   Ik heb ................................................................................

TEKSTBOEK 5B
P. 282

**1**

**Lees de tekst 'Brussel' opnieuw en kruis de juiste uitspraken aan.**
*[Reread the text 'Brussel' and tick off the correct statements.]*

1. a. Omdat de taalgrens door Brussel loopt, heeft elke straat er een Franse en een Nederlandse naam.
   b. Omdat Brussel officieel tweetalig is, heeft elke straat er een Franse en een Nederlandse naam.
   c. Omdat er honderdduizenden toeristen in Brussel komen, heeft elke straat er een Franse en een Nederlandse naam.

2. a. Brussel ligt in het Nederlandse taalgebied en was eerst een Vlaamse stad.
   b. Brussel ligt nu in het Nederlandse taalgebied, maar was eerst een Franse stad.
   c. Brussel is altijd een tweetalige stad geweest.

3. a. In de winkels in Brussel hoor je soms Nederlands, maar vooral Frans.
   b. In de winkels in Brussel hoor je soms Frans, maar vooral Nederlands.
   c. In de winkels in Brussel hoor je alleen Frans, nooit Nederlands.

4. a. 1 op de 2 kinderen die in Brussel worden geboren, zijn kinderen van buitenlandse ambtenaren.
   b. 1 op de 2 kinderen die in Brussel worden geboren, hebben geen Belgische ouders.
   c. De moedertaal van 1 op de 2 kinderen die in Brussel worden geboren is het Frans.

5. a. Veel Vlamingen willen wel in Brussel werken, maar ze willen er niet wonen.
   b. Veel Vlamingen willen in Brussel werken en er ook wonen.
   c. Veel Vlamingen willen wel in Brussel wonen, maar ze willen er niet werken.

6. a. Er zijn nu minder Nederlandstalige scholen in Brussel dan vroeger.
   b. Er zijn nu meer Vlaamse culturele activiteiten in Brussel dan vroeger.
   c. Er waren vroeger geen Vlaamse theaters in Brussel.

**Zoek het juiste woord en vul de juiste vorm in.**
*[Find the appropriate word and fill in the correct form.]*

> indruk / vernieuwd / aanwezig / bewust / ambtenaar /
> taalgrens / moedertaal / meerderheid / loslaten

1. Als je voor de staat werkt, ben je een ......................................... .

2. Als een oud gebouw er weer als nieuw uitziet, is het pas
   ......................................... .

3. Als je heel goed weet wat de gevaren van iets zijn, ben je je van de
   gevaren ......................................... .

4. De eerste taal die je ooit hebt gesproken, is je
   ......................................... .

5. Een goede moeder blijft voor haar kind zorgen. Zolang het haar nodig
   heeft, kan ze het niet ......................................... .

6. Alleen Bruno is niet gekomen, alle anderen waren
   ......................................... .

7. In een democratie beslist de ......................................... .

8. Heb je de nieuwe directeur al ontmoet ? Ja ? En wat is je eerste
   ......................................... ? Denk je dat hij zal meevallen ?

9. De grens tussen het Franse en het Nederlandse taalgebied in België
   heet de ......................................... .

TEKSTBOEK 6A
P. 284

# Feesten in Vlaanderen.

## 6A

**1**

**Met welk werkwoord of welke werkwoorden kan je de onderstaande substantieven combineren ?**
*[With which verb or verbs can you combine the nouns below ?]*

1. de doden
2. een verjaardag
3. een dag vrij
4. moederdag
5. nieuwjaar
6. de oorlog
7. je zorgen
8. feest

a. vergeten
b. begraven
c. vieren
d. herdenken
e. nemen

**2**

**Geef het corresponderende substantief met het bepaald artikel.**
*[Give the corresponding noun and its definite article.]*

| WERKWOORD | SUBSTANTIEF |
|---|---|
| 1. herdenken | ...... ........................................ |
| 2. verlangen | ...... ........................................ |
| 3. feesten | ...... ........................................ |

| ADJECTIEF | SUBSTANTIEF |
|---|---|
| 4. dood | *de... dode*........................................ |
| 5. ziek | ...... ........................................ |
| 6. arm | ...... ........................................ |
| 7. rijk | ...... ........................................ |
| 8. werkloos | ...... ........................................ |

**3**

**Geef nu het corresponderende adjectief.**
*[Now give the corresponding adjective.]*

| SUBSTANTIEF | ADJECTIEF |
|---|---|
| 1. de kerk | ........................................... |
| 2. de christenen | ........................................... |
| 3. de natie | ........................................... |

**Welk woord uit de tweede kolom betekent ongeveer hetzelfde ?**
*[Which word from the second column has more or less the same meaning ?]*

1. het werk
2. een dagje vrij
3. feesten
4. de herdenking
5. het verlangen
6. het lijstje
7. het gebied
8. bovenaan

a. de rij
b. de herinnering
c. hoog
d. de arbeid
e. vieren
f. de wens
g. vakantie
h. de streek

**Zoek het juiste woord en vul de ontbrekende letters in.**
*[Find the correct word and fill in the missing letters.]*

**5**

1. Sinterklaas is een ... .
2. Op 11 november herdenken we de Eerste en Tweede ... .
3. Op 29 september word ik weer een jaartje ouder. Dan vier ik mijn ... .
4. Op 25 december vieren we ... .
5. Op 6 december krijgen de kinderen cadeautjes van ... .
6. De tweede zondag in mei is het ... . Dat is de feestdag van alle moeders.
7. De eerste mei is de internationale dag van de ... .
8. 11 juli is het feest van de Vlaamse ... .
9. In juni vieren we ... .
10. De eerste dag van het jaar is ... .

```
 1.  K  .  N  .  .  . │ F │ .  .  S  .
 2.              .  .  . │ E │ .  .  O  .  .  L  .  .
 3.                 .  . │ E │ .  J  .  .  .  D  .  .
 4.              .  .  . │ S │ .  .  .  S
 5.           .  I  .  . │ T │ .  .  K  .  A  .  .
 6.        M  .  .  . │ D │ .  R  .  .  G
 7.              . │ A │ .  B  .  .  D
 8.              . │ G │ .  .  E  E  .  .  .  .  A  .
 9.        V  .  .  . │ E │ R  .  .  G
10.              . │ N │ .  .  .  W  .  .  .  .
```

**6**

**Kies tussen 'al', 'alle', 'allemaal' en 'alles' en vul in.**
*[Choose among 'al', 'alle', 'allemaal' and 'alles' and fill in.]*

1. Ik heb niet alleen ................................ de nieuwe cd's van die groep, maar ik heb ook ................................ hun oude platen.

2. Niemand kan blijven leven. ................................... mensen moeten sterven.

3. We hebben ................................ vrienden van toen uitgenodigd, maar ze zijn natuurlijk niet ................................ gekomen.

4. – Heb je ................................ al afgewassen ?

   – Ja, ................................ borden en glazen staan weer in de kast.

5. Willen jullie ................................ even hier komen ?

6. – Heb je hen ............................. ................................ informatie gegeven ?

   – Ja, ik heb aan iedereen ................................ de uitleg gegeven.

7. Ze hebben zich ................................ twee verontschuldigd.

8. – Begrijp je ................................ ?

   – Wel, ik versta wel ................................ woorden, maar soms weet ik toch nog niet echt wat hij bedoelt.

**7**

**Kies tussen 'allemaal' en 'helemaal' en vul in.**
*[Choose between 'allemaal' and 'helemaal' and fill in.]*

1. Ik heb het boek nu ................................ gelezen en ik vind het heel interessant.

2. Ik heb zijn boeken ................................ gelezen, maar sommige zijn niet echt interessant.

3. De fles is ................................ leeg. Er zit geen druppel wijn meer in.

4. – Heb je nog wijn ?

   – Ja, de flessen wijn liggen ................................ in de kelder.

5. De kinderen waren ................................ bang, behalve Lies natuurlijk. Die was ................................ niet bang.

TEKSTBOEK 6B
P. 285

**Vul de correcte diminutief in. Volg het voorbeeld.**
*[Fill in the correct diminutive. Follow the example.]*

1. a. Een klein kind is een **kindje.**
   b. Een klein huis is een ........................................................ .
   c. Een klein paard is een ........................................................ .

2. a. Een kleine schoen is een **schoentje.**
   b. Een kleine trein is een ........................................................ .
   c. Mijn lieve vader is mijn ........................................................ .

3. a. Een kleine bal is een **balletje.**
   b. Een lieve, kleine jongen is een ........................................................ .
   c. Een lieve pop is een ........................................................ .

4. a. Een kleine boom is een **boompje.**
   b. Een klein raam is een ........................................................ .
   c. Een kleine arm is een ........................................................ .

5. a. Een kleine koning is een **koninkje.**
   b. Een kleine woning is een .................................... .

**Geef voor elke tekening het juiste woord.**
*[Give the correct word for each picture.]*

Op 5 december, de avond voor Sinterklaas, zet Jan zijn

...................................... klaar. Naast zijn

...................................... ligt een

...................................... met al zijn wensen

voor de Sint.

Mieke wil een ................................, en Jan een grote *beer.*

Aan het ................................ van Sinterklaas heeft Jan

ook gedacht. Voor het ...................................... liggen

er een ...................................... en een paar

............................ suiker klaar.

Die nacht zijn de ..................................

van de huizen wit van de ................................ .

Het wordt een gevaarlijke *tocht* voor de Sint.

*[trip]*

TEKSTBOEK 6C
P. 286

**1** Zoek het juiste woord en vul in.
*[Find the correct word and fill in.]*

| kroon - sterren - kaars - waard - zalig - vuur - stal -
oudejaar - kerstavond - gelukkig - zakgeld - prins |

1. De avond voor Kerstmis is ........................ .

2. De avond voor Nieuwjaar is ........................ .

3. In een nacht zonder wolken kan je de ........................ zien.

4. De paarden blijven 's nachts niet buiten. Dan staan ze in de
........................ .

5. Elke week krijgen de kinderen een beetje ........................ om snoep
te kopen.

6. Alleen koningen dragen een ........................ .

7. De zoon van een koning is een ........................ .

8. Heb je ........................ voor mij ? Ik heb geen lucifers.

9. Alle lampen zijn kapot. Zo kan ik niets zien. Zoek eens een
........................ .

10. Ik wens je een ........................ kerstfeest en een ........................
nieuwjaar.

11. Mijn oude auto is geen 2.500 euro meer ........................ .

**2** Welk werkwoord kan je bij de volgende substantieven gebruiken ?
*[Which verb can you use with the following nouns ?]*

| | |
|---|---|
| 1. een sigaar | a. bakken |
| 2. een kroon | b. afsluiten |
| 3. een kerstliedje | c. geven |
| 4. wafels | d. dragen |
| 5. een geschenk | e. zingen |
| 6. een periode | f. wensen |
| 7. nieuwjaar | g. roken |

**3** Vul van de onderstreepte woorden het corresponderende adjectief in.
*[Fill in the corresponding adjective of the underlined words.]*

1. Een sjaal met veel <u>kleuren</u> is een ............................................. sjaal.

2. Het jaar dat <u>komt</u> is het ............................................. jaar.

3. Het kind van <u>God</u> is het ............................................. kind.

4. Een reis die <u>veertien dagen</u> duurt is een ....................................... reis.

## Vul de juiste samenstelling in.
## [Fill in the correct compound.]

**4**

1. Een <u>kaart</u> met de beste <u>wensen</u> voor het komende jaar is
   een ............................................. .

2. Een <u>kaartje</u> dat je naar familie en vrienden *stuurt* bij        [send]
   de <u>geboorte</u> van een nieuwe baby is een
   ............................................. .

3. Een <u>koek</u> die je bakt in de <u>pan</u> is een
   ............................................. .

4. Een mooi *gedekte* <u>tafel</u> voor een <u>feest</u>maaltijd is een       [set]
   ............................................. .

5. Een <u>stoet</u> die uitgaat met <u>carnaval</u> is een
   ............................................. .

6. De chocoladen <u>eieren</u> die je met <u>Pasen</u> koopt, zijn
   ............................................. .

7. De *dennen<u>boom</u>* die met <u>Kerst</u>mis in de huiskamer
   staat is de ............................................. .       [pine-tree]

8. De <u>klokken</u> die je hoort met <u>Pasen</u> zijn de
   ............................................. .

9. Een <u>plein</u> midden in het <u>dorp</u> is het
   ............................................. .

---

## Welk substantief uit de tweede kolom heeft dezelfde of ongeveer dezelfde betekenis ?
## [Which noun from the second column has the same or more or less the same meaning ?]

**5**

| | |
|---|---|
| 1. het cadeau | a. de rij |
| 2. de koek | b. de tijd |
| 3. de vereniging | c. de club |
| 4. de afsluiting | d. de wafel |
| 5. de periode | e. het geschenk |
| 6. de stoet | f. het einde |

TEKSTBOEK 7
P. 289

# Religie.

**7**

**1**

**Lees opnieuw de tekst: 'Religie in het leven van de Vlaming' en kruis de correcte uitspraken aan.**
*[Reread the text: 'Religie in het leven van de Vlaming' and tick off the correct statements.]*

☐ 1.   In België zijn er minder protestanten dan katholieken.

☐ 2.   De enige grote religie die je in Vlaanderen vindt, is het katholicisme.

☐ 3.   Wallonië telt traditioneel meer katholieken dan Vlaanderen.

☐ 4.   Niet al de katholieken gaan naar de kerk.

☐ 5.   De kerk is in het leven van de Vlaming helemaal niet meer belangrijk.

☐ 6.   De kerk is in het leven van de Vlaming niet meer zo belangrijk als vroeger.

☐ 7.   Vroeger was de pastoor de belangrijkste man van het dorp.

☐ 8.   In Vlaanderen bidden de mensen alleen voor een maaltijd.

☐ 9.   Vroeger baden de katholieken voor ze begonnen te eten.

☐ 10.  Veel Vlamingen trouwen nog in de kerk.

☐ 11.  Als je trouwt, moet je naar het stadhuis.

☐ 12.  Als je trouwt, moet je naar de kerk.

☐ 13.  In Vlaanderen is er een katholieke politieke partij die sterke banden heeft met de kerk.

☐ 14.  De katholieke kerk heeft in Vlaanderen invloed op het onderwijs.

**2**

**Kies het passende werkwoord en vul de juiste vorm in.**
*[Choose the appropriate verb and fill in the correct form.]*

| trouwen - sterven (X2) - begraven - bidden - verdwijnen |
|---|

1. De hond heeft het been in de tuin ........................ .

2. Omdat hij dacht dat hij voor iedereen alleen nog maar een last was, ............................. de oude man elke dag om te mogen ......................... .

3. Hij is op zijn tachtigste rustig *tijdens zijn slaap*     *[during his sleep]*
................................. .

4. Op een mooie dag is hij ................................. en
we hebben hem nooit meer teruggezien.

5. Hij is ................................. met een Oostenrijkse
die hij vorig jaar in *Wenen* heeft ontmoet.                    *[Vienna]*

**Zoek de gepaste woorden en vul in.**
*[Find the appropriate words and fill the gaps.]*

**3**

1. Een feest dat elk jaar terugkomt is een ............................... feest.

2. Kleren die je alleen op zondag draagt zijn je .................................
kleren.

3. Hij bezoekt ons niet ................................ . Soms zien we hem een
hele tijd niet en dan opeens, als we hem niet verwachten, staat hij
voor de deur.

4. De ................................ heeft lang geduurd. We hebben uren aan
tafel gezeten.

5. Hij is met een Vlaamse getrouwd en hij woont al jaren hier in
Vlaanderen, maar hij heeft nog een sterke .......................... met zijn
familie in Marokko.

6. ................................. al noemt hij zich nog katholiek, naar de kerk
gaat hij niet meer.

**1**

**Lees de vragen, kijk opnieuw naar aflevering 10 van het dvd-programma en geef het correcte antwoord.**
*[Read the questions, watch again part 10 of the DVD programme and give the right answer.]*

DEEL 10

1. Welke plannen heeft de presentator ?

.................................................................................................................

.................................................................................................................

2. Wat vertelt Elly over Bert aan Paolo ?

.................................................................................................................

.................................................................................................................

3. Wat vertelt Bert aan Paolo over de administratie van Elly's winkel ?

.................................................................................................................

.................................................................................................................

4. Wat vertelt Jennifer aan Elly over haar zoon ?

.................................................................................................................

.................................................................................................................

5. Wat stelt Peter voor aan Paolo en Els. Waarom ?

.................................................................................................................

.................................................................................................................

6. Hoe reageert Jennifer als ze ziet dat Bert nu voor Elly werkt ?

.................................................................................................................

.................................................................................................................

7. Wat maakt Paolo duidelijk aan Jennifer ?

.................................................................................................................

.................................................................................................................

**2**

**Kies de correcte prepositie en vul in.**
*[Find the correct preposition and fill in.]*

| met - na - bij - zonder - in - op |
|---|

1. ........................ wie heeft hij zich boos gemaakt, zeg je ?

2. Hij is nu wel volwassen, maar hij kan niet ........................ zijn moeder.

3. Woon je alleen of woon je nog ........................ je ouders ?

4. Zeven ........................ de tien Brusselaars hebben het Frans als moedertaal.

5. Er hangen kleurige ballen ........................ de kerstboom.

6. Vier kinderen ........................ de tien ........................ Brussel hebben geen Belgische ouders.

7. ........................ al die drukte is een beetje rust heel welkom.

8. Wil je nu even stoppen ........................ lezen en naar me luisteren ?


## A. Geef het corresponderende substantief op -ing met het bepaald artikel.
*[Give the corresponding noun ending in -ing together with the definite article.]*

| WERKWOORD | SUBSTANTIEF | | WERKWOORD | SUBSTANTIEF |
|---|---|---|---|---|
| 1. oefenen | de oefening | 6. | afsluiten | ... ................... |
| 2. aanspreken | ... ................... | 7. | herdenken | ... ................... |
| 3. weigeren | ... ................... | 8. | regelen | ... ................... |
| 4. aanpassen | ... ................... | 9. | vernieuwen | ... ................... |
| 5. verontschuldigen | ... ................... | 10. | verklaren | ... ................... |


## B. Geef het corresponderende substantief. Het heeft dezelfde vorm als de stam van het werkwoord.
*[Give the corresponding noun. It has the same form as the 'root' of the verb.]*

| WERKWOORD | SUBSTANTIEF | | WERKWOORD | SUBSTANTIEF |
|---|---|---|---|---|
| 1. bloeien | de bloei | 5. | samenhangen | ... ................... |
| 2. groeien | ... ................... | 6. | feesten | ... ................... |
| 3. lachen | ... ................... | 7. | wensen | ... ................... |
| 4. scheuren | ... ................... | 8. | snoepen | ... ................... |


## C. Deze substantieven heb je niet geleerd, maar je kent uit deel 10 wel het corresponderende werkwoord. Vind je het ?
*[You have not learnt these nouns, but you do know from part 10 the corresponding verb. Can you find it ?]*

| SUBSTANTIEF | WERKWOORD | | SUBSTANTIEF | WERKWOORD |
|---|---|---|---|---|
| 1. de begrafenis | ... ................... | 3. | de reactie | ... ................... |
| 2. de sprong | ... ................... | 4. | de overname | ... ................... |

**3**

**D. Ook deze substantieven ken je niet allemaal, maar je kent wel uit de delen 1 tot 9 het corresponderende werkwoord. Vind je het ?**
*[You don't know all of these nouns either, but you know from the parts 1 to 9 the corresponding verb. Can you find it ?]*

| SUBSTANTIEF | WERKWOORD | SUBSTANTIEF | WERKWOORD |
|---|---|---|---|
| 1. de sollicitatie | ........................ | 10. de gebeurtenis | ........................ |
| 2. de kam | ........................ | 11. het gevecht | ........................ |
| 3. de grens | ........................ | 12. de garantie | ........................ |
| 4. het begrip | ........................ | 13. de afwas | ........................ |
| 5. de belofte | ........................ | 14. de leugen | ........................ |
| 6. de betekenis | ........................ | 15. de reuk | ........................ |
| 7. de breuk | ........................ | 16. de studie | ........................ |
| 8. de controle | ........................ | 17. de vondst | ........................ |
| 9. de gedachte | ........................ | | |

**4** **Kies het juiste 'link'-woord en vul in.**
*[Choose the correct linking-word and fill in.]*

> als / dat / of (2X) / omdat / maar / toen / want

1. Weet jij al ........................... je naar Vlaanderen komt ........................ is de reis te duur ?
2. ........................... je komt, kunnen we samen enkele steden bezoeken.
3. ........................... Paolo terugkomt, weet ik wel zeker, ............................... ik weet alleen niet wanneer.
4. En ............................... Luigi via Paolo veel over Vlaanderen heeft gehoord, wil hij het ook wel leren kennen.
5. ............................... hij klein was, is Luigi er eens met zijn ouders geweest. Maar hij herinnert het zich niet meer, ............................... hij was toen nog maar twee jaar oud.

**5** **Zoek in deze woordslang van staart naar kop het juiste woord voor de volgende omschrijvingen.**
*[Find in the word snake below the correct word for the following descriptions. Start at the tail.]*

| V | E | R | K | O | O | P | S | T |
|---|---|---|---|---|---|---|---|---|
| T | S | R | A | A | L | K | R | E |
| A | A | N | T | R | E | K | K | E |
| I | O | O | G | I | N | E | N | N |
| E | N | K | E | L | E | N | T | E |
| N | E | K | N | E | D | E | R | V |

1. Dat is een ander woord voor winkelierster.   verkoopster

2. Die zie je aan de hemel als de nacht helder is. ...............................

3. Dat ben je als je goede spieren hebt. ...............................

4. Dat ben je als alles wat je moest doen ook is gedaan. ...............................

5. Dat draag je aan je voeten in de winter. ...............................

6. Dat doe je als je altijd klaar bent om iemand te helpen. ...............................

7. Dat doe je met een wollen trui als het koud is. ...............................

8. In het Engels gebruiken ze voor dat woord hetzelfde woord als voor 'weten'. ...............................

9. Dat kan je zeggen als je iets fantastisch vindt. ...............................

10. Dat kan je met een bal doen. ...............................

11. Dat is een klein aantal personen. ...............................

12. In dat seizoen komen er weer bladeren aan de bomen. ...............................

13. Dat ben je als iets goed is meegevallen. ...............................

14. Dat moet je doen, maar niet te veel. Anders word je gek. ...............................

## Weet je het nog ? Vul de woorden in het rooster in. Al de letters 'o' zijn al ingevuld. Wat is de boodschap in het kader ?
### [Do you remember ? Fill in the words in the grid. All the letters 'o' are already filled in. What is the message in the window ?]

**6**

1. Dat was de kleur van de bloemen die Paolo aan Els gaf.
2. Dat is de kleur van het jasje dat Paolo in Gent koopt.
3. Zo heet het gerecht dat Bert voor Paolo, Els en Peter klaarmaakt.
4. Dat is het verkeerde cadeau dat Jennifer voor Bert koopt.
5. Dat is het beroep van de nieuwe vriend van Jennifer.
6. Hij was een belangrijke zeventiende-eeuwse Vlaamse schilder.
7. Dat is een taal die men in Brussel spreekt.
8. Dat beroep vond de winkelierster niet zo leuk.
9. Een oude middeleeuwse stad in Vlaanderen.
10. Bert wil de anderen laten geloven dat hij dat bij Elly heeft gekocht.
11. Dat is de naam van het hotel waar Paolo de eerste dagen logeert.
12. Zo heet de vriendin van Els.
13. Dat is de voornaam van de presentator van het dvd-programma.
14. Dit is een vrouw die niet meer in Vlaanderen woont, maar Vlaanderen wel goed kent.
15. Dat heeft Paolo eens verloren, maar daarna van Jennifer teruggekregen.
16. Dat is het beroep van Peter.
17. Bij haar vindt Bert dan toch weer een baan.
18. Dat is de reden van paniek op de luchthaven.

19. Dat is de kleur van de bloemen die Peter aan Els geeft.
20. Dat is het beroep van Van Hirtum.
21. Door dit stuk fruit doet Peter enkele dagen niet meer normaal.

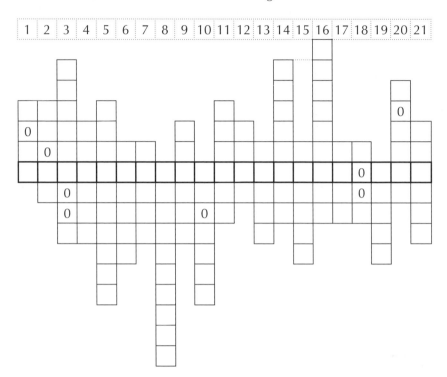

*After this part you should be able to:*

- *Take a relative view of things.*
- *Express surprise.*
- *Build up a simple argumentation.*
- *Emphasize important information in a statement.*

- *Express 'possession' in Dutch.*
- *Talk about actions in progress, using 'zitten te ', 'liggen te', 'staan te', 'hangen te' or 'lopen te'.*
- *Make use of 'te + infinitive' and 'om te + infinitive' constructions.*
- *Make a proper use of the impersonal pronouns 'ze', 'je' and 'men'.*
- *Discriminate marked word order versus neutral word order.*
- *Apply the presented guidelines to order the information occurring between the 'verb' and the 'ending' in a sentence.*
- *Make a correct use of indefinite numerals as nouns.*
- *Make a proper use of the words 'al', 'alle' and 'allemaal'.*
- *Recognize a diminutive.*

- *Give some information about typically Flemish habits and festivities and give similar information about habits and festivities in your own country.*
- *Give some essential information on the language situation in Brussels and on the role of religion in Flanders.*

# Sleutel [key]

**Meaning of the symbols**

| | |
|---|---|
| 2* | in number 2 your answer doesn't have to coincide completely with the answers given in the key, there are several possibilities. |
| 2. x / y | in number 2 you first have to fill in x and then y |
| 2. x, y | in number 2 you can either fill in x or y |
| 2. X. (of: Y.) | in number 2 you can either fill in sentence X or sentence Y. |
| 2. ... (x)... | in number 2 part x is not really necessary to make a correct sentence. |
| 2. ø | you don't fill anything in |

## DEEL 1

### COMPREHENSIE
1.b; 2.c; 3.c; 4.b; 5.a; 6.b

### LES 1
1     1.b; 2.b; 3.a; 4.a
2     A. heet / voornaam
      B. meneer / vriend
      C. naam / mevrouw

### LES 2
1     2. niet waar; 3. waar; 4. niet waar; 5. waar
2     a / a / a
3     1.d; 2.b; 3.a; 4.c
4     ⇨ tekstboek les 2, dialoog 5

### LES 3A
1. Dit is; 2. Dat zijn; 3. Dat is; 4. Dit is; 5. Dit zijn

### LES 3B
1     1. Het; 2. De; 3. De; 4. het; 5. De; 6. De; 7. Het; 8. de; 9. Het; 10. Het; 11. De
2     dranken: het bier / het water / de thee / de wijn
      voertuigen: de auto / de bus / het vliegtuig / de trein
      mensen: de man / het kind / het meisje / de vrouw
3     1. een; 2. ø (uncountable), een (a cup of coffee); 3. ø (uncountable), een (a glass of orange juice); 4. ø; 5. een / een; 6. een; 7. ø; 8. een; 9. een; 10. ø
4     1. Dit zijn; 2. Dat is; 3. Dat is; 4. Dit zijn; 5. Dit is; 6. Dat is; 7. Dat zijn; 8. Dat zijn; 9. Dit is

### LES 4A
1     Leen: Maas / Gent / Gent / studente
      Bert: Sels / Oostende / Leuven / marketingmanager
      Kristien: Verlinden / Antwerpen / Antwerpen / huisvrouw
      Peter: Maas / Gent / ? / ingenieur
      Johan: Maas / ? / Gent / winkelier
      Fred: Sels / Oostende / Oostende / ?
3     1 ben, heet / is / ben / woon, werk / ben
      2 ben, heet / kom / woon, werk / ben / werk

### LES 4B
1     2. niet waar / 3. niet waar / 4. waar / 5. niet waar / 6. waar / 7. waar / 8. waar / 9. waar / 10. niet waar
2     1. Hij; 2. We; 3. Ik; 4. Hij; 5. Ze; 6. Ze; 7. Ze
3     1. Dit is Emiel Verlinden. 2. Hij is de broer van Kristien Verlinden. 3. Hij komt uit Antwerpen. 4. Hij woont in Lier. 5. Hij is leraar.
      1. Dit is Maria Vandeputte. 2. Ze is de moeder van Lisa. 3. Ze is geboren in Brugge. (of: ... in Brugge geboren) 4. Ze woont in Brugge. 5. Ze is bankbediende.
5     1. filosofe; 2. assistente economie; 3. ingenieur; 4. student; 5. marketingmanager; 6. student; 7. winkelier; 8. huisvrouw; 9. studente; 10. accountant

### LES 4C
1. u; 2. u; 3. zij / Jullie / wij / jij / Ik / je / zij, ze

### LES 4D
1     1. Hij; 2. u; 3. ze; 4. u; 5. zij, ze; 6. we, wij; 7. je, jij; 8. jullie; 9. ik; 10. ze, zij
2     1. ben; 2. zijn; 3. bent; 4. is; 5. zijn; 6. bent; 7. bent; 8. zijn; 9. bent; 10. is; 11. zijn; 12. zijn; 13. is
3     1. Zij gaat; 2. Hij gaat; 3. Wij gaan; 4. Zij gaan; 5. Ik ga
4     1. Piet komt uit Gent en hij woont in Mechelen. 2. Katrien komt uit Oostende en ze woont in Brugge. 3. Clara komt uit Hasselt en ze woont in Luik. 4. Joris komt uit Kortrijk en hij woont in Gent. 5. Sofie komt uit Tienen en ze woont in Tongeren. 6. Joost komt uit Ieper en hij woont in Ieper. 7. Karolien komt uit Luik en ze woont in Namen.
5     1. komt / gaat, komt; 2. wonen; 3. gaat; 4. werk; 5. werkt; 6. werkt / woont; 7. komen; 8. wonen, werken; 9. werken; 10. werkt; 11. gaat, komt; 12. werk / woon (of: woon / werk)

**LES 5A**

1  1. mijn / mijn; 2. uw; 3. haar; 4. uw; 5. je / je;
   6. jouw / zijn / Mijn; 7. Haar; 8. zijn / zijn;
   9. uw; 10. je, jouw; 11. zijn; 12. haar

2  kort (zoals [like] B<u>a</u>rt): 1 / 2 / 4 / 6; lang (zoals
   B<u>aa</u>rt): 3 / 5
   kort (zoals b<u>o</u>m): 2 / 3 / 4 / 6; lang (zoals b<u>oo</u>m):
   1 / 5
   kort (zoals b<u>u</u>s): 1 / 2 / 4; lang (zoals b<u>uu</u>r):
   3 / 5 / 6
   kort (zoals b<u>e</u>n): 1 / 3 / 6; lang (zoals b<u>ee</u>n):
   2 / 4 / 5

**LES 5B**

1  2.b; 3.b; 4.c; 5.b; 6.b; 7.b; 8.b

2  1. zus; 2. dochter; 3. zus; 4. moeder; 5. zoon;
   6. ouders; 7. jongen; 8. man; 9. kinderen;
   10. vader; 11. vriend; 12. getrouwd;
   13. vrouw; 14 broer

3  Mark Devries X Annie Ooms
   Steven Devries, Lisa Devries, Leen Devries

4  [all words refer to human beings: they all get the
   article "de", except "kind" en "meisje";
   ⇨ TIP, deel 1, les 3B]
   <u>mannelijk</u>: de vader / de accountant / de
   manager / de jongen / de zoon / de vriend / de
   broer / de ambtenaar / de ingenieur / de student /
   de verpleegkundige / het kind
   <u>vrouwelijk</u>: de dochter / het meisje / de
   accountant / de manager / de vriendin / de zus /
   de ambtenaar / de moeder / de ingenieur / de
   studente / de verpleegkundige / de huisvrouw /
   het kind / de assistente
   <u>relatie</u>: de vader / de dochter / de zoon / de
   vriend / de vriendin / de broer / de zus / de
   moeder
   <u>beroep / activiteit</u>: de accountant / de manager /
   de ambtenaar / de ingenieur / de student / de
   studente / de verpleegkundige / de huisvrouw /
   de assistente

5  vader / zus / moeder / dochter / broer / man /
   kind / zoon / vrouw / gezin / ouders

**LES 6A**

1  1. (De achternaam van Bert is) Sels. 2. (Hij is)  van
   Oostende. 3. Hij is marketingmanager.  4. (Hij
   woont) in Leuven. 5.* (Els is) een ex–collega van
   Bert. 6.* (Peter is) de vriend van Els. 7. (De
   achternaam van Peter is) Maas. 8. (Hij woont) in
   Leuven. 9. (Hij is) ingenieur. 10. (Hij werkt) in
   Brussel. 11. Nee (hij komt uit Gent). 12. (Ze komt)
   uit Engeland. 13. (Ze werkt) in Italië.

**LES 6 B**

1  1. Ik ben Paolo Sanseverino. 2. Mijn achternaam
   is Sanseverino. 3. Ik kom uit Italië. 4. Ik ben in
   Palermo geboren. (of: Ik ben geboren in
   Palermo.) 5. Nee, ik kom in België studeren.

3*  1. Wie bent u? 2. Wat doet u?, Wat is uw
   beroep?, Wat bent u van beroep? 3. Waar bent u
   geboren? 4. Waar ligt Hasselt? 5. Waar werkt u?
   6. Waar woont u? 7. Hoe heet uw vader?  8. Wat

is de naam van uw moeder? 9. Wat doen uw
ouders?, Wat is het beroep van uw ouders?
10. Waar wonen uw ouders? 11. Hebt u zussen
of broers? 12. Bent u getrouwd? 13. Wat is zijn
achternaam? 14. Waar komt hij vandaan?
15. Wat is hij van beroep? 16. Waar werkt hij?

4  1. woon; 2. Ben; 3. Werk; 4. Ga; 5. Kom

5  bediende / ambtenaar / winkelier / huisvrouw /
   verpleegkundige / professor

**LES 7A**

1  1.a; 2.a; 3.b

2  1. koning; 2. staat, land; 3. miljoen, 4. zuiden /
   centrum; 5. staat / drie; 6. parlement; 7. hoofdstad /
   hoofdstad; 8. inwoners

3  één / drie / tien
   vijf / vijf / twee / twee / één

4  ⇨ tekstboek, deel 1, les 7A

**LES 7B**

1  1. België ligt in het centrum van West-Europa.
   2. In Oost-Wallonië spreken de mensen Duits.
   3. In Wallonië en in Brussel is het Frans een
   officiële taal. 4. Brussel heeft één miljoen
   inwoners. 5. Paolo komt hier economie studeren.

2  1. Brussel ligt in het centrum van België. 2. In
   Wallonië spreken de mensen Frans. 3. De
   Belgische koning heet Albert II. 4. In Vlaanderen
   is de officiële taal (het) Nederlands, In
   Vlaanderen is (het) Nederlands de officiële taal.
   5. De hoofdstad van Vlaanderen is Brussel.

**HERHALING DEEL 1**

1*  1 Hij werkt in Brussel. 2. Hij studeert economie.
   3. Hij is professor filosofie. 4. "Dank u wel. Tot
   ziens." 5. Ze komen van Italië. 6. België is een
   federale staat.

2  1. vriendin; 2. man; 3. winkel;  4. werkt; 5. zus;
   6. beroep; 7. vliegtuig; 8. Nederlands; 9. waar

3  1. naam; 2. achternaam; 3. zijn; 4. gescheiden;
   5. woon; 6. werk; 7. beroep; 8. kind; 9. heet;
   10. zoon; 11. Nederlands; 12. moeder; 13. firma;
   14. vriendin; 15. uit; 16. ze; 17. in; 18. wonen;
   19. zijn; 20. we; 21. samen; 22. ligt;
   23. vakantie; 24. ziens.

5  kort: 3 / 4 / 5 / 9 / 10 / 11
   lang: 2 / 6 / 7 / 8 / 12

6  [ie]: 4; [oe]: 2 / 6; [eu]: 3 / 5; [ou]: 9 / 10; [ui]:
   8 / 11; [ij]: 7 / 12.

### DEEL 2

**COMPREHENSIE**

1.b; 2.a; 3.b; 4.b; 5.a

**LES 1A**

1.a; 2.a; 3.b; 4.a; 5.b

**LES 1B**

1  lang: 2 / 4 / 8 / 11 / 12
   kort: 3 / 5 / 6 / 7 / 9 / 10

**2** 1. vader; 2. eerst; 3. regen; 4. roos; 5. koppen; 6. inwoner; 7. komen; 8. plaats; 9. filosoof; 10. lip; 11. complex; 12. zussen; 13. natuurlijk; 14. straten; 15. leeg; 16. mensen; 17. aangenaam; 18. heten; 19. dokter; 20. bril

## LES 2A

**1** 1.a; 2.b; 3.b; 4.a; 5.b

**2** ermee / dank / hoe / jou / Heel / ga / mijn / ziens / dank

**3** mevrouw / Hoe / u / dank / dochter / Aangenaam / weer / koud / best

**4** controle / september / bagage / prettige / douane / aangenaam / dochter / mevrouw / interesse

**5** 1. Mag / Aangenaam; 2. gaat, is / best; 3. ermee / jou / gaat

## LES 2B

**1** 1. ons; 2. mij; 3. jou; 4. u; 5. haar, hen

**2** 1. haar; 2. hem; 3. ons; 4. hen; 5. mij

**3** 1. hen / hen; 2. hem / hem; 3. haar / haar; 4. jou / mij; 5. hen / hen

## LES 3A

**1** 1. welke; 2. Welke; 3. welke; 4. Welk; 5. welk

**2** 1. Waar; 2. welke; 3. welk; 4. welke; 5. Wat

**3** 1. ons; 2. ons; 3. ons; 4. onze; 5. ons; 6. onze

**4** 1. uw; 2. mijn; 3. haar; 4. hun; 5. onze; 6. jullie; 7. zijn; 8. ons; 9. onze; 10. je, jouw

**5** 1. adres; 2. weet; 3. telefoonnummer; 4. bomen

**6** 1. hebben; 2. heeft; 3. heb; 4. Hebt, Heeft; 5. heb; 6. heeft; 7. hebben; 8. Hebben; 9. hebt

**7** 1. op; 2. Uit; 3. uit; 4. in; 5. Op; 6. In; 7. Bij; 8. Aan; 9. Naar; 10. op, aan, bij

## LES 3B

**1** 1.g; 2.b; 3.h; 4.c; 5.j; 6.d; 7.f; 8.i; 9.a; 10.e

**2** 132 / 99 / 18 / 1.112 / 1.745 / 13.032 / 1.910 / 21.000 / 4.000.000 / 2.213

**3**

> Ronald Devries
> accountant – belastingsadviseur
>
> Martelaarsplein 25          (02) 453 56 89
> 1000 Brussel               Ronald@Devries.be

## LES 4

**1** 1. in; 2. Op; 3. na; 4. Met; 5. Tot; 6. Op

**2** 1. De vijftiende april is een donderdag. 2. De derde april is een zaterdag. 3. De dertigste april is een vrijdag. 4. De vijfde april is een maandag. 5. De achtentwintigste april is een woensdag. 6. De dertiende april is een dinsdag. 7. De achtste april is een donderdag.

**3** 1. 's nachts; 2. Wanneer; 3. maart; 4. woensdag / donderdag; 5. weekend; 6. 's avonds

**4** Na de middag / vandaag / Morgen / Morgenmiddag / Overmorgen / volgende / zaterdag / nacht / zondagmorgen / maand

## LES 5A

**1** 1.b; 2.b; 3.c; 4.c; 5.b; 6.c

**2\*** 1. Volgende week woensdag gaat hij bij Els en Peter eten. 2. Lisa komt dinsdagavond bij Els eten. 3. Ze gaat naar Parijs. 4. Ze gaan iets drinken. 5. Ze gaat een koffie drinken. 6. Thuis. 7. Maandag. 8. Bert.

**3** 1. Zullen; 2. Zal; 3. Zullen; 4. Zal; 5. Zal; 6. Zal

## LES 5B

**1** 1. wilt, wil; 2.moeten; 3.gaat / ga; 4. is; 5. mag

**2** 1. Wilt, Wil / kunt, kan; 2. Gaan; 3. Zal / wil; 4. Kun / Heb; 5. Wil / kan; 6. mag; 7. kunt; 8. kan; 9. Zullen / hebt, heeft; 10. Kom / gaan

**3** 1. wil; 2. moet / mag; 3. Zal; 4. heeft / kan

**4** 1. Bert gaat een pintje drinken. 2. Wat wil Paolo studeren? 3. Economie zal Paolo studeren. 4. Paolo wil Els bezoeken. 5. Vandaag kunnen we op bezoek komen.

## LES 6A

**1** 1. Nee, ik ben geen student. 2. Nee, ik ga geen Italiaans studeren. 3. Nee, ik heb geen telefoon. 4. Nee, hij is geen Belg. 5. Nee, ik wil geen krant hebben. 6. Nee, ik heb nu geen trein. 7. Nee, ik wil geen duur hotel. 8. Nee, wij hebben geen groot appartement. 9. Nee, ze is geen journalist. 10. Nee, ze nemen geen taxi.

**2** 1. niet; 2. geen; 3. niet; 4. geen; 5. niet; 6. niet; 7. geen; 8. geen; 9. niet

**3** 1. geen / wel; 2. niet / wel; 3. geen / wel; 4. geen / wel; 5. niet / wel

## LES 6B

**1** 1. Dit bad is schoon. 2. Deze gang is smal. 3. Dit hotel is heel goedkoop. 4. Deze kast heeft twee deuren. 5. Deze kamer kost 90 euro per nacht. 6. Dit raam is dicht. 7. Deze stoel staat in de kamer van Paolo. 8. Dit bed is zacht. 9. Deze wastafel heeft warm en koud water. 10. Deze koffer is van een toerist.

**2** 1. ..., maar dat is druk. 2. ..., maar die is lang. 3. ..., maar dat is breed. 4. ..., maar dat is lelijk. 5. ..., maar die is oud. 6. ..., maar dat is vuil. 7. ..., maar die is groot. 8. ..., maar dat is duur. 9. ..., maar die is moeilijk.

**3** 1. Deze / die; 2. dit / die; 3. Deze / die; 4. deze; 5. Dit / die; 6. Dit; 7. Deze / die; 8. deze; 9. Deze

## LES 7A

**1** 1.b; 2.b; 3.b; 4.c; 5.c; 6.a; 7.a

**2** ⇨ tekstboek, les 7A

## LES 7B

**1A** 1. Hasselt ligt in het oosten van België. 2. Luik ligt in het oosten van België. 3. Brugge ligt in het noordwesten van België. 4. Kortrijk ligt in het westen van België.

**1B** 1. Tongeren ligt ten noordwesten van Luik. 2. Brugge ligt ten noordwesten van Gent. 3. Namen ligt ten zuidwesten van Tongeren. 4 Gent ligt ten zuidwesten van Antwerpen. 5. Nederland ligt ten noorden van België. 6. Duitsland ligt ten oosten van België.

7. Frankrijk ligt ten westen van België.
8. Luxemburg ligt ten zuidoosten van België.

**2**    1. bijna; 2. vreemdeling, migrant; 3. bewolkt; 4. inwoners; 5. herfst; 6. augustus; 7. negentig; 8. grens; 9 buurlanden, buren; 10. rustig; 11. vlak; 12. koud; 13. wind

**3**    1. altijd; 2. zelden; 3. in de winter; 4. rustig

**4**    1.c; 2.b; 3.b; 4.b; 5.a

## HERHALING

**1***    1. Ze gaat naar Parijs. 2. Ze gaat daar haar vriend Jan bezoeken. 3. Op dinsdagavond. 4. De afspraak tussen Paolo en Els is op woensdagavond. 5. Die afspraak is op maandagavond. 6. gemakkelijk / koud / alleen

**2**    1. koffie / bier, een pintje (bier); 2. adreskaartje; 3. koffer; 4. trein; 5. kast; 6. bergen; 7. bed; 8. telefoon; 9. raam / bomen; 10. stoel; 11. taxi / bus; 12. hart; 13. auto; 14. bad / douche; 15. winkel; 16. vrouw; 17. ticket; 18. regen / zon; 19. toilet; 20. krant; 21. tijdschrift; 22. vliegtuig; 23. verdieping; 24. kind; 25. wastafel

**3**    1. alleen; 2. altijd; 3. dochter; 4. gemakkelijk; 5. maart; 6. bezoeken; 7. adres; 8. duur 9. verkeer; 10. vanavond; 11. nummer; 12. seizoen; 13. vaak; 14. lang; 15. nacht; 16. voorstellen; 17. aangenaam; 18. zondag;

**4**    1. hen, ze; 2. haar, ze; 3. Hij; 4. hem; 5. haar, ze; 6. jullie; 7. Wij

**5***    1. Wil je een pintje bier? / Wil je koffie ? 2. Heb je een kamer in een duur hotel? / Waar ligt je hotel? / In welke straat? / Heb je telefoon? 3. Waar woon je? / Op welk nummer? 4. Hoe gaat het ermee? / En met je broer? 5. Hoelang blijf je in België?

**6**    1. me, mij / heet / ik / van / woon; 2. week / naar / mijn / woont / firma / niet / wil; 3. koud / warm / herfst / zal / weer; 4. huis / centrum / adres / kan / week / ziens

---

### DEEL 3

## COMPREHENSIE
1.a; 2.b; 3.b; 4.b; 5.c

## LES 1A

**1**    1.a; 2.j; 3.f; 4.h; 5.d; 6.c; 7.g; 8.i; 9.b; 10.e

**2**    2. Het is nu vier voor acht. 3. Het is nu zeventien voor negen. 4. Het is nu kwart over drie. 5. Het is nu vijf voor zeven. 6. Het is nu twee over half drie. 7. Het is nu zeven over acht. 8. Het is nu kwart voor elf. 9. Het is nu twintig over elf. (of: Het is nu tien voor half twaalf.) 10. Het is nu vijf voor half vijf.

**3**    1. Hoe laat; 2. over; 3. Tot / tot; 4. Om; 5. tot / om

**4**    **A** 1. De volgende trein naar Hasselt vertrekt over zeven minuten, om zes voor halftwee. Hij komt om tien over twee in Hasselt aan. 2. De volgende trein naar Lier vertrekt over zevenveertig minuten, om vier over twee. Hij komt om achttien voor drie in Lier aan.

**B** 1. De volgende trein naar Genk vertrekt over zevendertig minuten, om dertien voor negen. Hij komt om acht voor tien in Genk aan. 2. De volgende trein naar Mechelen vertrekt over achtentwintig minuten, om acht over halfnegen. Hij komt om vijf voor negen in Mechelen aan. 3. De volgende trein naar Oostende vertrekt over veertien minuten, om zes voor halfnegen. Hij komt om negen over tien in Oostende aan.

## LES 1B

1. kwartier; 2. week; 3. kwartier; 4. half; 5. Anderhalf; 6. jaar; 7. jaar; 8. seconden; 9. minuten; 10. anderhalve; 11 halve; 12 uur

## LES 2A

**1**    1.a; 2.c; 3.b; 4.c; 5.b

**2**    1. blijft; 2. precies; 3. ver; 4. wil; 5. misschien

**3**    1. oud / weet; 2. terug; 3. naartoe; 4. eergisteren; 5. vertrekuren; 6. ver; 7. stappen

**4**    1. In; 2. In; 3. Over; 4. Over; 5. Sinds; 6. Om; 7. In / op; 8. Op; 9. In; 10. Om

## LES 2B

**1**    1. Hoelang; 2. Hoeveel; 3. Hoe ver; 4. hoe laat; 5. Hoe vaak; 6. Hoelang; 7. Hoelang; 8. Hoe vaak; 9. Hoe oud; 10. Tot hoe laat, Tot wanneer; 11. Hoe vaak; 12. Hoelang, Tot wanneer; 13. Hoe laat; 14. Tot hoe laat, Hoelang

**2**    1. half; 2. anderhalve; 3. elke; 4. welk; 5. elke; 6. Welk; 7. elke; 8. elke; 9. welke; 10. halve

## LES 3A

**1**    1. liggen; 2. woont; 3. spreek; 4. ontbijten; 5. eet; 6. belt; 7. drinkt; 8. werkt

**2**    1. wordt; 2. bezoekt; 3. zoeken; 4. vertrekken; 5. Studeer; 6. slaapt; 7. waait / regent; 8. komen

**3**    1. danst; 2. fietst; 3. vlieg; 4. lachen; 5. rookt; 6. koken; 7. speelt

**4**    1. werkt; 2. belt; 3. wordt, ligt; 4. neemt; 5. Neem, Wil; 6. bezoekt; 7. worden; 8. slaapt; 9. zie; 10. Kijken; 11. zien, ontmoeten; 12. Regent

## LES 3B

**1**    1. vers; 2. kopje; 3. confituur; 4. eten; 5. horloge

**2**    1. honger; 2. glas / kopje; 3. klontjes; 4. zonder; 5. tafel; 6. op; 7. lepel; 8. mes

## LES 4A

**1**    1. a; 2.c; 3.a; 4.c; 5.b

**2**    1. stelt; 2. poetsen; 3. weg; 4. kleren; 5. broodje; 6. vraag; 7. lees; 8. rijden; 9. meestal, gewoonlijk; 10. daarna, dan

## LES 4B

**1**    1. Lees; 2. gelooft; 3. reist; 4. leest; 5. blijf

**2**    1. Els stelt Paolo aan Peter voor. 2. Om 9 uur komt mijn trein in Hasselt aan. 3. Het ontbijt staat klaar. 4. Blijft u dit weekend thuis? 5. Hoe laat kom jij 's avonds thuis?

**3**    1. In de week moet Bert vroeg opstaan.

2. Paolo moet een jas aantrekken.
3. Ik kan morgen met een collega meerijden.
4. Wil jij het licht aandoen?
5. Hij doet het licht uit en hij gaat slapen.
6. Hij komt binnen en hij trekt zijn jas uit.
7. Ga je vanavond naar de stad of blijf je thuis?

## LES 5A

**1**  1 / 3 / 5
**2**  1. rechtdoor / tweede straat links; 2. het kruispunt / links; 3. steekt / over / de eerste straat rechts; 4. het kruispunt / rechtdoor / het einde
**3**  ⇨ cd
**4**  1. Excuseer mijnheer, waar is het station, alstublieft? 2. Waar is hier ergens een uitgang, alstublieft? 3. Waar is hier ergens een telefooncel, alstublieft? 4. Waar is hier ergens een toilet, alstublieft? 5. Excuseer mijnheer, waar is de kerk, alstublieft? 6. Excuseer mijnheer, waar is de bushalte, alstublieft?
**5**  1. post; 2. bank; 3. bakker; 4. slager
**6**  1. U gaat hier rechtdoor tot op het einde van de straat. Daar gaat u links en dan neemt u de tweede straat rechts. Daarna neemt u de eerste straat links. In die straat zal u een bakker vinden. 2. Dat is hier in de buurt. Op het einde van de straat gaat u rechts. Daar is het postkantoor. 3. De bank? Op het einde van de straat gaat u links. Dan neemt u de eerste straat rechts, daarna de eerste straat links en dan de eerste straat rechts. Daar zal u de bank zien. 4. U gaat rechtdoor, tot op het einde van de straat. Daar gaat u links en dan neemt u de eerste straat rechts. De slager is dan in de eerste straat rechts.

## LES 5B

**1**  1. Die; 2. Dat; 3. Die; 4. Dat; 5. Dat; 6. Die; 7. Dat
**2**  1.a; 2.c; 3.b; 4.a

## LES 6A

**1***  1. Ze gaan een appartement bekijken. 2. Het ligt op de derde verdieping. 3. Naast de trap. 4. Twee. 5. Het kost 320.000 euro.
**2**  1.d; 2.f; 3.a; 4.b; 5.c; 6.e
**3**  1. bed; 2. alleen; 3. even
**4**  1. hem; 2. hem; 3. Hij; 4. het; 5. Ze
**5**  1. Ja, ik ga haar (ze) op de luchthaven halen. 2. Ja, ze zijn vers. 3. Ja, ze ziet hen (ze) vaak. 4. Ja, het is ver van het centrum. 5. Ja, hij staat klaar. 6. Ik drink hem met (zonder) melk.
**6***  1. Om acht uur zullen (gaan) meneer en mevrouw Perreira naar de televisie kijken. 2. Om halfdrie zullen (gaan) meneer en mevrouw Perreira een kopje koffie drinken. 3. Om negen uur zal (gaat) Paolo ontbijten. 4. Om halfeen zal (gaat) Peter eten. 5. Om zeven uur zal (gaat) Karel Bert bezoeken.

## LES 6B

**1**  1.b; 2.a; 3.c; 4.c; 5.a
**2**  1. goedkoop; 2. lelijk; 3. donker; 4. klein

## LES 6C

**1**  1. Nee, hij heeft geen kamer vrij. 2. Nee, in zijn hotel kan hij geen informatie over kamers vinden. 3. Nee, hij zoekt geen groot appartement. 4. Nee, hij wil geen 550 euro huur per maand betalen. 5. Nee, na het ontbijt heeft hij geen honger.
**2**  1. Nee, ze belt niet naar Peter. 2. Nee, hij is niet gelukkig. 3. Nee, hij bezoekt Bert vanavond niet. 4. Nee, hij is niet vrij. 5. Nee, hij wil niet in een duur appartement wonen.
**3**  1. Nee, hij is niet blij. 2. Nee, ze werkt niet in een ziekenhuis. 3. Nee, het ligt niet in de binnenstad. 4. Nee, ze willen geen huis kopen. 5. Nee, hij is niet duur. 6. Nee, het ligt niet in de Tiensestraat. 7. Nee, je mag hier de straat niet oversteken. 8. Nee, hij rijdt niet met een collega mee. 9. Nee, ze gaat vandaag niet bij Els eten. 10. Nee, hij ontbijt 's morgens niet. 11. Nee, hij leest de krant niet.

## LES 7

**1**  1. lijkt; 2. kopen, betalen, huren; 3. zelf, alleen; 4. eigen; 5. tuin; 6. alles; 7. genoeg; 8. dorp; 9. reist; 10. delen; 11. bouwen, kopen
**2***  1. Hij drinkt graag een pintje bier. 2. Zij slaapt graag. 3. Hij leest graag de krant.
**3***  1. Hij kijkt niet graag naar de televisie. 2. Zij studeert niet graag. 3. Hij belt niet graag.
**4**  ⇨ tekstboek, les 7

## HERHALING

**1***  1. Hij drinkt een kopje koffie met melk en suiker. 2. Hij gaat naar het Van Dalecollege in de Naamsestraat. 3. Zij moet niet werken en gaat samen met Paolo naar het Van Dalecollege. 4. Bert ziet Paolo en Els samen. 5. Om halftwaalf gaat hij slapen.
**2**  1. glas; 2. vork / mes / lepel / bord; 3. boterham / boter; 4. klontjes; 5. horloge; 6. ham; 7. minuten; 8. melk; 9. lift / trap; 10. licht; 11. prijs / boek; 12. kleren; 13. tand; 14. broodje / broodje; 15. boom; 16. kruispunt; 17. weg; 18. foto
**3**  1. ontbijt; 2. bellen, telefoneren; 3. dorp; 4. wakker; 5. parkeren; 6. vragen; 7. zoeken; 8. kook; 9. kopen; 10. rijdt; 11. genoeg; 12. lezen; 13. sinds; 14. helpen; 15. misschien; 16. kijken; 17. jammer
**4***  2. Geen dank. (Graag gedaan.) 3. Dag Raf! Hoe gaat het ermee? 4. Hoe laat komt de bus, mevrouw? 5. Aangenaam. 6. Goeiendag. Ik wil graag het telefoonnummer van meneer en mevrouw Perreira. Ze wonen op het Hogeschoolplein in Leuven. 7. Zullen we dit weekend samen naar de zee gaan?

## DEEL 4

### COMPREHENSIE
1.b; 2.a; 3.b; 4.b; 5.c; 6.c

**LES 1A**

**1** 1. lekkers; 2. sterks; 3. interessants; 4. nieuws; 5. goedkoops; 6. warms; 7. moeilijks; 8. gezonds

**2** ⇨ cd

**LES 1B**

**1** 1. natuurlijk; 2. erg; 3. vandaag; 4. gewoon

**2** niets / 's nachts / vaak / laat / buiten

**3** 1. vliegt; 2. kijkt / ziet; 3. zegt / slaap; 4. vindt; 5. halen; 6. komt

**4** 1.f geen; 2.c niet / niet; 3.b niet; 4.e niet; 5.a niet / geen; 6.d geen

**5*** ⇨ cd

**LES 1C**

**1** 1.b; 2.a; 3.b; 4.b

**2** 1. zwart, bruin, wit; 2. wit; 3. rood; 4. geel; 5. rood / wit; 6. groen; 7. geel; 8. rood

**3** 1. grijs; 2. oranje; 3. paars; 4. groen

**4** 1. Ik hou(d) van kaas op de boterham. 2. Ik hou(d) van mooie bloemen in huis. 3. Hou(d) jij ook van een glas wijn 's avonds? 4. Paolo houdt niet van thee. 5. Peter houdt van Els. 6. Els houdt van lezen. 7. Ik hou(d) niet van reizen.

**LES 2A**

**1** (Hebt u) iets / Kunt, Wilt / openmaken / orde / verblijf / ziens

**2** 1.a; 2.b; 3.c; 4.c; 5.b; 6.c; 7.a

**3*** 1.d (a); 2.c (g / j); 3.h; 4.g; i (f); 6.a; 7.b; 8.j; 9.e (d); 10.f (i / g)

**LES 2B**

**1** 1. adressen / de adressen / deze adressen / die adressen; 2. kamers / de kamers / deze kamers / die kamers; 3. collega's / de collega's / deze collega's / die collega's; 4. namen / de namen / deze namen / die namen; 5. feestjes / de feestjes / deze feestjes / die feestjes; 6. reizen / de reizen / deze reizen / die reizen

**2** 1. flessen; 2. bussen; 3. vragen; 4. wekkers; 5. broers / zussen; 6. cafés; 7. jongens; 8. reizen / tickets; 9. uren; 10. zoons, zonen; 11. talen; 12. kopjes

**3** 1. sinaasappels, sinaasappelen / appels, appelen; 2. brieven; 3. brillen; 4. boterhammen; 5. foto's; 6. vorken / messen / lepels; 7. ramen; 8. letters; 9. bomen

**LES 2C**

1. alleen; 2. zelf; 3. lucht; 4. musea, museums; 5. grenzen; 6. noemen; 7. bladeren; 8. kinderen

**LES 3A**

**1** 1. hangt; 2. zit; 3. staan; 4. liggen; 5. hangen, liggen, zitten; 6. Zit; 7. zitten; 8. liggen, hangen; 9. staat; 10. hangt; 11. staat

**2** 1. werkdagen; 2. hoeveelste; 3. kalender; 4. duidelijk, vast en zeker; 5. lamp; 6. begint; 7. pen; 8. Pak, Neem, Haal; 9. problemen; 10. juist; 11. kapstok; 12. gordijnen; 13. excuses; 14. Ergens

**3*** 1. Die hangt aan de stoel. 2. Die ligt op de tafel tussen de portefeuille en de krant. 3. Die liggen op de kast naast de asbak. 4. Die hangt aan de kapstok. 5. Die zit in mijn portefeuille. 6. Die liggen in de lade van de kast. 7. Die staan onder de stoel. 8. Dat ligt op de stoel.

**LES 3B**

**1** 1. post; 2. iemand; 3. duidelijk; 4. Postzegels; 5. vergissing; 6. versta; 7. deur; 8. keuken; 9. ogenblik; 10. begrijp

**2** 1. een / De; 2. een / Het; 3. ø / De; 4.ø / de; 5. een / de

**3*** 1. Er staat een adres op de envelop. 2. Er zitten 6 eieren in de doos. 3. Er ligt een portefeuille naast de foto. , Er staat een foto naast de portefeuille. 4. Er ligt een pen onder de lamp. 5. Er hangt een lamp boven de tafel. 6. Er zit thee in het kopje. 7. Er staat een taxi voor het station. 8. Er staat een boom achter het huis.

**LES 4A**

**1** 1.c; 2.b; 3.a; 4.c

**2** ⇨ cd

**3** 1. balkon; 2. valt tegen; 3. reductie; 4. rij; 5. kaartjes; 6. film; 7. sofa; 8. halen, pakken, nemen; 9. afspreken

**LES 4B**

**1** 1. kost; 2. supermarkt; 3. vind / niet; 4. antiek; 5. ligt; 6. per; 7. garage; 8. lijkt; 9. vrij; 10. rond

**2** 1.a. de dikke jas; b. een dikke jas; c. dikke jassen; 2.a. het drukke plein; b. een druk plein; c. drukke pleinen; 3.a. het dure cadeau; b. een duur cadeau; c. dure cadeaus; 4.a. de grijze auto; b. een grijze auto; c. grijze auto's; 5.a. het lieve kind; b. een lief kind; c. lieve kinderen; 6.a. de boze vrouw; b. een boze vrouw; c. boze vrouwen

**3** 1. warm / koude, frisse; 2. gemakkelijke / moeilijk; 3. oude / jonge; 4. grote / klein; 5. lelijke / oude / mooi / nieuw, modern; 6. smal / breed; 7. vroeg / late; 8. Lange / korte; 9. laag / hoog; 10. antieke / modern.

**LES 4C**

**1** a. postkantoor; b. opeens; c. langzaam; d. winkel; e. moment; f. midden; g. net; h. bordje; i. uit; j. verder; k. vliegen; l. antwoord; m. dus

**2** 1.c; 2.b; 3.a; 4.b; 5.a

**3** 1. langs, naast; 2. voorbij, langs; 3. rond, naast; 4. Boven; 5. uit; 6. over; 7. boven; 8. tegenover; 9. Achter

**LES 5A**

**1** 1. lekker / heerlijk; 2. knap / leuk; 3. vriendelijk / lief; 4. interessant / goed / leuk; 5. intelligent / knap; 6. schitterend / heerlijk / leuk / fantastisch / prachtig / uitstekend / geweldig / enig; 7. boos / kwaad; 8. blij / gelukkig

**2** 1. Ik vind hem heel sterk. 2. Ik vind het niet lekker. 3. Ik vind ze (hen) zeer sportief. 4. Ik vind het niet comfortabel.

**3\*** 1. Dit boeket rozen? Ja, dat vind ik mooi. Ik koop het. 2. Dat flesje parfum? Nee, dat vind ik te duur. Ik koop het niet. 3. Die handtas? Nee, die vind ik verschrikkelijk. Ik koop hem (ze\*) niet. 4. Dit horloge? Nee, dat is goedkoop. Ik koop het niet. 5. Die paraplu? Ja, die vind ik niet lelijk. Ik koop hem. 6. Die fles rode wijn? Ja, die vind ik niet duur. Ik koop hem. (\*ze) 7. Die kapstok? Ja! Die vind ik fantastisch! Ik koop hem!
\* ⇨ deel 3, les 6a, TIP

## LES 5B

**1** 1. tegenvallen; 2. kleerkast / boekenkast; 3. huisbaas; 4. tevreden; 5. gordijnen; 6. vloer; 7. vreemde; 8. lief / blij; 9. stoel; 10. tapijt
**2** ⇨ cd

## LES 6

**1** 1. Dat zie je verkeerd. 2. De stad leeft. 3. Ze drinken weinig. 4. Hij is wel intelligent.
**2** 1.a, b; 2.b, c; 3.b/ 4.a, c; 5.c
**3** Hoe / vind het / bedoel / vind / Inderdaad, Akkoord / Akkoord, inderdaad / vind / wel / gelijk / verkeerd / Hoezo / bedoel / waar / verkeerd

## LES 7A

**1** 1.b; 2.c; 3.a; 4.b; 5.b; 6.a
**2** 1. beroemd; 2. lawaai; 3. alleen; 4. woorden; 5. ministers; 6. praktisch, gemakkelijk; 7. Daarom; 8. vooral; 9. wereld; 10. binnenkomen; 11. als; 12. oorlog

## LES 7B

**1** 1. Ieren; 2. Italiaanse; 3. Spanje; 4. Oostenrijkers; 5. Fransman / Française, Franse; 6. Denemarken; 7. Griekenland; 8. Zweden / Finnen; 9. Nederland; 10. Cyprus
**2** 1. Poolse; 2. Tsjechische; 3. Britse; 4. Portugese; 5. Franse; 6. Letlandse, Letse; 7. Zweeds; 8. Hongaarse; 9. Europese; 10. Duitse

## HERHALING

**1\*** 1. Paolo vindt zijn kamer niet heel groot en een beetje duur. Maar hij vindt zijn kamer goed. 2. Hij gaat op bezoek bij Els. 3. Paolo koopt bloemen voor Els en Peter ook. 4. Hij heeft het adresboekje van Paolo. Jennifer vindt het in het café. In dat adresboekje staat het adres van Els. 5. Els, Paolo, Bert, Jennifer en Peter: dat zijn 5 mensen.
**2** 1. citroen; 2. klok; 3. bril / neus; 4. ogen; 5. paraplu; 6. schoenen; 7. sleutel; 8. kerk; 9. bal; 10. pen; 11. brug; 12. hoofd; 13. vaas; 14. schilderijen; 15. brief, envelop; 16. flesjes, flessen / doos; 17. wekker; 18. dik; 19. muur; 20. zakdoek
**3** 1. kosten; 2. blad; 3. gooien; 4. kleur; 5. baas; 6. verkeerd; 7. kent; 8. begrijpt; 9. vreemde; 10. rook; 11. begint; 12. tegen; 13. persoonlijk; 14. bij; 15. zacht; 16. bank; 17. openmaken; 18. bedoelt; 19. zitten; 20. bestellen

## DEEL 5

### COMPREHENSIE
1.a; 2.c; 3.a; 4.a, 5.b; 6.c; 7.c

### LES 1A
**1** 1.a; 2.b; 3.a; 4.a
**2** 1.a / c; 2.a / d; 3.b / d
**3** 1. ... zin om te voetballen; 2. ... zin in bier. 3. zin om een koffer mee te nemen.
**4\*** 1. voetballen / tennissen; 2. zwemmen; 3. lachen; 4. fietsen / wandelen / tennissen / voetballen; 5. opstaan / ontbijten; 6. wachten
**5\*** 1. Peter heeft zin om te fietsen. 2. Els heeft geen zin in een kopje thee. 3. Jullie hebben zin om te roken. 4. Jij hebt geen zin in een boterham. 5. Ik heb zin om de krant te lezen. 6. Jennifer heeft geen zin om haar koffer open te maken.
**6** 2.e; 3.g; 4.c; 6.h; 7.a; 9.d; 10.f; 12.b

### LES 1B
**1** 1.a; 2.a; 3.b; 4.a; 5.a; 6.b; 7.a
**2** 1. straks; 2. simpel; 3. overal; 4. duidelijk; 5. aardig
**3\*** 2. Bart is in de keuken een kop koffie aan het drinken. 3. Tim is in de badkamer zijn tanden aan het poetsen. 4. Klaas is in de badkamer een douche aan het nemen. 5. Lieve is in de woonkamer naar de radio aan het luisteren. 6. Gert is in de woonkamer de krant aan het lezen. 7. Jan is in de kelder (een fles) wijn aan het drinken. 8. Karel is in de tuin aan het fietsen.

### LES 2A
**1** 1. goed idee; 2. haat; 3. een vuile; 4. lelijk
**2** 1. Dat Paolo uit Italië komt. 2. Dat zijn moeder Brussel te vuil vindt. 3. Dat ze twee koffers meenemen. 4. Dat zij die Paolo wel aardig vindt. 5. Dat hij geen Italianen in Leuven kent. 6. Dat Paolo in Leuven komt studeren. 7. Dat zijn vader graag naar Parijs wil gaan. 8. Dat Ali Nederlands aan het leren is.

### LES 2B
**1** 1.a; 2.b; 3.a; 4.b; 5.a
**2\*** 1. Omdat Jennifer het vraagt. 2. Omdat Jennifer telefoneren haat.\* 3. Of hij met hen meegaat. 4. Dat hij aan het dromen is. Dat hij met zijn hoofd in de wolken zit. En dat hij helemaal niets aan het doen is. 5. Als hij daar klaar is.
**3** 1. Dat bijna elk Vlaams gezin een auto heeft, weten we. 2. En dat er in veel gezinnen twee of zelfs drie auto's zijn, weten we ook. 3. Dat een gezin geen drie auto's nodig heeft, zal iedereen wel begrijpen. 4. Dat we niet vaak genoeg de trein of de bus nemen, hoor je dikwijls op de televisie en op de radio. 5. Maar hoeveel mensen graag de trein nemen, weet ik niet. 6. Dat er niet in elk dorp een station is, is vervelend. 7. Maar als we niet vaker de trein nemen, zal de verkeerssituatie op onze wegen nooit beter worden.
\* 'telefoneren' is het direct object van de zin (Je kunt zeggen: Omdat Jennifer <u>dat</u> haat.)

**LES 2C**

**1**  1. zingt / speelt; 2. vrolijk; 3. interesseert; 4. klaarmaken; 5. stellen; 6. zelfs; 7. droomt

**2**  1. Omdat ik te laat opsta. 2. Omdat het vliegtuig te duur is. 3. Omdat ik vandaag vroeg wil gaan slapen. 4. Omdat ik niet goed zie.

**3**  1. want; 2. omdat; 3. want; 4. omdat

**4**  1. Nee, want het is nu te druk op de weg. 2. Nee, want het is te koud vandaag. 3. Nee, want het wordt al donker buiten. 4. Nee, want er is nu geen goede film. 5. Nee, want er is nu geen trein. 6. Nee, want er is vanavond geen interessant programma.

**LES 3**

**1**  1. afspraak; 2. proberen; 3. Neem / op; 4. zelf; 5. bij; 6. op; 7. overal, heel

**2**  1. Ik denk dat ze in de woonkamer liggen. / Nee, ze liggen er niet. (of: Nee, daar liggen ze niet.) 2. Ik denk dat ze in de kelder liggen. (of: ... staan) / Nee, ze liggen er niet. (of: Nee, daar liggen ze niet.) 3. Ik denk dat hij in de badkamer hangt. (of: ... ligt) / Nee, hij ligt er niet. (of: Nee, daar ligt hij niet.) 4. Ik denk dat hij in de gang ligt. (of: ... staat; of: ... hangt) / Nee, hij ligt er niet. (of: Nee, daar ligt hij niet.) 5. Ik denk dat hij voor de deur staat. / Nee, hij staat er niet. (of: Nee, daar staat hij niet.) 6. Ik denk dat ze in het zwembad zijn. / Nee, ze zijn er niet. (of: Nee, daar zijn ze niet.) [You have to use *zijn* here.]

**3**  afspreken / bellen / bezoeken / halen / haten / leren / leven / lezen / luisteren / nemen / opbellen / opnemen / proberen / spreken / telefoneren / wachten / weten / winkelen / zoeken (en ook: *afnemen, afleren, bekeren, haken, beluisteren, zoemen, ...*)

**LES 4A**

**1**  1.e; 2.d; 3.f; 4.a; 5.b; 6.c

**2**  1.b; 2.c; 3.a

**3**  1. geluk; 2. overal; 3. nodig

**4**  1.a; 2.b; 3.c

**5**  1. een lege televisie; 2. een erge boom; 3. een comfortabele televisie

**6**  1. Als; 2. of; 3. hoe laat; 4. waar; 5. Als; 6. waarom; 7. of / als; 8. Als; 9. omdat; 10. dat; 11. als; 12. als / dat

**LES 4B**

**1**  1.c; 2.d; 3.b; 4.a

**2**  1.d; 2.e; 3.a; 4.c; 5.b

**3**  1.e; 2.d; 3.a; 4.b; 5.c

**4**  1. chocolade; 2. bang; 3. boodschappen; 4. afwassen; 5. dom; 6. normaal, gewoon

**5**  1. Ik ben bang dat ik morgen niet kan komen. 2. Ik ben bang dat er vanavond geen goede film op televisie is. 3. Ik ben bang dat ze niet heel intelligent is. 4. Ik ben bang dat hij niet veel vrienden heeft. 5. Ik ben bang dat hij geen koffie drinkt.

**6**  1. of / dat / want / van, voor; 2. in, voor, van / voor, van / om te / om ... te / om ... te / omdat / voor, van; 3. dat / Daarom / voor, van / omdat / dat / dat; 4. Als / dat / voor, van / dan / als / dan

**LES 5A**

**1**  1. zoeken; 2. wachten; 3. de bestemming; 4. de vertraging; 5. het perron; 6. retour

**2**  1. snel; 2. te vroeg (of: op tijd); 3. binnenrijden

**3**  1. op tijd; 2. Attentie; 3. snel; 4. Driemaal / Viermaal; 5. stoppen; 6. maal, keer; 7. gaat over; 8. spoor; 9. doet / plezier / blij

**4**  1. kent; 2. betekent; 3. begrijpt; 4. bedoelt; 5. betekent; 6. wil zeggen; 7. wil zeggen

**LES 5B**

**1***  1. In Oost–Vlaanderen. 2. Omdat er twee rivieren samenkomen. 3. Je vindt er de Schelde en de Leie. 4. In het historische centrum. 5. Ze kijken naar "De aanbidding van het Lam Gods" van de broers Van Eyck en ze klimmen in de toren. 6. Van de twaalfde eeuw. 7. Door de wolindustrie. 8. Omdat de haven daar vroeger was. 9. Omdat daar prachtige huizen staan. 10. Men noemt vier torens: die van de Sint–Niklaaskerk, die van het Belfort, die van de Sint–Baafskathedraal en de Boekentoren.

**2**  1. voorbeeld; 2. leiden; 3. klimmen; 4. wol; 5. haven; 6. meter; 7. toren; 8. brug; 9. rivieren; 10. stijl

**3**  1. Terwijl mijn zus en ik gaan winkelen, werkt mijn broer in de tuin. 2. Terwijl we een kopje koffie drinken, babbelen we gezellig over van alles en nog wat. 3. Terwijl hij eet, leest hij de krant. 4. Terwijl Peter gaat voetballen, gaat Els zwemmen. 6. Terwijl Lisa haar vriendin opbelt, is Jan eten aan het klaarmaken.

**LES 6**

**1**  1. charmant; 2. geïnteresseerd; 3. zwijgen; 4. spontaan; 5. knap; 6. verliefd; 7. enthousiast

**2**  1. Gescheiden sportieve en romantische jonge vrouw van 39 zoekt intelligente en knappe vriend tot 50 jaar. Houdt van kunst en cultuur (muziek, bioscoop, lezen), lekker eten en reizen. Rookt niet. Graag snel antwoord met foto. 2. Computerfirma zoekt studenten die kunnen helpen in computerwinkel in centrum van Leuven. 8 uur per week. We betalen 20 euro per uur. Telefoneer naar (Telefoonnummer) (016) 32 43 54. 3. Welke charmante, sympathieke, jonge man tussen 20 en 30 wordt verliefd op deze sociale, aardige en gezellige jonge man (26)? Hou van wandelen en fietsen. Kunnen samen op vakantie. Schrijf me snel!

**3**  1.a / b / d; 2.a / d; 3.b

**LES 7**

**1**  1.a; 2.c; 3.b; 4.c; 5.b; 6.b; 7.c

**2** 1. In / nieuwe / heel / wereld; 2. maken / muziek; 3. is / mensen / tijd; 4. uit / In / vooral / schilderijen / Op / leven; 5. eeuw / geen / veel / grote

## HERHALING

**1*** 1. Ze is Italiaans aan het leren. 2. Omdat ze Brussel te groot, te lelijk en te vuil vindt. 3. Omdat ze denkt dat Bert alleen is en niet veel vrienden heeft. 4. Omdat hij aardig en charmant is. 5. Omdat zij over Els zegt dat ze niet knap is.

**2** 1. bakker; 2. betekenen; 3. gebeuren; 4. uitleggen; 5. aandacht; 6. proberen; 7. luisteren; 8. beloven; 9. klim; 10. slager; 11. leeg; 12. beslissen; 13. terwijl; 14. bang; 15. zingen; 16. zwemmen; 17. zwijgen; 18. Zelfs

**3** 1. is / een / jongen / woont / met / moeder / een / huis / in / Hij / de / goed / wonen / oude / en / kinderen / vindt / niet / Hij / geen / vrienden / spelen / heeft / kleine / Een / jaar / een / jaar / maar / zijn / te / Hij / niet / met / kinderen
2. ouders / Zijn / woont / in / is / kilometer / Anderhalf / met / trein / ziet / vader / nooit / vader / dat / mama / tegen / dat / niet / dat / hij / niet / zegt / niet / tegen / vreemde
3. komt / Alleen / heeft / sleutel / het / Het / is / als / thuiskomt / is / gewoon / hem / vindt / dat / zo / Niemand / praten / loopt / de / meteen / de / Aan / grote / grote / kijkt / naar / wolken / hem / landen / staat / en / een / fruitsap / even / dan / moeder / kunnen / samen / kijken
4. de / ligt / brief / kijkt / even / maar / leest / niet / Hij / dat / brieven / minuten / hij / met / brief / zijn / zitten / leest / Vanavond / thuis / staat

**4** als / worden / bergen / vinden / niets / niet / luisteren / dat / de / weten / voor / jaren / opeens / zoek / vind / ver / geboren / zin / van / maken / blijft / doen / hebt / ouders / toch / wordt / kamer / iemand / grote / grote / niet / overal / muren / praat / misschien / deuren / deuren / dicht / doen / Belg / tussen / rij / antwoord / geluk / morgen / rijk

## DEEL 6

## COMPREHENSIE

1.a; 2.b; 3.c; 4.b; 5.b; 6.b

## LES 1A

**1** 1. gezet; 2. gewerkt; 3. gekookt; 4. gegooid; 5. gemist; 6. gestopt

**2** 1. Bert heeft alle rapporten op de grond gegooid.
2. Vandaag heeft Els lekker gekookt.
3. Op donderdag heb ik mijn trein gemist.
4. Ben je meteen op de bus gestapt?

**3** 1.b; 2.b; 3.c; 4.c

**4** 2.c; 3.a; 4.g; 5.d; 6.b; 7.e; 8.f

**5** 1.a / c; 2.a / b; 3.a / c

**6** 1. kookpan; 2. honger; 3. brief; 4. zout; 5. verschrikkelijk

**7** 1. grappig; 2. moeilijk; 3. laat; 4. dicht; 5. arm

## LES 1B

**1** 1.b; 2.b; 3.a

**2** 1.d; 2.c; 3.a; 4.b

**3** 1.d; 2.c; 3.a; 4.b

**4** 2. genoemd; 3. gepoetst; 4. gepraat; 5. gereisd; 6. gestudeerd; 7. getennist; 8. gevoetbald; 9. gewaaid; 10. geleerd; 11. gecontroleerd; 12. gefietst; 13. gehaat; 14. gehuurd; 15. gekend; 16. gekost; 17. gekund; 18. geleefd

**5** 1. getoond; 2. gesteld; 3. geregend; 4. gedroomd / gebouwd; 5. geprobeerd; 6. gewacht; 7. gewinkeld; 8. geparkeerd

**6** 1. Bert zal wel moe zijn. 2. Peter zal wel naar huis gaan. 3. Het zal wel weer gaan regenen. 4. We zullen wel veel moeten studeren.

**7*** 1. Nee, hij zal wel te laat zijn. 2. Nee, ik ben bang dat deze fles wijn niet goedkoop is. 3. ik geloof van niet. 4. Nee, ze zal met Kerstmis wel niet op vakantie gaan. 5. Nee, ik denk het niet.

## LES 2A

**1** 1 / 4

**2** kaas / melk / room / yoghurt

**3** 1.b; 2.b; 3.b; 4.b; 5.a; 6.a

**4** 1.g boodschappenlijstje; 2.f winkelwagen; 3.c tomatensoep; 4.b betaalkaart; 5.d toiletpapier; 6.a koelkast; 7.e keukenkast

**5** 1. voorzichtig; 2. moe; 3. verse; 4. magere; 5. gevaarlijk; 6. zwaar

**6** ⇨ cd

**7** sla / tomaat / erwt / prei / selderij / aardappel

**8** appel / mandarijn / citroen / sinaasappel / banaan

**9** briefjes: 1x100 / 1x50; stukken: 4x2 / 1x1 / 1x0,50 / 1x0,05

## LES 2B

**1** 1a. ligt; 1b. Ik heb hem in de lade gelegd.
2a. liggen; 2b. Ik heb ze in het mandje gelegd.
3a. ligt; 3b. Ik heb het op je portemonnee gelegd. 4a. staat; 4b. Ik heb hem in de keukenkast gezet; 5a. staat; 5b. Ik heb hem in de gang gezet.

**2** **A*** 2. Er staat zout op de keukentafel. Hij moet het op het rek zetten. 3. Er liggen lepels en vorken op de keukentafel. Hij moet ze in de lade leggen. 4. Er ligt boter op de keukentafel. Hij moet hem in de koelkast leggen. 5. Er staan appels op de vloer. Hij moet ze in de mand leggen. 6. Er ligt een kalender op de keukentafel. Hij moet hem aan de muur hangen. 7. Er ligt een (kook)boek op de stoel. Hij moet het op het rek zetten. 8. Er staat room op de keukentafel. Hij moet hem in de koelkast zetten. 9. Er staan schoenen op de vloer. Hij moet ze in de kast zetten. 10. Er hangt een paraplu aan de stoel. Hij moet hem aan de kapstok hangen. 11. Er liggen kranten op de stoel. Hij moet ze in de mand leggen.
**B** 3 / 4 / 8 / 9

**LES 2C**

**1**   1. geschreven; 2. geweten; 3. gezwegen;
4. geworden; 5. geweest; 6. gegeten / gedronken;
7. gezongen; 8. gezeten / gelegen

**2**   1. gekocht; 2. geholpen; 3. gezwommen;
4. geweest (⇨ TB, deel 6, les 2C, grammatica);
5. gebracht; 6. geklommen; 7. gelezen; 8. gehad

**3**   1. geslapen; 2. gehangen; 3. gekregen;
4. gestaan; 5. gezien; 6. geschenen; 7. gemist;
8. gesproken; 9. gegooid; 10. gedaan

**4**   promotie

**LES 3A**

**1**   1. We zullen moeten opschieten. 2. Hij heeft ons
tegen zeven uur uitgenodigd. 3. Ben je ze kwijt?
4. Veel orde heb ik niet.

**2**   1.e; 2.d; 3.b; 4.a; 5.c

**3***  2.c; 3.a; 4.b; 5.d; 6.e; 7.g; 8.f

**4**   kleren: trui / jas
betaalmiddelen: creditcard / geld / euro /
betaalkaart / briefje
eten: ham / suiker / chocolade / brood
andere: brief / roos / tas / koffer

**5**   1. verteld; 2. herkend; 3. ontstaan; 4. begrepen;
5. uitgenodigd; 6. aangetrokken;
7. meegenomen; 8. uitgelegd

**6**   1. Hoe laat ben je opgestaan? 2. De vertrekuren
van de bus zijn veranderd. 3. We hebben aan de
ingang van de bioscoop afgesproken. 4. Hij is
met de trein van halfzeven vertrokken. 5. Zij
heeft hem soms midden in de nacht opgebeld.
6. Dit weekend ben ik thuisgebleven. 7. Deze
reis is nogal meegevallen. 8. Daar ben ik nooit
binnengegaan. (of: ... binnengeweest.)

**LES 3B**

**1**   (⇨ TB, deel 2, les 4: de rangtelwoorden) 2. de
eenentwintigste april; 3. de zeventiende april;
4. de negentiende april; 5. de twintigste april;
6. de achtste april; 7. de achttiende april; 8. de
eerste april; 9. de vijftiende april

**2**   1. vorige maand; 2. veertien dagen geleden;
3. vorige zaterdag; 4. vorig weekend;
5. eergisteren; 6. gisterenochtend;
7. gisterennamiddag; 8. vandaag; 9. morgen;
10. overmorgen; 11. volgend weekend;
12. volgende woensdag; 13. vandaag over acht
dagen; 14. over drie weken

**3**   1. Nee, ik heb nog niet afgewassen. 2. Nee, ik
heb nog geen krant gekocht. 3. Nee, ik heb nog
geen boodschappen gedaan. 4. Nee, ik heb nog
niet naar mijn moeder getelefoneerd. 5. Nee, ik
heb mijn sleutels (ze) nog niet teruggevonden.
6. Nee, ik heb nog geen afspraak met de dokter
gemaakt. 7. Nee, ik heb de spaghetti (hem) nog
niet gekookt. 8. Nee, ik heb nog geen vlees uit
de diepvries gehaald.

**LES 3C**

**1**   1.a; 2.d; 3.j; 4.h; 5.b; 6.e; 7.i; 8.c; 9.f; 10.g

**2**   ⇨ cd

**3**   1. volle; 2. zoete; 3. volle; 4. droog; 5. mager;
6. mager; 7. verse; 8. vers; 9. droog

**LES 4A**

**1**   1. kookboek; 2. omelet; 3. gerechten;
4. opschiet; 5. contact; 6. gerecht; 7. bakken

**2**   1. ... en ik heb het teruggekregen. 2. ... en hij is
minister geworden. 3. ... en hij is naar de
Ardennen gefietst. 4. ... en het weer is veranderd.
5. ... en hij heeft (is) hem vergeten. 6. ... en het is
meegevallen. 7. ... en hij heeft veel gereisd. 8. ...
en ik heb elke dag een half uur gelopen. 9. ... en
hij is meteen begonnen. 10. ... en het heeft
vandaag niet geregend. 11. ... en hij heeft het
teruggevonden. 12. ... en het heeft niet lang
geduurd. 13. ... en hij is het hele weekend
thuisgebleven. 14. ... en het is nooit meer
gebeurd. 15. ... en hij is naar China vertrokken.
16. ... en hij is nooit teruggekomen.

**LES 4B**

**1**   3 / 4

**2**   1. snij(d) (⇨ WB, deel 4, les 1C, oef. 4);
2. opdienen; 3. koken; 4. maak; 5. bakt;
6. leggen; 7. gieten

**LES 5A**

**1**   1. Nee, ik ben niet bij mijn moeder (bij haar)
blijven eten. 2. Nee, ik heb dat boek (het) niet
kunnen vinden. 3. Nee, ik heb vandaag geen krant
willen kopen. 4. Nee, ik heb niet lang kunnen
slapen. 5. Nee, ik heb geen vrienden willen zien.
6. Nee, ik ben gisteren niet gaan voetballen.

**2**   1.e; 2.d; 3.a / g; 4.a; 5.c; 6.e / f; 7.b

**3**   1. babbelt; 2. geschreven; 3. zwijgt; 4. schrijft;
5. babbelen; 6. neem; 7. gezegd; 8. moeten

**LES 5B**

**1**   1.b; 2.b; 3.b; 4.c

**2**   1. geschiedenis; 2. soorten; 3. verdwenen;
4. titel; 5. recht; 6. rek; 7. diepvries; 8. trots;
9. gerecht; 10. element; 11. kip; 12. mayonaise;
13. beeld

**LES 6A**

**1**   1. duurt; 2. afgelopen; 3. durft; 4. weggegaan

**2**   1. maar / dezelfde; 2. alleen; 3. hetzelfde /
maar; 4. maar / alleen / maar; 5. alleen

**LES 6B**

**1**   1. Filosoof, muzikant en televisiepresentator Jan
Leyers is vaak naar andere landen geweest. Nu
heeft hij een reis door de moslimwereld
gemaakt. 2. Hij heeft altijd een televisieserie over
het leven van moslims willen maken. Hij heeft
zijn televisieserie "De weg naar Mekka"
genoemd. 3. Hij zegt dat hij veel over andere
culturen heeft kunnen leren. 4. In drie maanden
tijd is hij van Córdoba in Spanje naar Mekka in
Saudi-Arabië gereisd. 5. Hij heeft bijvoorbeeld
Marokko, Turkije, Syrië en Iran bezocht, en die
landen door de ogen van de inwoners bekeken.

6. In die landen heeft hij niet altijd en overal alleen kunnen reizen. Hij zegt dat hij vaak een officiële gids van de regering heeft gekregen. 7. Hij heeft vrouwen, studenten of religieuze leiders over hun geloof en cultuur laten spreken. 8. Hij heeft veel mensen ontmoet. Ze hebben hem interessante dingen verteld, en soms hebben ze ook iets kritisch over hun eigen cultuur gezegd. 9.Alles wat Jan Leyers in de moslimlanden heeft gezien en gehoord, is op de televisie gekomen. Hij heeft ook een dvd gemaakt. 10. En al de verhalen heeft hij ook nog eens in een mooi boek verteld. Dat boek heeft ook de titel "De Weg naar Mekka" gekregen.

**2** 1. sherry / fruitsap / soep / prei / selderij / uien / tomaten; 2. gerechten / sla / erwten (erwtjes) / wortelen (worteltjes); 3. kip / biefstuk / stoofvlees / aardappelen / rijst / mayonaise / peper / zout; 4. garnalen / mosselen / saus; 5. water / cola / wijn; 6. gebakken / banaan / gebak(jes) / pralines / koffie / thee; 7. opeten

### LES 7

**1** 1. wet / bestaat / sinds / Als / jaar / moeten / kinderen / school / zeggen / tijd / gratis / kiezen / welke / gaat; 2. niet / regering / onderwijs / groot / van / naar / want / voor; 3. kleuterschool / terwijl / tot / leerlingen / basisschool / tot / middelbare

**2** 1. leerkracht, leraar; 2. onderwijzer, onderwijzeres; 3. opleiding; 4. middelbare; 5. klas; 6. ophouden, stoppen; 7. vakken; 8. les; 9. organiseert; 10. telt

**3\*** 1. Er is privé–onderwijs en er is officieel onderwijs. Privé–instellingen organiseren het privé–onderwijs. De Vlaamse Gemeenschap, de provincies en de gemeenten organiseren het officeel onderwijs. 2. 12 jaar. 3. Tot 18 jaar.

### HERHALING

**1\*** 1. Omdat ze met de klanten wil kunnen babbelen. 2. Omdat hij hen lang niet heeft gezien. 3. Omdat hij een paar keer te laat is gekomen. 4. Omdat hij tegen Jennifer heeft gezegd dat hij geen tijd had. 5. Omdat zij de vorige dag mandarijnen heeft gekocht.

**2** 1. bonen / erwten / sla; 2. bananen / sinaasappels; 3. zout / peper; 4. fiets; 5. kip / vis; 6. ei / omelet; 7. Uien / soep; 8. tomaten; 9. blik / zak, tas; 10. pen / papier; 11. sneeuw / schoenen; 12. garnalen / mosselen

**3** 1a. vertelt; 1b. vertellen; 2a. gevaarlijke; 2b. gevaarlijk; 3a/b. proeven; 4a. schrijven; 4b. schrijf; 5a/b. droom; 6a/b. bestaat; 7a. durft; 7b. durf; 8a. uitnodigen; 8b. uitgenodigd; 9a. groenten; 9b. Groenten; 10a. ingangen, deuren; 10b. ingang, deur; 11a/b. kwijt; 12a/b. leraar; 13a/b. veranderd; 14a/b. fruit; 15a/b. herken; 16a/b. gang; 17a/b. beurt

**4** verdwijnen / vinden / hun / spreken / gezellig / zeggen / mogen / verliezen / kennen / eigen / niet / typische / aan / verdwijnen / zal / vragen / Vlamingen / lange / opleiding / maken / kans

## DEEL 7

## COMPREHENSIE
1.c; 2.b; 3.b; 4.b; 5.c

### LES 1A
**1** 2.g; 3.d, (e); 4.f, (i); 5.e, h; 6.j; 7.c, (b, j); 8.i; 9.e, h; 10.b, (j)

**2** 2.e; 3.d; 4.a; 5.b; 6.h; 7.f; 8.c

**3** vingers / tanden / benen / tenen / handen / voeten / lippen / armen / ogen / oren

**4** ⇨ dvd

### LES 1B
**1** ⇨ cd

**2** 1.a; 2.c; 3.b / c

**3** 1. koorts; 2. maag; 3. hoofdpijn; 4. medicijn; 5. ziekenhuis; 6. huilen; 7. patiënten; 8. ademen; 9. helpen; 10. last; 11. verpleegsters; 12. keel

**4** 1. in; 2. van; 3. Tegen; 4. in; 5. aan, in; 6. in, aan; 7. uit, in; 8. Door

**5** 1. gedaan; 2. gehuild; 3. gegeven; 4. geademd; 5. gehad; 6. geholpen; 7. opengedaan; 8. gebracht

### LES 2A
**1** 1. zich / geamuseerd; 2. je / gewassen; 3. Scheert / zich / scheert / zich / scheer / me; 4. Voelen, Amuseren / je / voelen, amuseren / ons; 5. gekamd / kam / me

**2** 1. Als hij zich niet ...; 2. Mag ik me even ...; 3. ... dat ze zich vooral ...; 4. We moeten ons nog ...; 5. ... dat je je niet ...; 6. Hij noemt zich "student" ...

**3\*** 1.d, i; 2.c, f; 3.a; 4.b, d, f, h, j; 5.a, c; 6.j; 7.b, h, j; 8.e; 9. b, i; 10.g

**4** 1. Hij heeft zich nog even gewassen 2. Ik heb hem al tien keer gewassen 3. heeft hij zich niet geschoren / hij scheert zich niet vaak / 's Morgens moet hij zich altijd haasten 4. Heeft hij zich geamuseerd? / Anna heeft hem de hele avond met haar reisverhalen geamuseerd / hij heeft zich zeker geamuseerd / als hij zich niet amuseert / dat hij zich moe voelt 5. Hij kan zich niet zelf wassen / De verpleegkundigen moeten hem elke ochtend wassen

**5** 1. Het is hier nogal koud / als je het snel koud hebt / Ik weet het niet. Ik denk dat het Karel is / nu weet ik het wel zeker / Hij is het.

### LES 2B
**1** 1. geopereerd; 2. doe; 3. bewegen; 4. zetten; 5. breekt; 6. lezen; 7. gelegen

**2** 1. ziek; 2. meevallen; 3. zich vervelen; 4. zich uitkleden; 5. snel; 6. eerste; 7. precies

**3** **A** 2.c; 3.b; 4.f, (c, e); 5.a; 6.d; 7.h; 8.e
**B\*** 2. Volgende week zal dokter Martens mij in het ziekenhuis van Antwerpen opereren. 3. 's Avonds na het werk lees ik nooit boeken, alleen kranten of tijdschriften. 4. Help! Er is een ongeluk gebeurd! 5. Heb ik me vergist of heeft de computer een fout gemaakt? 6. Als ik me 's avonds uitkleed, hang ik mijn kleren op een stoel.

7. Omdat de film niet interessant was, heb ik me verveeld. 8. Ik heb mijn been gebroken.

**4**   1. je / herinneren; 2. me / haasten; 3. zich / vergist; 4. je / vervelen; 5. je / aankleden

**5**   1. meebrengen; 2. eigenlijk; 3. helemaal; 4. griep; 5. gauw; 6. ongeluk; 7. tandarts; 8. reisverzekering; 9. ziekenwagen; 10. strips

**6**   1.c; 2.b; 3.b; 4.a

## LES 3A

**1**   1. computerbedrijf; 2. dienst; 3. bekeken; 4. gekeken; 5. verdient; 6. gekost

**2**   bedrijf / jongste / geboekt / daling / concurrentie / bedrijven / gegroeid / catastrofe / herstructurering / aantal / diensten / ontslaan / werknemers / verdienen

## LES 3B

**1**   1.c; 2.b; 3.c; 4.b; 5.c

**2**   1.l; 2.k; 3.g; 4.j; 5.h; 6.i; 7.d; 8.a; 9.f; 10.e; 11.b; 12.c

**3**   1. staking; 2. temperaturen; 3. aantal / jongste / gedaald / zwaargewonden; 4. verwacht / groei / werklozen / dalen / voorlopige / gestegen / vooral; 5. lijn; 6. richting / rijstroken / verkeer / verwacht

**4**   1. Maar, hij is helemaal niet werkloos! 2. Maar nee, ik ben helemaal niet op vakantie geweest! 3. Maar, hij woont helemaal niet zo ver! 4. En ik verdien helemaal geen 5000 euro per maand! 5. Maar, ik heb helemaal geen twee maanden vakantie! 6. Maar, ik ken Bert Sels helemaal niet! (of: Maar, ik ken helemaal geen Bert Sels!)

## LES 4A

**1**   12 / 6 / 2 / 7 / 11 / 9 / 5 / 3 / 10 / 1 / 4 / 8

**2**   1. V; 2. B+V; 3. B; 4. B+V; 5. B+V; 6. V

**3\***   2. Wees stil na elf uur 's avonds. 3. Zet je muziek niet te hard. 4. Neem geen douche na tien uur 's avonds. 5. Doe de verwarming uit als je op weekend vertrekt. 6. Hou(d) de douche en de keuken schoon. 7. Sluit 's nachts de voordeur. 8. Doe 's nachts het licht in de keuken uit. 9. Zet op woensdag de vuilnisbakken buiten. 10. Sla niet met de deuren.

## LES 4B

**1**   1. Voor mij is het afgelopen. 2. Je ben (nu wel) je werk kwijt. 3. Nu heb ik het vreselijk warm. 4. Dat is niet het einde van de wereld. 5. Vertrouw me maar. 6. Alles komt wel weer in orde. 7. Maak je maar niet zoveel zorgen.

**2\***   1a. maar; 1b. eens even; 2a. maar; 2b. eens even; 3a. eens even; 3b. maar; 4a. maar; 4b. eens even; 5a. maar; 5b. eens even

## LES 4C

**1**   1. baan; 2. onderzoek; 3. in slaap valt. 4. pessimistisch / oplossing; 5. zich / druk maken; 6. helpen

**2**   1.a; 2.c; 3.b

**3\***   2. Maak je toch (alsjeblieft) niet zoveel zorgen. 3. Val toch (alsjeblieft) niet in slaap! 4. Wees toch (alsjeblieft) niet bang! 5. Ga toch (alsjeblieft) naar een dokter!

**4**   1. Kam je haar toch! 2. Trek toch schone sokken aan! 3. Drink je kopje melk toch leeg! (of: Drink toch je kopje ...) 4. Was je handen toch! (of: Was toch je ...) 5. Poets je tanden toch! (of: Poets toch je ...) 6. Neem je boekentas toch! (of: Neem toch je ...) 7. Steek je boterhammen toch in je boekentas! (of: Steek toch je ...)

## LES 5A

**1**   1. attest; 2. volledige; 3. gevaarlijke; 4. rust; 5. Anders; 6. last; 7. zorgen; 8. verzorgen

**2**   ⇨ cd

**3**   **A** 2. Kijkt u eens even naar het rapport.
**B** 1. Doet u het raam alstublieft dicht. (of: Doet u alstublieft het raam ...) 2. Schiet u alstublieft een beetje op.
**C** 1. Neemt u maar een stoel. 2. Blijft u maar een week in bed.

## LES 5B

1.c; 2.c; 3.b; 4.a; 5.b

## LES 5C

**1**   1. Je moet even voor mij naar de apotheek gaan. 2. U moet zich toch niet zo druk maken. 3. Je moet je maar goed verzorgen. 4. Je moet niet bang zijn. 5. U moet maar vlug een oplossing zoeken. 6. U moet even in de wachtzaal wachten.

**2**   1.b; 2.b; 3.b; 4.a; 5.a; 6.a; 7.a; 8.b

## LES 6A

**1**   1. hoofdpijn / voorbij; 2. maaltijd; 3. siroop / hoest; 4. alcohol; 5. koffielepeltje / drankje; 6. voorschrift; 7. antibioticum; 8. pillen / innemen / drankje; 9. apotheek / neusdruppels

**2**   1. Jullie mogen niet met vriendjes telefoneren. 2. Jullie mogen geen chocolade uit de kast halen. 3. Jullie mogen geen vriendjes binnenlaten. 4. Jullie mogen niet in de tuin gaan voetballen. 5. Jullie mogen niet de hele tijd naar de televisie kijken.

## LES 6B

**1**   1. waarschuwen; 2. wens; 3. krijgt / terug; 4. voorgeschreven; 5. opsturen; 6. uitrusten; 7. hoop

**2**   1. hoop ik; 2. Ik hoop; 3. Hopelijk; 4. Ik hoop het

## LES 7A

**1**   1.b; 2.b; 3.c; 4.c; 5.a

**2**   2. het leven; 3. de zekerheid; 4. de hulp; 5. de verzekering; 6. de ziekte, de zieke; 7. de kost

**3**   1. Sommige; 2. loon; 3. zichzelf; 4. uitgebreide; 5. ontslagen; 6. politicus; 7. reden; 8. noodzakelijk; 9. pensioen; 10. mogelijk;

11. steun; 12. kinderbijslag; 13. verplicht;
14. gemeente; 15. inkomen; 16. zelfstandige

## LES 7B

zekerheid / bevolking / werkloos / stuk / werkgevers /
ouder / actieven / partijen / oplossingen / pensioen /
sociaal / redenen / leefloon / leven

## HERHALING

1*   1. Hij vertelt dat hij ontslagen is. Hij vertelt ook
dat hij nooit marketingmanager heeft willen zijn
maar dat zijn moeder dat altijd heeft gewild.
2. Omdat hij is gevallen. 3. Omdat zijn hoofd,
zijn keel en zijn ogen pijn doen. 4. Omdat hij
zich zorgen maakt over Peter. 5. Omdat hij weer
aan de universiteit wil werken en omdat Els daar
werkt. 6. Dat hij gek is.

2   1. loonkosten; 2. zekerheid; 3. welvaart;
4. leven; 5. voorschrift; 6. alcohol;
7. waarschuwen; 8. hoesten; 9. spieren;
10. zelfstandige; 11. spuitje; 12. onderzoeken;
13. binnenroepen; 14. rijstrook; 15. concurrentie;
16. neusdruppels; 17. catastrofe; 18. organisatie;
19. vreselijk; 20. verkouden; 21. medicijn;
22. maagpijn; 23. rugpijn; 24. gehaast;
25. geschoren; 26. temperatuur; 27. invloed;
28. onmiddellijk; 29. advies; 30. voorbij

3   1. ijsje; 2. been; 3. rijstroken; 4. pil; 5. voorschrift;
6. voeten; 7. vinger; 8. koekjes; 9. mond;
10. lippen / handen; 11. druppels

4   **A** 1. de groei; 2. de stijging; 3. de daling; 4. de
verzekering; 5. het voorschrift; 6. de vergissing;
7. de interesse; 8. het onderzoek; 9. het ontslag;
10. het eten; 11. het ontbijt; 12. de regen; 13. de
afspraak; 14. het begin; 15. de rust; 16. de
droom; 17. de groet; 18. de hoest; 19. het
antwoord; 20. de hulp; 21. de keuze; 22. het
leven; 23. de sneeuw; 24. de operatie; 25. de reis
**B** 2. de waarschuwing; 3. de verwachting; 4. de
verveling; 5. de wandeling; 6. de bestelling;
7. de betaling; 8. de ontmoeting; 9. de
uitnodiging; 10. de verandering; 11. de
beslissing; 12. de bedoeling; 13. de herinnering
**C** 1. inlichten; 2. trainen; 3. herstructureren;
4. oplossen; 5. regeren; 6. verwarmen;
7. opleiden; 8. vertragen
**D** 1. de vraag; 2. de wil; 3. de rust; 4. de hoop;
5. de wens; 6. de zorg; 7. de val; 8. de lach

5   **A** 1.d; 2.g; 3.f; 4.h, (j); 5.i; 6.j, (g); 7.c; 8.e; 9.a;
10.b
**B** 1.f; 2.h; 3.a; 4.g; 5.i; 6.e; 7.j; 8.c; 9.b; 10.d

## DEEL 8

## COMPREHENSIE

1.b; 2.c; 3.a; 4.b; 5.b; 6.a

## LES 1A

1   1. ruimer; 2. verder; 3. liever; 4. magerder;
5. intelligenter

2   2. beter; 3. duurder; 4. moeilijker; 5. langzamer,
trager; 6. vroeger; 7. liever

3   1. magerder; 2. donkerder; 3. wijzer; 4. gezonder;
5. armer; 6. vuiler; 7. zwaarder; 8. dunner;
9. vaker

4   1. trager; 2. knapper; 3. kouder; 4. knapper;
5. bozer

5   1. bureau – kamer – verdieping – huis (of
andersom *[or the other way round]*); 2. bed –
slaapkamer – appartement – verdieping –
gebouw – straat – stad (of andersom); 3. geluk –
moeilijkheden – ruzie – uit elkaar (of:
moeilijkheden – ruzie – uit elkaar – geluk)

6   1.b; 2.b; 3.c; 4.c

## LES 1B

1   1. grotere / minder; 2. Gezondere / sterkere;
3. Jongere; 4. Oudere; 5. Kleinere / efficiënter;
6. Oudere; 7. goedkoper; 8. Meer / sneller;
9. goedkoper

2   dikkere / lager / slankere / minder / dikkere /
meer / dikkere

3*   1.d (c); 2.c (d); 3.e; 4.a; 5.b

4   1. klinkt; 2. verteld / vertrouwt; 3. solliciteren;
4. gemaakt / blijven; 5. Trek / aan; 6. gevochten /
verloren; 7. Hou, Houd; 8. geholpen

## LES 2A

↪ cd

## LES 2B

1   1.b; 2.a; 3.b

2B*   1. Lisa is jonger dan Jan. Jan is ouder dan zij.
2. Jan is zwaarder dan Lisa. Jan weegt meer dan
Lisa. Lisa is minder zwaar dan hij. Zij weegt
minder dan hij. Zij is lichter dan hij. 3. Lisa heeft
donkerder haar dan Jan. Jan heeft minder donker
haar dan Lisa. 4. Jan heeft lichtere ogen dan Lisa.
De ogen van Lisa zijn donkerder dan de ogen
van Jan. 5. Lisa heeft een vollere stem dan Jan.
Jan heeft een zachtere stem dan Lisa. 6. Jan heeft
een interessantere baan dan Lisa. Lisa heeft een
minder interessante baan dan Jan. 7. Lisa
verdient minder dan Jan. Lisa verdient niet
zoveel als Jan. 8. Lisa draagt minder donkere
kleren dan Jan. De kleur van de kleren van Lisa
is feller dan de kleur van de kleren van Jan.
9. Lisa heeft niet zo'n grote auto als Jan. Jan heeft
een grotere auto dan Lisa. 10. Jan woont groter
en comfortabeler dan Lisa. Lisa heeft een
kleinere woning dan Jan. 11. Jan is sportiever
dan Lisa. Lisa is niet zo sportief als Jan.

## LES 3A

1*   1. Omdat hij nog altijd werkloos is. 2. Dat hij
niet kan slapen. 3. Omdat hij zich zorgen maakt.
4. Dat hij binnen moet blijven (zitten). (of: Dat
hij binnen zit.) 5. Omdat de dag dan het snelst
voorbij gaat.

2   1. het meest praktisch; 2. het moeilijkst; 3. het
minst. 4. het vaakst; 5. het oudst; 6. het
gemakkelijkst

3   1. de laagste prijzen; 2. de natste lente / de
droogste en (de) warmste zomer; 3. de meeste

cafés; 4. de interessantste baan / het hoogste aantal; 5. het beste seizoen

**4\*** 1. Dries heeft lichter haar dan Toon. Toon heeft het donkerste haar. 2. Bier kost minder dan wijn. Vers sinaasappelsap kost het meest. 3. Morgen wordt het in Londen warmer dan in Berlijn. In Berlijn wordt het het koudst. 4. De kinderen van Eva zijn ouder dan die van Anna. Die van Anna zijn het jongst.

### LES 3B
**1** 1. die; 2. dat; 3. die; 4. dat
**2** 1. Jan, die in Parijs werkt, woont natuurlijk verder dan Karel. 2. De schoenen die ik vorige maand heb gekocht, zijn al kapot. 3. Dat huis daar, dat drie verdiepingen heeft, is van een collega. 4. Die man die net binnenkomt, ken ik. 5. De vrouw die we gisteravond bij Karel hebben ontmoet, vind ik heel arrogant.

### LES 3C
1. Om het een beetje warmer te hebben. 2. Om appels te kopen. 3. Om met mij een datum voor een etentje af te spreken. 4. Om Ria nog eens te bezoeken. 5. Om de bedrijfsresultaten te bekijken. 6. Om op tijd te komen. 7. Om me zeker niet te vergissen. 8. Om nog even na te denken. 9. Om de verjaardag van Jan te vieren. 10. Om meer te verdienen.

### LES 4A
**1** 1. niet waar; 2. waar; 3. waar; 4. niet waar; 5. waar; 6. niet waar; 7. niet waar; 8. waar; 9. niet waar; 10. niet waar
**2** 1. Op wie; 2. Waarin / Waarop; 3. Met wie / Waar

### LES 4B
**1** 1.b; 2.c
**2** 1. niet waar; 2. waar; 3.niet waar; 4. niet waar; 5. waar; 6. niet waar

### LES 5A
**1** A 2. Reginald Jespers; 3. Tom Mussen; 4. Tuur Kelecoms; 5. Belinda Schoepen; 6. Geertrui De Koster; 7. Jonas Rietveld; 8. Markus Van Dierendonck
B 2. regenjas / jas / das / jeans; 3. muts; 4. kostuum / muts ; 5. schoenen / beha / hoed / bloes / das / slip; 6. rok / trui; 7. overjas / das / vest / jas / jeans; 8. sokken / das / riem / kousen
**2** A 1. In de kast links hangen er twee broeken. 2. De colberts van mijnheer Devries hangen tussen zijn broeken en zijn overjas. 3. Onder in de kast rechts ligt een paar schoenen onder zijn overjas. 4. Hij heeft twee hemden met bloemen. 5. Zijn overhemden liggen op de bovenste plank rechts in de kast. 6. Naast zijn sokken liggen zijn zakdoeken in de tweede lade. 7. Zijn truien liggen in de kleerkast boven zijn hemden en onderbroeken. 8. Zijn leren riemen hangen in de kast links. 9. Zijn onderhemden en onderbroeken staan op de plank onder de tweede lade. 10. Achteraan in de tweede lade liggen zijn dassen.

**B** foute zinnen: 2 / 3 / 4 / 7 / 8 / 9
**C\*** 2. De colberts van mijnheer Devries hangen links van zijn broeken. 3. Onder in de kast rechts *staat* een paar schoenen onder zijn overjas. 4. Hij heeft drie hemden met bloemen. 7. Er liggen geen truien in de kleerkast. 8. Zijn leren riem ligt in de tweede lade naast zijn zakdoeken. 9. Zijn onderhemden en onderbroeken *liggen* op de plank onder de tweede lade.

### LES 5B
**1** 1. moet; 2. moet; 3. kan; 4. zal; 5. wil; 6. moet, zal
**2** 1.g; 2.e; 3.h; 4.b; 5.a; 6.c; 7.d; 8.f

### LES 5C
**1** ⇨ cd
**2** 1. nylon; 2. zilveren; 3. katoenen / zijden; 4. leren / plastic; 5. gouden; 6. wollen
**3** 1. stof; 2. dragen; 3. prijskaartje; 4. achteraan; 5. valt / op; 6. rondkijken
**4** 1. mouwen; 2. modieus; 3. maat; 4. spiegel; 5. bij / past, staat; 6. staat; 7. Zitten, Passen; 8. opvallender, modieuzer, mooier, eleganter
**5** 1.d; 2.a; 3.e; 4.c (d); 5.b
**6** 1.Maar nee, ik vind dat helemaal geen leuk hemd! 2. Maar nee, ik vind dat helemaal geen vriendelijke man! 3. Maar nee, ik vind het helemaal geen knappe jongens! 4. Maar nee, ik vind het helemaal geen lief meisje! 5. Maar nee, ik vind dit helemaal geen goede kwaliteit! 6. Maar nee, ik vind Ria en Miet (of: ze, hen) helemaal geen zelfstandige studentes!

### LES 6A
**1** ⇨ cd
**2** 1. aperitief; 2. reserveren; 3. kaart; 4. tweeën; 5. kaarsen; 6. genezing
**3** 1. wat; 2. wat; 3. Wat een; 4. Wat een; 5. Wat; 6. Wat; 7. wat; 8. Wat een

### LES 6B
**1** ⇨ cd
**2** 1. bediening / inclusief; 2. Meen; 3. fantasie / realiteit; 4. privé–les; 5. rekening
**3** 1. zou; 2. Zou; 3. Zouden; 4. Zouden; 5. zou; 6. Zou, Zouden; 7. Zouden; 8. zou; 9. Zou; 10. zou
wens: 1 / 5 / 8 / 10

### LES 7A
1.a; 2.c; 3.a; 4.b; 5.c; 6.c; 7.b; 8.c

### LES 7B
klimaat / stabiel / werkdagen / stakingen / als / leven / stijgen / kleur / socialistische / liberale / werknemers / lid / belangrijk

### HERHALING
**1\*** 1. Hij zegt dat hij werk moet zoeken. 2. Omdat een restaurant gezelliger en rustiger is. 3. Paolo heeft een groen jasje gekocht en Bert een hemd. 4. Ze wil stoppen met die lessen om aan Peter te

laten zien dat ze niet verliefd is op Paolo. 5. Dat ze hem goed heeft geholpen, dat ze naar zijn verhaal heeft geluisterd en dat ze een belangrijke vriendin is voor hem. 6. Dat ze niet bestaat. Ze bestaat wel in zijn fantasie, maar niet in de realiteit. 7. Hij vraagt of het haar wens is geweest dat Bert manager zou worden.

2    1. spiegel; 2. short; 3. das; 4. pet; 5. hoed; 6. fiets; 7. ham / kaas; 8. mouw; 9. zout / peper; 10. stoel

3    1. solliciteren; 2. voorbijgaan; 3. <u>o</u>pvallen; 4. opv<u>a</u>llend; 5. <u>o</u>verhemd; 6. binnenk<u>o</u>rt; 7. t<u>oe</u>stand; 8. onger<u>u</u>st; 9. fantas<u>ie</u>; 10. aperit<u>ie</u>f; 11. l<u>a</u>ndbouw; 12. r<u>e</u>kening; 13. stadh<u>ui</u>s; 14. best<u>e</u>mming; 15. mod<u>ieu</u>s; 16. enthousi<u>a</u>st; 17. prof<u>e</u>ssor; 18. waarsch<u>ij</u>nlijk; 19. <u>ui</u>tgebreid; 20. vertr<u>ou</u>wen

4    **A** 1.e; 2.d; 3.f; 4.b; 5. a; 6.c
       **B** 1.h; 2.g; 3.f; 4.i; 5.j; 6.a; 7.c; 8.d; 9.b; 10.e

5    1a. ontstaan; 1b. gestaan; 1c. verstaan; 2a. beloofd; 2b. geloofd; 3a. gegeten; 3b. vergeten; 4a. gezocht; 4b. bezocht. 5a. herkend; 5b. gekend

6    1. snijdend; 2. tegenvallende; 3. vallende; 4. klinkende; 5. volgende

7    1. aan; 2. over; 3. Op, tegen, voor; 4. van; 5. aan; 6. voor; 7. op; 8. met; 9. op; 10. over; 11. aan; 12. voor, in; 13. met / met / naar; 14. op / naar; 15. Om, tegen, voor / in; 16. uit; 17. Om, tegen, voor; 18. met, op

## DEEL 9

### COMPREHENSIE
1.b; 2.b; 3.a; 4.c; 5.c; 6.b

### LES 1
1    1. babbelde; 2. miste; 3. waaide; 4. kamde; 5. droomde; 6. rustte; 7. parkeerde; 8. reisde

2    1. leidde; 2. bakte; 3. vertrouwden; 4. kookte; 5. praatte; 6. gooide; 7. controleerde; 8. beloofde

3    herinnerde zich / vertelde / ontmoette / nodigde hem in die tijd af en toe uit / opbelde / vertelde / stelde hij meteen voor

4    1. hard; 2. gezakt; 3. haast; 4. verdriet, zorgen; 5. aankomstuur

5    1. Dan; 2. Toen; 3. toen; 4. dan; 5. Toen

6    2. de grootvader; 3. de grootouders; 4. het kleinkind; 5. de kleindochter; 6. de kleinzoon; 7. het kleingeld; 8. de vertrekdatum; 9. de vertrekhal; 10. de vertrekdag; 11. de vertrekplaats; 12. het vertrekuur; 13. het wisselgeld; 14. het wisselkantoor; 15. de wisselkoers; 16. de jeugdvriendin; 17. de jeugdfilm; 18. de jeugddroom; 19. de jeugdliefde; 20. de bankcheque; 21. de bankdirecteur; 22. het bankkantoor; 23. het bankloket; 24. de bankkaart

### LES 2A
1    ➪ cd

2    1. pas; 2. niets; 3. geen; 4. nooit; 5. zelden; 6. maar; 7. alleen

3    1. vrachtwagenchauffeur; 2. vooraan; 3. achterbank; 4. gevaren; 5. files; 6. gezakt; 7. haast

4    1. liever niet; 2. kleinere weg; 3. files; 4. Achteraan

### LES 2B
1    1. Na iedere wasbeurt; 2. geduld hebt; 3. helpt heel goed; 4. een verzorgende shampoo; 5. verkoopt; 6. gebruiken; 7. iedere

2    1. knippen; 2. Droog; 3. shampoo; 4. centimeter; 5. kapsel; 6. speciale

3    1. Wat voor; 2. wat voor een; 3. Wat voor; 4. wat voor; 5. wat voor een

4    1. zo'n; 2. Zulk; 3. zulke; 4. zulke; 5. Zulke; 6. zulke; 7. zulk; 8. zo'n

### LES 3A
1    het politiebureau / de politieagent / de politieauto / het politieonderzoek / het aangifteformulier / het deurslot / de autodief / het autoslot / de autodiefstal / de herenkapper / de herenfiets / de sportman / de sportfiets / de sportauto / de dameskapper / de damesfiets

2*    1.f; 2.d; 3.b; 4.g; 5.a; 6.c; 7.e

3    ➪ cd

4    (De orde is natuurlijk niet belangrijk. *[The order is not important of course.]*) 1. genazen – genezen; 2. braken – breken; 3. trok – trekken; 4. lazen – lezen; 5. schreef – schrijven; 6. nam – nemen; 7. kon – kunnen; 8. hing – hangen; 9. at – eten; 10. kende – kennen; 11. mocht – mogen; 12. keken – kijken; 13. liepen – lopen; 14. vond – vinden; 15. goten – gieten; 16. gaf – geven; 17. kwam – komen; 18. stal – stelen; 19. zag – zien; 20. ging – gaan; 21. droeg – dragen; 22. stak – steken; 23. brachten – brengen; 24. kozen – kiezen; 25. leefden – leven; 26. deed – doen

5    1. Toen ik de kast opendeed, viel het kopje op de grond. 2. Omdat de huurprijzen van appartementen niet meevielen, zocht zij een kamer. 3. Toen de winter al bijna voorbij was, kocht ik nog een dure winterjas. 4. Toen ik het vlees moest snijden, sneed ik in mijn vinger. 5. Omdat Joris niet snel genoeg genas, brachten ze hem naar het ziekenhuis. 6. Toen Sam om 17 uur klaar was, ging hij naar huis.

### LES 3B
1    1.b; 2.c; 3.a; 4.b; 5.b; 6.a; 7.b

2    1. damesfiets / herenfiets; 2. kat / hond / vis; 3. lucifers; 4. zeep; 5. politieagent, politieman; 6. kraan / douche; 7. toilet; 8. kapper; 9. dansen

3*    1. Ik ken de luchthavens allemaal. 2. Dat moet nogal een verschil zijn met Parijs. 3. Ik wil nu van mijn leven genieten. 4. Ik heb de beste herinneringen aan Parijs. 5. Heeft dat hotel het nodige comfort?

**4** 1. Als we 's avonds thuiskwamen, dronken we altijd eerst een aperitief. 2. Omdat zijn moeder 's nachts werkte, liep hij vaak 's avonds heel laat nog op straat rond. 3. Als we binnenkwamen, zetten we altijd eerst koffie. 4. Als hij de straat overstak, keek hij altijd eerst goed naar links en naar rechts. 5. Als Lisa naar Parijs ging, nam zij altijd voor Jan een cadeautje mee.

## LES 4A

**1** 1. liet; 2. was; 3. vertrok; 4. afliep; 5. sprong; 6. nam; 7. kleedde zich aan; 8. deed hij de koelkast open; 9. nam; 10. dronk ze leeg; 11. had; 12. controleerde; 13. waren; 14. zette de radio af; 15. liep; 16. stond zijn koffer al van de vorige dag klaar; 17. keek; 18. mocht; 19. deed hem dicht; 20. trok zijn regenjas aan; 21. pakte; 22. ging; 23. sloot; 24. haastte zich; 25. reed langzaam door de stille straten de stad uit; 26. stak het eerste kruispunt gemakkelijk over; 27. aankwam; 28. stond; 29. stopte; 30. wachtte; 31. werd; 32. keek; 33. dacht; 34. herkende; 35. wilde, wou; 36. lag; 37. kon; 38. hield; 39. hielp; 40. moest; 41. was; 42. wist

**2** 1. a; 2. b; 3. b; 4. b; 5. a

**3** 1. Ze is van de winter toch al gaan skiën. / Vroeger ging ze toch nooit voor nieuwjaar skiën. 2. Ik heb hem nog nooit goed kunnen verstaan. / Toen hij klein was, was zijn moeder ook de enige die hem verstond. 3. Ja, dacht je misschien dat ... / Ja ik weet niet waarom, maar ik heb altijd gedacht dat ... 4. Wanneer is Paolo gisteren thuisgekomen? / Hij is vorige week ook enkele keren laat uitgegaan (of: uitgeweest). / Dat deed hij vroeger nooit.

## LES 4B

**1** 1. trouwen; 2. langsgekomen; 3. waarschuwen; 4. oefenen; 5. onthouden; 6. vraag me af; 7. besloten

**2** 1. nieuwsgierig; 2. vlakbij; 3. eigenlijk; 4. Tenminste; 5. verschillende

**3** 1. Ik heb hem dat al gevraagd. 2. Nee, ik heb ze (haar) dat niet beloofd. 3. Ik vertel het ze (hen) zeker niet. 4. Nee, hij heeft het ons niet gezegd. 5. Nee, dat heb je me nog niet verteld.

## LES 5A

**1** 1.c; 2.b; 3.b; 4.b; 5.c; 6.a

**2** 2 / 3 / 5 / 6 / 7

**3\*** 1. De telefoon ging toen ze een douche aan het nemen was. 2. De bom viel toen de kinderen buiten aan het spelen waren. 3. Het begon te regenen toen hij aan het zwemmen was. 4. De wekker liep af toen hij nog aan het dromen was. (of: ... aan het slapen was) 5. Hij brak zijn voet toen hij aan het voetballen was.

## LES 5B

**1** 1. later; 2. winnen; 3. nog; 4. triest; 5. gewoon

**2** 1. station; 2. vreemd; 3. speciaal; 4. vroeger

**3** 1. regionaal; 2. buitenlands; 3. toevallig; 4. dorst; 5. schrik; 6. openbare; 7. commerciële; 8. gewonnen, verloren; 9. snoepjes

**4** 1. Ze hoorde hem in de badkamer zingen. 2. Ik zag hem gisteren met de auto van zijn vader rijden. 3. Ik zag zijn paraplu aan de kapstok hangen. 4. Zij hoorde elke nacht zijn hond blaffen. 5. Ze voelde druppels op haar gezicht vallen.

**5** 1. Ik heb hem een sonate van Mozart horen spelen. 2. Ik heb de fiets van Els voor de deur zien staan. 3. Hij heeft ons ruzie horen maken. 4. Ik heb de buren hun huis zien binnengaan.

## LES 6A

**1** 1. abonnement; 2. website; 3. uitverkocht; 4. muziekliefhebber; 5. aangename; 6. komende; 7. abonnee; 8. programma; 9. "Geachte heer"; 10. groeten / Hoogachtend

**2** 1. Nu willen wij ook u laten kennismaken met het Brussels Beethoven Ensemble. 2. Een abonnement garandeert u een uitstekende plaats in de zaal. 3. Wij hebben het genoegen u hierbij een abonnement aan te bieden. 4. Wij hopen dat we u binnenkort tot onze abonnees mogen rekenen. 5. Ingesloten vindt u het nieuwe programma. 6. Bijzondere aandacht gaat deze keer naar Mendelsohn, Schubert, Strauss en Schönberg.

## LES 6B

**1** 1 / 2 / 5 / 6

**2** 1.d; 2.e; 3.b; 4.a; 5.c

**3** 1. de prijsstijging; 2. het televisieblad; 3. het dagblad; 4. de krantenmand; 5. de krantenlezer

**4** Geachte / succes / kennismaken / genoegen / bieden / geïnteresseerd / groeten

**5** 1. de pentekening; 2. de televisiedocumentaire / het televisieprogramma / het televisieblad; 3. de papierprijs / de papiermand; 4. de prijsstijging; 5. het krantenartikel / de krantenprijs / het krantenabonnement / de krantenmand; 6. het weekblad; 7. het dagblad

## LES 7

**1** 1.a; 2.c; 3.c; 4.a; 5.b; 6.b

**2** 1. ongeveer; 2. koppel; 3. vereniging; 4. wedstrijd; 5. tamelijk; 6. dikwijls; 7. tijdschrift; 8. dagelijks; 9. werelddelen; 10. nogal; 11. gemeente

**3** 1. stamcafé; 2.quiz; 3. dagtaak; 4. jaarlijkse; 5. populair; 6. hobby; 7. plaatselijk; 8. platen; 9. wekelijks; 10. schaken / kaarten; 11. tekenen; 12. verzamelde; 13. is / achteruitgegaan; 14. minstens; 15. pretpark

## HERHALING

**1\*** Paolo gaat bij Elly informatie vragen over de vacature van manager. Hij vertelt goede dingen over een mogelijke kandidaat, Bert Sels. Bert heeft de vacature ook gezien. Hij belt naar Els om raad te vragen en gaat dan bij Elly solliciteren. Bert ziet dat de administratie van Elly een chaos is. Elly vindt Bert een uitstekende kandidaat. Paolo, Els en Peter denken dat Bert bij Elly aan het solliciteren is. Ze gaan naar de winkel van Elly en ontmoeten Bert op het moment dat hij uit de winkel komt.

**2** 1a. getekend; 1b. tekenen; 2. politieagent, politieman; 3a. genoten; 3b. geniet; 4. trouwen; 5. gestolen; 6a. bogen; 6b. buigen; 7a. vrachtwagen; 7b. vrachtwagens; 8. kleinkinderen; 9a. aanbieden; 9b. bood / aan; 10. in plaats van

**3** **A** 1. de aanbieding; 2. de oefening; 3. de ondertekening; 4. de buiging; 5. de onderbreking; 6. de kennismaking
**B** 1. de verkoop; 2. het gebruik; 3. de vraag; 4. de wens; 5. het werk; 6. de dans; 7. de kaart; 8. de schrik
**C** 2. ongevaarlijk; 3. oncomfortabel; 4. ongetrouwd; 5. onbepaald; 6. onpopulair; 7. onbekend; 8. onbelangrijk
**D** 2. haastig; 3. geduldig; 4. hongerig; 5. gelukkig

**4** 1. Hoe laat; 2. Hoelang; 3. Met wie; 4. Wat voor een / met welke; 5. Hoeveel keer, Hoe vaak, Hoe dikwijls; 6. Waarom; 7. De hoeveelste; 8. Wanneer

**5** 1. aan; 2. Op; 3. Op / op; 4. op / op; 5. tegen; 6. met; 7. over; 8. met / in / aan; 9. aan, tegen

**6** 1. een mooi voorbeeld / een mooi resultaat / mooie cijfers / een mooie tijd / een mooie vrouw / een mooie stem; 2. een harde tijd / een harde vrouw / een harde stem / harde cijfers; 3. een lieve vrouw / een lieve stem; 4. een zachte vrouw / een zachte stem; 5. een groot voorbeeld / een groot resultaat / een groot verdriet / een groot ongeval; 6. een trotse vrouw / een trotse stem

**7** 1. heet / oud / woont / dan; 2. lang / weegt / omdat / houdt / drinkt / elke, iedere / groenten / fruit; 3. op / kopjes / staat / per / leven / middag / weer, opnieuw; 4. vrouw / toen / jaar / over / haar; 5. verdient / om / om / nodig / koopt, betaalt

## DEEL 10

**COMPREHENSIE**
1.b; 2.c; 3.b; 4.c; 5.a; 6.b

**LES 1A**
**1** ⇨ cd
**2** 1.b, c; 2.d, f; 3.d, e, f; 4.e; 5.c, d, f; 6.a; 7.b, e
**3** 1. regelen; 2. behalve dat; 3. Kortom; 4. chaos

**LES 1B**
**1** 1.b, c; 2.d; 3.a; 4.b
**2*** 1.b, e; 2.b, d, h; 3.f; 4.g, h; 5.f; 6.b, g; 7.c, h; 8.a, b, d, g; 9.c, g
**3** 1.b, e; 2.c, e; 3.a, 4.b, d, e; 5.b, d
**4** 1. Anna's broer / Anna haar broer; 2. Jos' zus / Jos zijn zus; 3. mama's vriendin / mama haar vriendin; 4. Jeroens opa / Jeroen zijn opa;

5. Els' huis / Els haar huis; 6. mijn ouders' appartement / mijn ouders hun appartement

**5A** 1. Paolo en Peter zitten in de sofa naar het voetbal te kijken. 2. Moeder staat in de keuken af te wassen. 3. Zij liepen daar op straat te zingen. 4. De handdoeken hangen buiten nog te drogen. 5. De baby lag in de armen van zijn grootmoeder te slapen.

**5B** 1. Paolo en Peter hebben in de sofa naar het voetbal zitten (te) kijken. 2. Moeder heeft in de keuken staan afwassen. (of: af staan (te) wassen) 5. De baby heeft in de armen van zijn grootmoeder liggen (te) slapen.

**6** 1. Toen ze in de stad liep te wandelen. 2. Toen hij in een muziekwinkel een cd stond te beluisteren. 3. Omdat ze nog zat te studeren. 4. Toen hij de volgende avond naar het nieuws zat te kijken. 5. Terwijl hij zat te eten. 6. Hoelang we al op de bus stonden (of: zaten) te wachten.

**LES 2A**
**1** 1. gesloten; 2. raar; 3. accent; 4. zoiets; 5a. verhaal; 5b. verhalen; 6. cursus; 7. precies
**2** 1. Je mag hier niet parkeren. 2. Weet jij hoe ze dat in het Nederlands zeggen? (of: ... hoe je dat in het Nederlands zegt?) 3. Je weet nooit wat er morgen kan gebeuren. 4. Ze denken tegenwoordig dat alles kan. 5. Ze zeggen dat het vanaf morgen beter weer wordt. 6. Op de huisvestingsdienst geven ze informatie over al de kamers die voor studenten te huur zijn.
**3** 1. Paolo belt Els op na de middag. / Na de middag belt Paolo Els op. 2. Bert had zijn vrienden voor een etentje uitgenodigd bij hem thuis. (of: ... bij hem thuis uitgenodigd voor een etentje.) / Voor een etentje had Bert zijn vrienden bij hem thuis uitgenodigd. (of: ... zijn vrienden uitgenodigd bij hem thuis.) 3. Peter dacht dat Els niet meer hield van hem. / Dat Els niet meer hield van hem (of: ... van hem hield), dacht Peter. 4. Jennifer kwam om acht uur aan op de luchthaven. (of: ... kwam op de luchthaven aan om acht uur.) / Om acht uur kwam Jennifer op de luchthaven aan. (of: ... aan op de luchthaven.)
**4** 1. (aan huis komen = vaste uitdrukking) ... aan huis gekomen bij mij. 2. (met pensioen gaan = vaste uitdrukking) ... met pensioen gegaan op zijn vijfenvijftigste. 3. ... aan zijn gezicht zien hoe hij denkt over iets. ... zien aan zijn gezicht hoe hij over iets denkt. ... zien aan zijn gezicht hoe hij denkt over iets. 4. (in orde komen = vaste uitdrukking) ... in orde zou komen binnen de week. 5. ... willen antwoorden op deze vraag. 6. ... om met de auto boodschappen te moeten doen op een zaterdag. ... om op een zaterdag boodschappen te moeten doen met de auto. 7. (op tijd komen = vaste uitdrukking) ... pas vertrokken na zeven uur. 8. ... zou werken bij dezelfde firma. 9. (op slot doen = vaste uitdrukking) ... zijn laptop gestolen binnen de twee minuten. 10. (in slaap vallen = vaste uitdrukking) ... in slaap viel boven zijn boeken.

**LES 2B**

**1\*** 1. Omdat Vlamingen de taal van de buitenlanders beginnen te spreken. 2. Ten eerste heeft Vlaanderen bijna altijd onder een vreemde regering geleefd. Ten tweede weten de Vlamingen dat het Nederlands één van de kleine talen van Europa is. (De derde reden is dat Vlaanderen op het kruispunt ligt van grote talen en culturen.) 3. Omdat ze traditioneel goed talenonderwijs hebben.

**2** 1.f; 2.j; 3.i; 4.g; 5.h; 6.a; 7.e; 8.c; 9.d; 10.b

**3** 1. de eerste plaats; 2. in de tweede plaats, ten tweede; 3. niet alleen; 4. verder, bovendien, ten slotte

**LES 3A**

**1** 1. Sommigen / anderen; 2. veel / enkele; 3. meeste / enkele (werklozen); 4. verschillende; 5. Weinigen; 6. honderd, honderden; 7. weinige; 8. verschillende / meeste (vrienden); 9. zovelen

**2** 1 / 5 / 6 / 9

**3** 1. zoveel; 2. Zolang; 3. daarnet, pas; 4. plotseling; 5. meteen; 6. pas; 7. zoals

**LES 3B**

**1** 1. Zeg hem het toch te proberen. 2. Vraag hem eens even te komen helpen. 3. Zeg je hem zijn sleutels niet te vergeten? 4. Je mag hem zeggen hier te logeren als hij dat wil. 5. Beloof je mij niet weg te lopen?

**2** 1a. Ik vind die jas te lelijk om te dragen. 1b. Ik vind die jas niet mooi genoeg om te dragen. 2a. Hij vindt het boek te vervelend om helemaal te lezen. 2b. Hij vindt het boek niet interessant genoeg om helemaal te lezen. 3a. Het is nu te koud om buiten te spelen. 3b. Het is nu niet warm genoeg om buiten te spelen. 4a. De bioscoop ligt te dicht bij ons huis om de auto te nemen. 4b. De bioscoop ligt niet ver genoeg van ons huis om de auto te nemen. 5a. Jan is nog te jong om naar school te gaan. 5b. Jan is nog niet oud genoeg om naar school te gaan.

**3** 1. te; 2. – / te; 3. – / –; 4. te / –; 5. te; 6. te; 7. – / te; 8. te / te; 9. te; 10. te / te; 11. te; 12. te; 13. te / –; 14. te; 15. te; 16. te; 17. te / te / – / te / –

**LES 4A**

1.c; 2.b; 3.c; 4.a; 5.c; 6.b; 7.a

**LES 4B**

**1** 1. grootouders; 2. kleinzoon; 3. tante; 4. nicht; 5. vader; 6. neef; 7. neven; 8. getrouwd; 9. kleinkinderen; 10. nicht

**2** 1. Margaret kwam uit New York en woonde al twee jaar in Leuven. 2. Ze had verre familie in Vlaanderen. 3. John vond dat de Vlamingen die hij kende nogal vreemd deden. 4. Margaret nam de trein van zeven uur. 5. De tante van Margaret verwachtte haar rond acht uur.

**3** 1. Hoe heeft ze gereageerd? 2. Heeft Lisa Paolo ook uitgenodigd? 3. Hoelang heb je gestudeerd? 4. Waarom heb je haar geduwd?

**4** 1. verre; 2. gewoonte; 3a. aangebeld; 3b. aan / bellen; 4. duwen; 5a. krijgt / terug; 5b. teruggekregen

**5** 1a. Voor zijn zoon heeft hij een kleine auto gekocht. 1b. Hij heeft een kleine auto gekocht voor zijn zoon. 2a. Aan zijn vriendin heeft hij het ook verteld. 2b. Hij heeft het ook verteld aan zijn vriendin. 3a. Voor negen uur kwam hij nooit thuis. 3b. Hij kwam nooit thuis voor negen uur. 4a. Op zondag ging hij altijd bij zijn grootmoeder eten. 4b. Hij ging altijd bij zijn grootmoeder eten op zondag.

**LES 5A**

**1** 2. volwassen; 3. weigeren; 4. stout; 5. schoon; 6. zelfstandig; 7. gelijk; 8. drukte; 9. springen; 10. inkomen; 11. rechten; 12. diplomaat; 13. jongetje; 14. viertalig

**2** 1.h; 2.f; 3.g; 4.c; 5.d; 6.a; 7.b; 8.e

**3** 1.c; 2.c; 3.a; 4.b

**4** 1. a–b–c; 2. c–b–a; 3. a–c–b–d; 4. b–d–a–c; 5. c–d–a–b; 6. c–a–d–b; 7. d–a–e–c–b, d–a–c–e–b

**LES 5B**

**1** 1 / 4 / 6 / 7 / 9 / 10 / 11 / 14

**2** 1. begraven; 2. bad / sterven; 3. gestorven; 4. verdwenen; 5. getrouwd

**3** 1. jaarlijks; 2. zondagse; 3. regelmatig; 4. maaltijd; 5. band; 6. Ook

**LES 6A**

**1\*** 1.a, b, d; 2.a, c, d; 3.e; 4.a, c; 5.c; 6.a, d; 7.a; 8.c

**2** 1. de herdenking; 2. het verlangen; 3. het feest; 4. de dode; 5. de zieke; 6. de arme; 7. de rijke; 8. de werkloze

**3** 1. kerkelijk; 2. christelijk; 3. nationaal

**4** 1.d; 2.g; 3.e; 4.b; 5.f; 6.a; 7.h; 8.c

**5** 1. kinderfeest; 2. Wereldoorlog; 3. verjaardag; 4. Kerstmis; 5. Sinterklaas; 6. moederdag; 7. arbeid; 8. Gemeenschap; 9. vaderdag; 10. nieuwjaar

**6** 1. al / al; 2. Alle; 3. alle [We invited all the friends ...], allemaal [We all invited friends ...] / allemaal; 4. alles / alle; 5. allemaal; 6. allemaal / alle / al; 7. alle; 8. alles / alle

**7** 1. helemaal; 2. allemaal; 3. helemaal; 4. allemaal; 5. allemaal / helemaal

**LES 6B**

**1** 1b. huisje; 1c. paardje; 2b. treintje; 2c. vadertje; 3b. jongetje; 3c. poppetje; 4b. raampje; 4c. armpje; 5b. woninkje

**2** schoen, schoentje, laarsje / schoen, schoentje, laarsje / brief / pop / paard / paard / wortel / klontjes / daken / sneeuw

## LES 6C

**1** 1. kerstavond; 2. oudejaar; 3. sterren; 4. stal;
5.zakgeld; 6. kroon; 7. prins; 8. vuur; 9. kaars;
10. zalig / gelukkig; 11. waard

**2** 1.g; 2.d; 3.e; 4.a; 5.c; 6.b; 7.f

**3** 1. kleurige; 2. komende; 3. goddelijke;
4. veertiendaagse

**4** 1. wenskaart; 2. geboortekaartje;
3. pannenkoek; 4. feesttafel; 5. carnavalsstoet;
6. paaseieren; 7. kerstboom; 8. paasklokken;
9. dorpsplein

**5** 1.e; 2.d; 3.c; 4.f; 5.b; 6.a

## LES 7

**1** 1.b; 2.a; 3.a; 4.b; 5.a; 6.b

**2** 1. ambtenaar; 2. vernieuwd; 3. bewust;
4. moedertaal; 5. loslaten; 6. aanwezig;
7. meerderheid; 8. indruk; 9. taalgrens

## HERHALING

**1\*** 1. Hij krijgt een nieuw programma op de
televisie. Het heet "Door de nacht met Karel."
2. Zij vertelt dat hij een uitstekende manager is.
Hij is precies, altijd op tijd, vriendelijk, gezellig.
Kortom, hij is de manager die zij nodig had.
3. Hij vertelt dat de administratie een chaos, een
catastrofe is. 4. Zij vertelt dat haar zoon carrière
aan het maken was, maar werkloos geworden is.
En dat hij een beetje speciaal – zelfs niet
helemaal normaal – is. 5. Hij stelt voor dat ze
samen naar de winkel gaan om Bert en Elly te
zien werken. 6. Ze kan het bijna niet geloven. Ze
zegt dat ze ziet dat Bert de vrouw, die hij nodig
had, nu al gevonden heeft. 7. Hij maakt haar
duidelijk dat zij de keuze van Bert om voor Elly
te werken niet zal kunnen veranderen.

**2** 1. Op; 2. zonder; 3. bij; 4. op; 5. in; 6. op;
7. Met, Na; 8. met

**3** **A** 2. de aanspreking; 3. de weigering; 4. de
aanpassing; 5. de verontschuldiging; 6. de
afsluiting; 7. de herdenking; 8. de regeling;
9. de vernieuwing; 10. de verklaring
**B** 2. de groei; 3. de lach; 4. de scheur; 5. de
samenhang; 6. het feest; 7. de wens; 8. de snoep
(ook: het snoep)
**C** 1. begraven; 2. springen; 3. reageren;
4. overnemen
**D** 1. solliciteren; 2. kammen; 3. grenzen;
4. begrijpen; 5. beloven; 6. betekenen; 7. breken;
8. controleren; 9. denken; 10. gebeuren;
11. vechten; 12. garanderen; 13. afwassen;
14. liegen; 15. ruiken; 16. studeren; 17. vinden

**4** 1. of / of; 2. Als; 3. Dat / maar; 4. omdat;
5. Toen / want

**5** 2. ster; 3. sterk; 4. klaar; 5. laars; 6. klaarstaan;
7. aantrekken; 8. kennen; 9. enig; 10. gooien;
11. enkelen; 12. lente; 13. tevreden; 14. denken

**6** a. rood; b. groen; c. waterzooi; d. sherry;
e. psychiater; f. Rubens; g. Frans; h. stewardess; i.
Brugge; j. snoepje; k. Marina; l. Lisa; m. Karel; n.
Jennifer; o. agenda; p. ingenieur; q. Elly; r. boom;
s. paars; t. dokter; u. banaan